航空市场及运营管理研究系列

总主编　顾诵芬

# 民用飞机销售支援与客户价值

Civil Aircraft Sales Support and Customer Value

郭博智　等编著

**内容提要**

本书根据民用飞机销售支援与客户价值研究的一线工作经验编著而成。全书分8章，主要内容包括：民用飞机销售支援与客户价值的意义、作用、内容和主要流程；客户分析的内容、方法以及市场机会分析方法，以及构建客户评估模型；影响产品竞争力的因素、产品竞争力评估的方法模型和案例；基于标准大气和速度等性能基础，讲述机场适应性、航线适应性和飞行计划的分析方法和内容；机队规划、航线网络规划、航线效益评估、财务分析和航班排班等方法和内容，并提供案例；讲述营销策略、营销工具的构建，并提炼客户关注点、客户沟通等详细信息；常用的PEST、SWOT、五力模型和德尔菲法等4个定性模型及其应用，整数线性规划、回归分析预测、波士顿矩阵和运输需求函数模型等4个定量模型及其应用；客户价值理念及其在民机销售支援中的应用。

本书可供从事民机销售支援与客户价值研究的工作人员参考。

**图书在版编目(CIP)数据**

民用飞机销售支援与客户价值/郭博智等编著. —上海：上海交通大学出版社，2015

大飞机出版工程

ISBN 978-7-313-14250-4

Ⅰ.①民…　Ⅱ.①郭…　Ⅲ.①民用飞机—市场营销学—研究　Ⅳ.①F766

中国版本图书馆CIP数据核字(2015)第300551号

**民用飞机销售支援与客户价值**

编　　著：郭博智 等

出版发行：上海交通大学出版社　　地　　址：上海市番禺路951号

邮政编码：200030　　电　　话：021-64071208

出 版 人：韩建民

印　　制：上海万卷印刷有限公司　　经　　销：全国新华书店

开　　本：787mm×1092mm　1/16　　印　　张：17.25

字　　数：338千字

版　　次：2015年12月第1版　　印　　次：2015年12月第1次印刷

书　　号：ISBN 978-7-313-14250-4/F

定　　价：80.00元

大飞机出版工程

# 丛书编委会

大飞机出版工程

# 总　　序

国务院在2007年2月底批准了大型飞机研制重大科技专项正式立项，得到全国上下各方面的关注。“大型飞机”工程项目作为创新型国家的标志工程重新燃起我们国家和人民共同承载着“航空报国梦”的巨大热情。对于所有从事航空事业的工作者，这是历史赋予的使命和挑战。

1903年12月17日，美国莱特兄弟制作的世界第一架有动力、可操纵、重于空气的载人飞行器试飞成功，标志着人类飞行的梦想变成了现实。飞机作为20世纪最重大的科技成果之一，是人类科技创新能力与工业化生产形式相结合的产物，也是现代科学技术的集大成者。军事和民生对飞机的需求促进了飞机迅速而不间断的发展，应用和体现了当代科学技术的最新成果；而航空领域的持续探索和不断创新，为诸多学科的发展和相关技术的突破提供了强劲动力。航空工业已经成为知识密集、技术密集、高附加值、低消耗的产业。

从大型飞机工程项目开始论证到确定为《国家中长期科学和技术发展规划纲要》的十六个重大专项之一，直至立项通过，不仅使全国上下重视起我国自主航空事业，而且使我们的人民、政府理解了我国航空事业半个世纪发展的艰辛和成绩。大型飞机重大专项正式立项和启动使我们的民用航空进入新纪元。经过50多年的风雨历程，当今中国的航空工业已经步入了科学、理性的发展轨道。大型客机项目其产业链长、辐射面宽、对国家综合实力带动性强，在国民经济发展和科学技术进步中发挥着重要作用，我国的航空工业迎来了新的发展机遇。

大型飞机的研制承载着中国几代航空人的梦想，在2016年造出与波音B737和空客 A320 改进型一样先进的“国产大飞机”已经成为每个航空人心中奋斗的目标。然而，大型飞机覆盖了机械、电子、材料、冶金、仪器仪表、化工等几乎所有工业门类，集成了数学、空气动力学、材料学、人机工程学、自动控制学等多种学科，是一个复杂的科技创新系统。为了迎接新形势下理论、技术和工程等方面的严峻挑战，迫切需要引入、借鉴国外的优秀出版物和数据资料，总结、巩固我们的经验和成果，编著一套以“大飞机”为主题的丛书，借以推动服务“大型飞机”作为推动服务整个航空科学的切入点，同时对于促进我国航空事业的发展和加快航空紧缺人才的培养，具有十分重要的现实意义和深远的历史意义。

2008 年 5 月，中国商用飞机有限公司成立之初，上海交通大学出版社就开始酝酿“大飞机出版工程”，这是一项非常适合“大飞机”研制工作时宜的事业。新中国第一位飞机设计宗师——徐舜寿同志在领导我们研制中国第一架喷气式歼击教练机——歼教 1 时，亲自撰写了《飞机性能捷算法》，及时编译了第一部《英汉航空工程名词字典》，翻译出版了《飞机构造学》《飞机强度学》，从理论上保证了我们飞机研制工作。我本人作为航空事业发展 50 年的见证人，欣然接受了上海交通大学出版社的邀请担任该丛书的主编，希望为我国的“大型飞机”研制发展出一份力。出版社同时也邀请了王礼恒院士、金德琨研究员、吴光辉总设计师、陈迎春副总设计师等航空领域专家撰写专著、精选书目，承担翻译、审校等工作，以确保这套“大飞机”丛书具有高品质和重大的社会价值，为我国的大飞机研制以及学科发展提供参考和智力支持。

编著这套丛书，一是总结整理 50 多年来航空科学技术的重要成果及宝贵经验；二是优化航空专业技术教材体系，为飞机设计技术人员培养提供一套系统、全面的教科书，满足人才培养对教材的迫切需求；三是为大飞机研制提供有力的技术保障；四是将许多专家、教授、学者广博的学识见解和丰富的实践经验总结继承下来，旨在从系统性、完整性和实用性角度出发，把丰富的实践经验进一步理论化、科学化，形成具有我国特色的“大飞机”理论与实践相结合的知识体系。

“大飞机”丛书主要涵盖了总体气动、航空发动机、结构强度、航电、制造等专业方向，知识领域覆盖我国国产大飞机的关键技术。图书类别分为译著、专著、教材、工具书等几个模块；其内容既包括领域内专家们最先进的理论方法和技术成果，也包括来自飞机设计第一线的理论和实践成果。如:2009年出版的荷兰原福克飞机公司总师撰写的 *Aerodynamic Design of Transport Aircraft*(《运输类飞机的空气动力设计》),由美国堪萨斯大学2008年出版的 *Aircraft Propulsion*(《飞机推进》)等国外最新科技的结晶;国内《民用飞机总体设计》等总体阐述之作和《涡量动力学》《民用飞机气动设计》等专业细分的著作;也有《民机设计1000问》《英汉航空双向词典》等工具类图书。

该套图书得到国家出版基金资助,体现了国家对"大型飞机项目"以及"大飞机出版工程"这套丛书的高度重视。这套丛书承担着记载与弘扬科技成就、积累和传播科技知识的使命,凝结了国内外航空领域专业人士的智慧和成果,具有较强的系统性、完整性、实用性和技术前瞻性,既可作为实际工作指导用书,亦可作为相关专业人员的学习参考用书。期望这套丛书能够有益于航空领域里人才的培养,有益于航空工业的发展,有益于大飞机的成功研制。同时,希望能为大飞机工程吸引更多的读者来关心航空、支持航空和热爱航空,并投身于中国航空事业做出一点贡献。

顾诵芬

2009年12月15日

# 民用飞机销售支援与客户价值

## 编委会

**主　编**

郭博智

**主　审**

邵光兴　　杨　洋

何小亮　　张　伟

**编写组**

张　伟　　付　聪

张　洁　　张　楠

舒姚涵　　何纯仪　　张京津

# 前　　言

2014年5月23日，习近平总书记视察中国商用飞机有限责任公司研发中心(上海飞机设计研究院)时指出："中国是最大的飞机市场，过去有人说造不如买、买不如租，这个逻辑要倒过来，要花更多资金来研发、制造自己的大飞机。""中国大飞机事业万里长征走了又一步，我们一定要有自己的大飞机。"这成为中国商飞人的大飞机梦，也是中国梦和两个一百年的重要组成部分。而且国产ARJ21新支线飞机已成为彰显中国装备制造实力的新名片。

民机成功必须经历研制成功、市场成功再到商业成功才能让大飞机梦成真，让航空公司愿意用、飞行员愿意飞、乘客愿意坐。市场和客户的认可就成为了最关键的要素。因此，"市场需求为导向，客户满意为宗旨"成为中国商飞的市场观。市场部门是践行市场观的主要部门，处在与客户交流最前线的是销售，而如何为客户创造价值则由销售支援等支持部门实施。全书以客户需求为出发点，按照"发现价值——创造价值——传递价值——管理价值"的总体思路，从价值流动的完整环节阐述销售支援，满足客户需求。概论，发现价值——客户分析、产品竞争分析，回答客户需要多少架什么样的飞机的问题，进而发现客户价值。创造价值——机场和航线适应性，回答客户能不能飞的问题；机队和航线网络规划，回答客户赚不赚钱的问题，进而创造客户价值。传递和管理价值——推介及交流，定性与定量分析，客户价值。

本书仅从传统意义上提出民用飞机销售支援与客户价值的理论。鉴于互联网的冲击，消费习惯发生了转变，航空公司和租赁公司的盈利模式也随之发生了变化，航空公司传统意义上的仅实现人与物的位移已无法满足市场需求。但可不断应用客户价值的理论，通过发现价值、创造价值、传递价值和管理价值的循环不断适应乃至引领行业需求。

本书根据民用飞机销售支援与客户价值研究的一线工作经验编著而成，期望为研究民用飞机销售支援与客户价值的一线工作人员提供指导，并且为爱好者和专业人士提供一份有实用价值的参考资料。

在本书的编写过程中，参考了大量的国内外资料，由于篇幅的限制，本书最后只列出了主要参考文献，谨向所有文献作者致以诚挚的谢意。本书的编写得到了中国商飞市场营销部郑闻研究员、党铁红研究员、王可研究员等的大力支持，在此一并表示感谢。

由于水平有限，书中存在的缺点及错误，恳请读者批评指正。

# 目　　录

# 1 概　　论

## 1.1 意义与作用

### 1.1.1 定义

《高级汉语词典》对“销售”的解释是出售，即卖出去；对“支援”的解释是支持援助。民用飞机（简称“民机”）销售支援（civil aircraft sales support），顾名思义，就是支持和帮助民机出售。

作为销售支援应该主要配合销售团队做好后台支持。一般来说，销售支援按照职能和功能分为销售技术支援（sales technical support，STS）、销售商务支援（sales admin 或 business admin，SA 或 BA）。此外，还可以细分为售前支援、售中支援及售后支援。售前支援是指在合同或订单签署前配合销售的前期工作，以配合承揽业务为主要目的。售中支援是指销售过程中的支援以技术支持或商务支持为主。一般为配合销售人员或项目经理处理技术、商务、项目管理或法律等相关系列工作。一般是由专业人员来担任。售后支援是指销售完结后的后续支援，以售后服务为主。

民机销售支援是民机制造商从航空公司使用飞机的角度出发，在协助航空公司预测航空运量、规划航线、安排航班的基础上，深入分析各种相关机型的技术性能和经济性能，并结合航空公司之间的竞争，评价其与航空公司航线航班的匹配程度，帮助航空公司制定机队规划、选择飞机，进而促进飞机销售的一种服务促销方式。它是以用户为导向的市场营销理念的具体体现，也是民机市场激烈竞争的产物。

民机销售支援属于民机市场营销体系，属于营销类但却紧密支持销售类。从事民机销售支援需要同时熟悉飞机设计和飞机运营，以搭建产品与客户的桥梁；同时还要是工程师与商人的结合体，以支援技术和商务，如图 1－1 所示。

图 1－1　市场桥梁

### 1.1.2 意义

民机制造商能否生产出满足市场需求的飞机，或者说其研发制造的飞机能否在市场上取得成功，在很大程度上取决于民机制造商的市场营销能力。民机不仅技术复杂、价格昂贵，一种新型飞机的研制通常还需要投入大量人力、物力，花费数十亿甚至上百亿美元的研制费用。且由于其自身的特点，飞机研制、市场开发和销售周期时间较长（飞机研制和市场开发一般都在5年以上的时间，甚至更长）。民机制造商一般同时仅进行一个新机型研制，例如波音豪赌B747飞机。因此，必须能够准确地把握市场信息，了解整个民机市场需求，准确地把握客户的需要和未来发展规划等方面的信息。同时必须采取适当的销售策略赢得客户的订单，如果飞机销售不出去，前期的巨额投资将面临无法收回的巨大损失。即在飞机研发的前后两端支持，前端为捕获市场需求，解决研制什么样的飞机的问题，后端为销售，解决怎么卖出去的问题，主要体现在：

（1）为飞机的产品开发设计提供最为重要的依据和输入。通过市场分析研究以及销售过程中与客户的接触，深入了解客户的需求，进而为产品开发设计部门开发出适销对路的民机产品提供直接的信息。一般通过市场要求与目标（market requirement & object，MR&O）来直接体现，成为设计的源文件。

（2）为开拓市场，实现为民机制造商持续的收入来源提供保证。由于经济的全球化，任何一家民机制造商都将面临来自世界范围内的市场竞争，民机制造商要想生存，必须依靠自身产品的技术、质量、服务和市场营销能力在国际市场上赢得用户的青睐，将所研发的飞机销售出去，才能为民机制造商实现持续生产和技术研发提供所需的资金。

正因为市场营销的重要性，世界各国的民机制造商都无一例外地将市场营销看成其最为重要的职能部门之一，不仅投入大量的人力物力从事民机的市场研究和需求预测，更是不惜代价地进行市场开发和销售组织，并从其组织架构，销售网络布局，关键人员和各地区市场营销人员的配备等组织入手，对其市场营销的组织管理进行了重点保证。可以说，除了飞机研发和制造过程的组织管理外，民机制造商其他工作内容和职能都重点围绕着市场营销进行组织安排，或者说其他职能部门的工作都为市场营销提供支持和服务。

民机销售支援是民机市场营销的重要组成部分，是飞机研发与客户之间价值沟通的有力渠道。民机销售支援几乎需要掌握飞机研发和市场营销全方位知识，即在客户面前必须成为产品专家并能进行有效的价值沟通，在研发面前必须成为市场专家并能进行有效的价值沟通。

民用飞机市场营销具有三大重要特征：

1）重要性

民机产业作为一个国家的战略性产业，其产业自身的高技术、高投入、高风险，以及民机产业对国民经济的强大支撑作用，都决定了民机市场营销的重要性。

高技术、高投入、高风险决定了民机市场营销的重要性。民机产业技术壁垒较高，一般新机型的研制需要 6～8 年的时间，而且由于技术的革新和适航要求的不断提升，新机研制周期呈加长趋势。这期间需要克服总体设计、发动机、新材料、航电系统等多项技术难题。民机技术上的成功，体现了其高科技的技术密集程度。作为一种商品，民机商业价值的实现，获得市场认可，才是一种机型开发成功与否的最终评判标准。民机市场价值能否实现，事关飞机的研发、制造高昂的技术和资金投入是否能收回，是民机产业高风险的重要体现之一。民机市场价值的实现，离不开专业的市场营销。现代民机市场营销贯穿于研发、制造、服务等民机产业的各个环节。世界各主要民机制造商均积极开展市场营销，通过市场研究洞悉市场趋势，把握客户的需求，提供合乎市场需求的产品和服务，并制订适宜的市场营销策略，以在激烈的市场竞争中取得优势地位。

民机制造业是带动国家科技、经济实力进步与发展的强大推进器。民机的研发和生产，需要多个产业和部门的协作与支持。从技术角度看，民机研发和制造，依赖于新材料、能源、电子信息等多个领域相关技术的突破与发展，这将带动一个国家和地区的科技水平的整体提升；从产业关联看，现代民机制造是多部门协作、社会化大分工的工业产品。民机制造对装备制造、材料、电子等高新科技、高附加值产业的拉动作用特别突出，因此，民机产业的社会经济乘数效应非常突出，是推动国民经济持续发展的重要支柱。市场营销是民机产业研发、制造、流通环节的重要组成部分，是实现民机市场价值的重要途径。只有实现产业与市场的良性商业循环，民机产业对社会经济的“推进器”作用才能充分体现。

2）复杂性

市场营销环境和过程的复杂性，是民机市场营销的重要特征。

民机采购是世界国际贸易的重要组成部分。民机交易是平衡国际政治、经济、军事的重要砝码。民机采购是国家国际政治经济战略的反映，经常受到国际政治环境的影响。为了加强国家对民机采购的控制力度，一些国家对民机采购采取审批制度，航空公司没有充分的权利选择飞机采购的具体型号、数量和时间。即使航空公司拥有自主采购权，民机采购也会受到政府国际贸易政策的影响。经济环境的变化也是影响民机营销环境不可忽视的因素。民机的销售与世界经济周期波动息息相关。例如，20 世纪 70 年代的石油危机，导致大批飞机的销售停滞。而经济的复苏，航空运输需求的增长，则可以强劲拉动飞机销售。

民机的营销过程极为复杂。首先制造商要研究市场，并对市场的未来走势进行判断，基于市场的分析和判断，明确目标市场和市场定位决策，再根据市场需求的特点进行相关机型的研发和生产，然后才是市场的推介、公关和促销。在销售前，制造商会了解并分析航空公司的基本情况，包括机场、航线、环境、气候、客流甚至票价，帮助航空公司制订相应的机队规划；在销售过程中，民机制造商与航空公司将就具体的机型配置、数量、价格、购买方式、备件、培训等方面进行多次协商和谈判；在合同签订后，制造商可根据客户需要派出相关人员来训练机务人员和飞行人员，甚至帮助航空公司进行政府及金融机构公关，获得政府引进批文、财务和政策支持；飞机交付使用后，制造商将提供用户支援，或是派出驻场代表随时解决各种问题。波音和空客等民机制造商还在世界各地建有大型飞机备件配送中心，及时解决飞机售后技术、维修等问题。在整个营销过程中，民机制造商始终与航空公司保持着密切的联系。

3）专业性

民机制造业是一个技术密集型的产业，民机是技术和资本高度密集的产品，这决定了民机市场营销的专业性。主要体现在营销产品的专业性、服务的专业性、营销人员的专业性等 3 个方面。

民机是高科技的集合体。民机先进的技术性能本身就是销售的亮点。如何让客户了解这些先进航空技术可以改进企业运营能力，为旅客提供舒适的乘机环境，增强企业收益能力，都需要专业的市场营销。

专业的市场营销需要专业营销服务和对应的专业营销团队。按照国际惯例，民机制造商均建有客户支援部门，给予用户强有力的服务支持，其中包括飞机的维修、备件、培训等内容。并同时与客户建立长期的服务支持体系，例如航空公司驻场代表、全球备件供应网络、定期客户访问、召开用户运营研讨会议和论坛等。民机制造商希望通过优质专业的服务，与客户建立起合作伙伴关系，乃至战略合作伙伴关系，实现共赢。

专业的服务需要专业的人员来实施。具有丰富从业经验的市场、销售、法律、技术支持的团队是有效实施民机市场营销的必要条件。

### 1.1.3　作用

概括地说，民机销售支援作用简而言之是充分了解客户需求，提供满意的客户解决方案，详而言之，具有以下 3 个方面的作用：

（1）深入了解航空公司的购机需求。

民机销售支援通过预测航空运输市场直至航线乃至航班层级，协助目标航空公司规划航线，编排航班，选择机型，能够比较深入地了解航空公司的购机需求，同时也为民机市场研究提供更具体的信息。

（2）有效地促进民机销售。

民机的技术和经济性能如何？能不能适应未来的航空运输市场需求和拟开的航线条件？能不能给公司带来经济效益？会不会造成巨大的财务风险？这些都是航空公司在购机决策时最为关心的问题。民机制造商结合具体航空公司的运营要求，科学地分析和回答上述问题，是促进民机销售最有力的工具之一。

（3）与航空公司建立良好的合作关系。

航线网络规划与航班计划是航空公司运营围绕的核心问题，机队规划既是航空公司运营的基础，又是航空公司的重大投资。民机制造商在这些重大问题上向航空公司提供科学的技术支持，有利于与航空公司建立良好的合作关系，争取和巩固自己的市场份额。民机制造商往往需要站在客户的角度，提出满意的客户解决方案，当该方面能够帮助客户解决问题时，良好的合作关系就逐步建立起来了。这也便于通过关系营销催进向注重关系的国家销售飞机。

从国际上民机制造商的营销实践看，波音公司、空客公司，以及巴西航空工业等都注重做好销售支援，设置专门的销售支援部门，配备专职技术人员，帮助目标客户分析航空运输需求、规划航线航班，进行飞机选型。波音和空客公司还多次为我国的航空公司和行业主管部门举办培训班，就航线网络规划、机队规划与飞机选型等航空公司普遍关注的重大经营问题，对我国航空公司和行业主管部门的中高层管理人员进行专业培训，以此拉近与目标客户的关系。巴西航空工业虽然是发展中国家后起的民机制造商，但是也有一支强大的销售支援队伍，尤其销售工程质量很高，受到我国相关航空公司与飞机租赁商的广泛认可。

由于世界主要民机制造商普遍通过销售支援活动进行促销，竞相为航空公司提供高水平的市场分析和飞机技术经济性能分析，使得航空公司在机队规划和飞机选型时越来越关注民机制造商的观点，一些小型航空公司为了精简机构设置，甚至主要依靠民机制造商分析飞机，编制机队规划。民机制造商在航空公司的机队决策过程中，发挥着更加中心的作用，承担了更多的分析工作。

## 1.2 内容及流程

### 1.2.1 概述

民机市场营销主要工作流程如图 1－2 所示。作为售前的市场团队，必须对世界民机市场整体需求和区域需求的变化情况、市场竞争情况、主要竞争对手未来发展战略、机队需求规模和各国经济水平和未来发展变化规律等进行全面的研究，为民机制造商制订飞机销售战略和目标提供依据。销售和销售支援团队，在市场研究人员对市场需求情况进行分析的基础上，将客户需求信息传递给销售人员，以销售人员为主进行市场开拓，完成产品销售。

销售人员在了解到客户有购机需求并与客户接触后，对客户提出的有关民机使用过程中的经济性、适应性等更为专业的问题，通常需要与销售支援人员一起分析客户的需求，帮助客户分析不同型号民机的技术经济特征、机场和航线适应性、机队和航线网络规划、航空公司财务计划和可行的购买方式等。因此对销售支援人员，需要有更为专业的知识，包括机队和航线网络规划、飞机选型、甚至飞机租赁与融资、航空公司财务等方面的专业知识。

各地区和不同国家的市场部人员在了解航空公司的购机意向后，派人到航空公司了解详细的信息资料，包括机场条件、航线、环境、气候、客流甚至票价等相关信息，将这些信息提供给销售支援人员，销售支援人员从不同型号飞机的技术经济特征为航空公司进行飞机选型分析，当航空公司明确其购买意向后，销售人员到航空

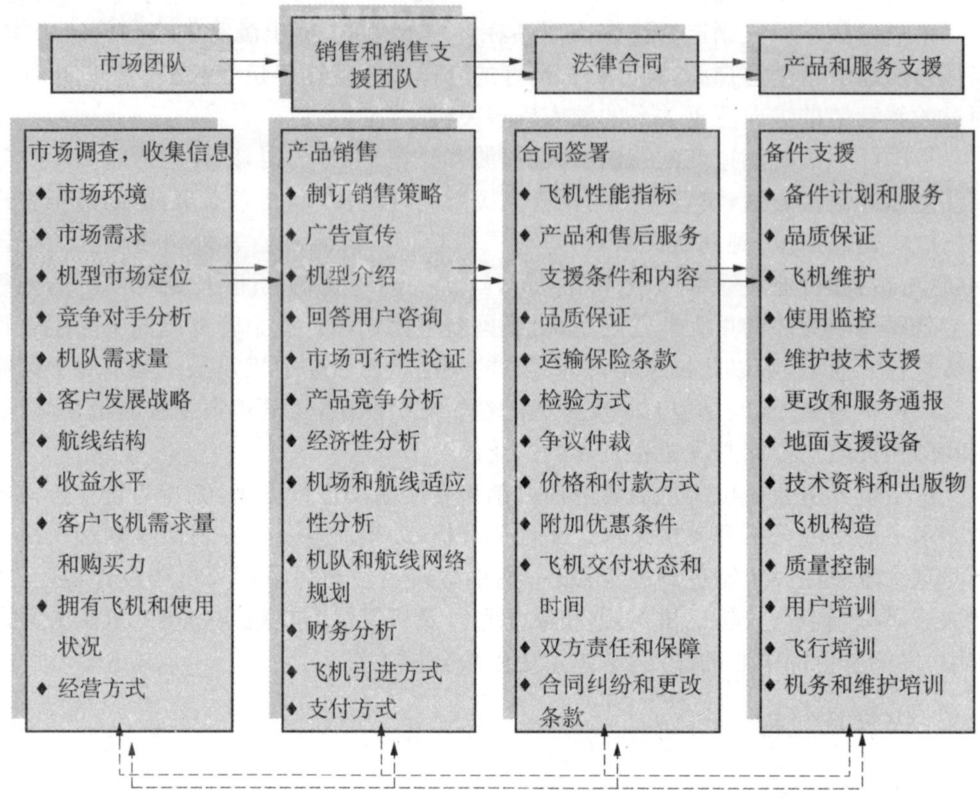


图 1-2 民机市场营销主要工作流程

公司签订一份意向书，同时了解航空公司的财务状况、飞机引进方式（购买或租赁）、支付方式等更为详细的信息，并将这些信息提供给财务部或金融公司进行销售风险分析，财务部确定各种条件下的风险情况后，授权合同部配合销售人员与航空公司进行销售合同谈判，销售合同谈判过程中，销售人员和合同人员要不断对航空公司提出的各种有关产品和服务要求进行评估，必要时需要上层主管部门共同决定。销售合同谈判结束后，由合同人员与航空公司签订正式的飞机引进合同。合同签订后，民机制造商的客服人员负责为航空公司训练机务和飞行人员。当飞机交付使用时，民机制造商派出随机人员进行驻场服务（驻场代表）提供现场技术指导和服务，客户服务人员提供有关飞机的文件、手册、维护大纲、必要的工具和零备件清单。驻场代表作为民机制造商的神经和眼睛，在进行跟踪服务的同时，需要随时保持与客户服务人员的联系，当出现驻场代表无法解决问题时，民机制造商会在最短的时间里从总部派出工程技术人员飞抵飞机所在地机场排除故障，民机制造商的服务网是遍布全球的。同时客服人员也是收集客户需求最有力的途径，客户往往对销售乃至营销人员有芥蒂，但会把抱怨和需求都告诉客服人员。

从一般意义上认为市场营销包括营销与销售，但实际上往往又会将营销与销售区分开来。

**表 1-1　营销与销售的区别**

| 营　销 | 销　售 |
| --- | --- |
| 1. 营销是解决竞争问题和未来问题的 | 销售是解决当下和现实问题的。当一个企业越来越倚重销售时,说明销售及销售管理能力越来越无力。如果销售人员感觉是在孤军奋战,说明营销职能缺失 |
| 2. 营销是发现需求和制造需求 | 销售仅仅是满足需求的 |
| 3. 营销是把自己的资源组合和长处发挥到极致 | 销售是把客户的潜力和资金拿回来的能力发挥到极致 |
| 4. 营销就是改变消费者的心理认知和心智模式,操控消费者的潜意识 | 销售是引导和改变消费者的购买习惯和让消费者产生购买行为 |
| 5. 营销是帮助消费者做选择 | 销售是暗示或者迫使消费者做选择 |
| 6. 营销的对象是消费者 | 销售的对象是客户(渠道和终端) |
| 7. 做营销是卖与价格一致的概念 | 做销售是卖与价值一致的产品 |
| 8. 做营销是做品类,卖品牌 | 做销售则是做产品,卖使用价值 |
| 9. 营销的功能是改变消费者的价格参考标准 | 销售的功能是改变消费者的行为模式 |
| 10. 营销是建立消费者价值感 | 销售是提供给消费者的便宜感 |
| 11. 营销是说服消费者 | 销售是方便消费者 |
| 12. 营销做的是市场扩容工作 | 销售做的是当下的回款工作 |
| 13. 做不好营销死是迟早的事情,市场扩容是营销人员的核心工作 | 做不好销售,死是当下的事情,销售回款和份额扩大是销售人员的天职 |
| 14. 营销工作的重点是培育市场 | 销售所做的则是攫取市场 |
| 15. 营销重在传播沟通,树立品牌 | 销售重在促销上量,打击竞品 |
| 16. 做营销就是要做出消费者要的东西 | 做销售则是卖自己有的东西 |
| 17. 营销的目标是树立品牌,扩大品牌和知名度、提升美誉度,给消费者提供产品购买的理由 | 而销售的工作目标就是如何把产品送到消费者的面前,并成功地收回货款 |
| 18. 营销做的是战略规划,通俗地说市场是大脑 | 销售做的是战术实施,通俗的说销售是手脚 |
| 19. 营销考虑的是全局,是策略执行者 | 销售考虑是局部问题,主要是这样实现消费者即期购买回款 |

事实上营销与销售之间的关系是非常密切的,在这一点上民机与其他产品是类似的。营销负责“松土”,销售负责“种树”;营销的考核是品牌知名度等较为软性指标,销售的考核是订单、合同等较为硬性指标。营销人员与销售人员必须保持沟通渠道畅通和有效沟通,营销人员在进行产品推广或品牌宣传计划时必须充分听取销售人员的意见,不能与实际情况差异太大;同样销售人员在制订销售策略、目标客户选择乃至销售价格时也需要听取营销人员建议,不能与营销策略和产品市场定位相去甚远。如果没有有效沟通,会出现市场推广计划难以执行、品牌宣传实际效果不

佳,或者销售人员为获取订单轻易采取低价竞争等销售策略等情况。

与民机销售支援相关的主要有销售、营销、研发和其他,其主要关系如下:

(1) 民机销售支援与销售的关系。

销售支援团队从桌面研究和理论上发掘市场机会,移交销售团队建立客户关系。销售团队则从日常客户关系开拓中发掘突发性市场机会和实际市场机会切入点,移交销售支援团队来支持。

(2) 民机销售支援与市场研究的关系。

在客户业务和飞机产品上,销售支援团队以微观分析为主,市场研究团队以宏观分析为主。

(3) 民机销售支援与研发的关系。

销售支援是研发的输入和连接研发与客户的桥梁。

(4) 民机销售支援与其他的关系。

其他主要指客服、制造等,销售支援与它们共同创造客户价值。

### 1.2.2 工作内容

民机销售支援是市场营销体系的重要组成部分之一,也是民机商业成功必不可少的环节之一。民机销售支援以销售技术支持和商务支持为主线,为客户提供全方位咨询服务;同时为飞机设计提供机场和航线等飞机运营环境以及运营情况分析支持、客户需求输入支持。

民机销售支援是为了促进飞机的销售,帮助销售人员从不同的角度分析航空公司购置和使用某种飞机的经济性、适应性、财务可行性和合同条款的制订。其中销售技术支持包括各型飞机的机场和航线适应性分析,飞机性能与客户需求匹配程度分析或市场适应性,飞机使用的经济性分析,航空公司机队和航线网络规划分析,航空公司财务分析等。销售商务支持则需要根据各种不同条件下的销售价格、客户的付款方式和时间等分析民机制造商的财务风险,为销售人员确定不同条件下的价格底线和飞机销售政策提供建议,同时完成相关技术条款支持。

因此,民机销售支援既需要站在用户(航空公司)的角度分析各种飞机对航空公司营运的适应性和经济性,帮助航空公司选择合适的机型,同时还考虑航空公司的财务状况、收支情况,帮助航空公司分析购买飞机或租赁飞机过程中遇到的各种财务问题的解决方案,也需要充分考虑民机制造商在销售过程中,尤其是合同谈判过程中面临的各种问题和可能遇到的风险。

其主要内容包括以下几点。

(1) 发现客户价值:了解市场、了解客户,包括目标客户市场分析、战略分析、融资分析和客户价值评估产品技术特点和竞争优势分析、竞争力评估等。

(2) 创造客户价值:提供解决方案,包括开展机场与航线适应性分析以及飞行计划制订支持;航线网络规划、机队规划、航班规划和机场规划支持。

(3) 传递客户价值:向客户宣传,说服客户接受制造商的观点和产品。如,制订通用个性化产品推介材料并开展现场推介各类展会、会议技术支持。

(4) 管理客户价值:回顾客户需求及解决方案的匹配,再次了解客户。如,商务谈判、合同技术条款等方面支持,客户需求提取及推进落实,销售支援档案管理、价值传递评估。

其涉及内容如图 1-3 所示。关于客户价值理论的描述详见第 8 章。

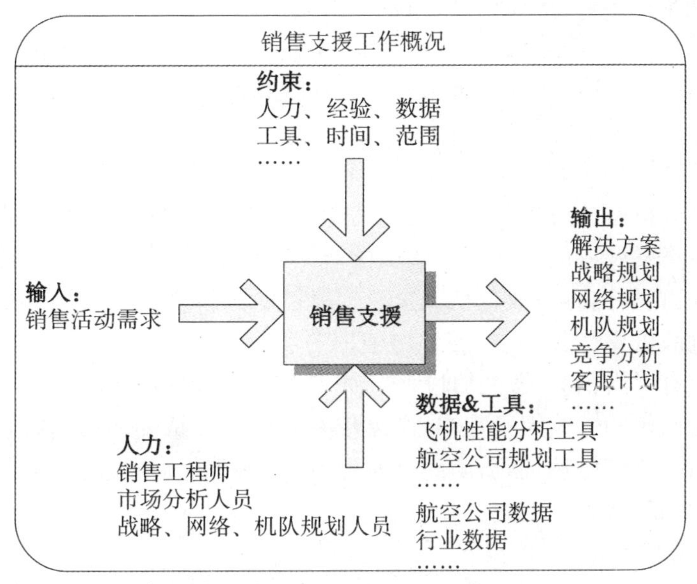


图 1-3 民机销售支援工作概况

民机销售支援需紧密结合航空公司具体航线航班运营要求,深入分析相关机型技术和经济性能。在商务层面上,它是市场营销业务活动的重要组成部分;在技术层面上,它包括一系列专业性很强的计算方法和分析指标,是为了促进飞机销售而发展起来的一门销售支援技术。

具体来说,包括以下内容:

(1) 市场及客户分析。

航空市场分析是对目标市场与航空相关的历史信息的研究,包括宏观的政治、经济、社会、技术、环境/自然、法律、道德、人口统计学、国际化等因素,以及微观的机场、机队、航线、航班、航空公司、旅客等因素,进而发现目标市场特征以及趋势。客户分析则更多从微观层面进行,还需要考虑客户之间的竞争分析。通过分析发现的市场及客户特征和趋势,就是市场和客户的需求。从广义层面上看,需求覆盖客户运营的全环节,在整个价值链上都予以体现;从狭义层面上看,需求主要体现在飞机需求量的预测上。

航空运输市场预测是对目标市场未来时期的航空旅客和货物运输量的预测分析,它是航空公司规划航线、编排航班、测算各型飞机需要量的基础,也是民机制造商非常关注的问题。例如,波音公司和空客公司都有专门的研究机构,不断地对世界和各主要地区的航空运输市场进行预测,并公开发布各种预测数据。

对于民机制造商来说,航空运输市场预测既有宏观上的战略意义,又是微观上的一种销售支援活动。从宏观上看,把握未来时期全球和各主要地区的航空客货运量,是民机制造商预计各型飞机市场规模、寻找销售目标的基础。从微观上讲,飞机销售人员只有深入了解目标航空公司未来的市场规模与特点,才能有针对性地推荐备选机型,进行飞机性能分析,开展销售。当某些目标航空公司尚未认识到未来的航空运输市场规模与特点时,飞机销售人员还要帮助这些航空公司进行航空运输市场预测。

(2) 产品竞争分析。

产品竞争分析是从市场和客户关注的角度分析产品的优劣势,并提炼飞机销售卖点和产品战略发展方向。而这里所指的产品是广义的,包括产品和服务。具体来说,客户关注的竞争内容一般包括安全、产品性能、经济性、舒适性、环保性、系列化、通用性、维修性、可靠性、产品支援和增值服务等。对于民机,市场和客户往往最关注经济性。但有时候也会关注其他因素,如安全性、易获取性等。

由于飞机销售的影响因素很多,产品仅是其中一个重要因素,其他还包括政治、经济、企业品牌、市场份额、制造商财务状况等,这些其他因素往往属于宏观分析,与产品直接相关一般认为是微观分析。

(3) 机场和航线适应性分析。

飞机分析是针对具体航空公司的具体航线,分析所推荐机型的技术性能与航空公司运营需求的匹配程度,包括飞机在具体航线上的起飞、降落、商载与航程的分析等。

飞机的技术性能如何,是航空公司购置飞机,选择机型首先考虑的因素,但是目前国际上主要民机制造商所提供的同座级飞机,在商载、航程与航速等一般性技术指标上的差距并不大,因此飞机市场营销人员必须深入分析本企业飞机对具体航线上的机场、航路和航空运输市场的适应性,帮助航空公司充分认识本企业飞机的良好技术性能,这是飞机销售取得成功的关键环节之一。

(4) 经济分析。

经济性分析主要研究具体机型飞行具体航班的经济效益,包括飞机运行成本和盈亏平衡载运率等。当不同民机制造商的飞机都具有良好的技术适应性时,谁的飞机能够为航空公司带来更好的经济效益,就成为航空公司选择机型的主要考虑因素。因此,飞机市场营销人员必须深入研究本企业飞机在具体航线上进行运营的经济指标,帮助航空公司充分认识本企业飞机的良好经济性。

(5) 机队和航线网络规划。

机队规划是根据对航空运输市场研究的结果,按照一定的原则和方法,对规划期内航空公司的飞机数量和结构所做的系统的动态安排。对于航空公司来说,机队规划涉及成百上千亿元的投资，关系航空公司的经济效益和生死存亡。对于民机制造商来说，航空公司的机队规划决定了民机市场的规模与结构，影响着民机市场的生产与销售。因此，许多民机制造商都十分关注航空公司的机队规划，如波音公司、空客公司都通过其营销人员和用户服务人员了解航空公司的机队情况，并且不断预测世界主要国家未来的民航机队规模与结构。

民机制造商对于航空公司机队规划的研究，也包括宏观与微观两个层面。在宏观层面上，民机制造商需要把握世界主要国家的机队变化情况，以便及时发现重要的销售市场。在微观层面上，民机制造商的市场营销人员需要测算目标航空公司未来的机队规模与结构，甚至需要帮助航空公司制订机队规划，以便促进飞机的销售。

航线是航空运输线路，航班是航空公司按照对外公布的航线和时刻向社会公众提供的定期运输飞行。航线航班是航空公司的主要服务产品，也是航空公司购置飞机的主要用途。一方面，航空公司根据市场需求、航线网络布局和现有的飞机运力编排航班，另一方面，对未来航线网络布局和航班编排的考虑，又影响着航空公司机队规模和飞机类型的选择。飞机市场营销人员只有深入了解航空公司的航线航班特点，才能结合具体的航班运营要求说明所推荐机型的良好的技术和经济特性。

航线航班分析也包括宏观和微观两个层面。航线航班的宏观分析层面，主要研究全球或主要地区航线网络布局的特点与趋势，以及航班运行的特点与趋势（如航班频率与平均航程、平均商载的变化趋势等），以便为改进飞机设计、发现新的市场提供依据。航线航班的微观分析层面，主要研究目标为航空公司应当如何进行航线网络布局，如何编排航班。然后结合具体航班的起降机场和航路条件，论证与本企业生产的相关机型的机场和航线适应性，以及良好的经济性，从而促进本企业的飞机销售。

(6) 财务分析。

财务分析是对航空公司购机的财务方案进行分析。飞机购置涉及成百上千亿元的支出，是一笔巨大的投资。面对技术和经济性能俱佳的机型，有的航空公司可能无力购置，即使财力雄厚的航空公司，也需要深入了解购置飞机对于公司财务状况的影响，以及未来的投资回收情况。因此民机制造商在销售飞机的过程中，需要帮助航空公司分析购置飞机的财务影响与投资回收情况，并向航空公司提供解决各种财务问题的可行方案。财务分析是民机销售支援的重要组成内容。

(7) 推介及交流。

推介及交流是保证上述所完成的客户解决方案能正确传递给客户的重要途径。推介是较为正式的途径，交流则可在任何场合进行。由于飞机是高技术、高价值产品，且客户群体相对集中，因此一般更多通过销售和销售支援团队直销的方式完成。当然不排除少量代销方式的存在，但即使采用代销方式也需要民机制造商销售和销售支援团队大力支持。具体推介及交流的方式很多，例如拜访客户、展会交流、邀请客户参加制造商组织的活动或会议、客户体验，甚至使用邮件、电话、传真、视频等方式。但若期望更多实质性进展时多数采用当面交流的方式效果会更好。

在民机销售支援的上述内容中，市场及客户分析、机队和航线网络规划乃至产品竞争分析，都具有宏观与微观两个层面的业务与功能，在实际的民机市场营销活动中，宏观层面的业务多放在市场研究部门，微观层面的业务则主要由销售支援部门承担，同时各部门定期沟通，在人员、信息和技术方法上相互支持。

民机销售支援方案策划主要内容如图 1－4 所示。

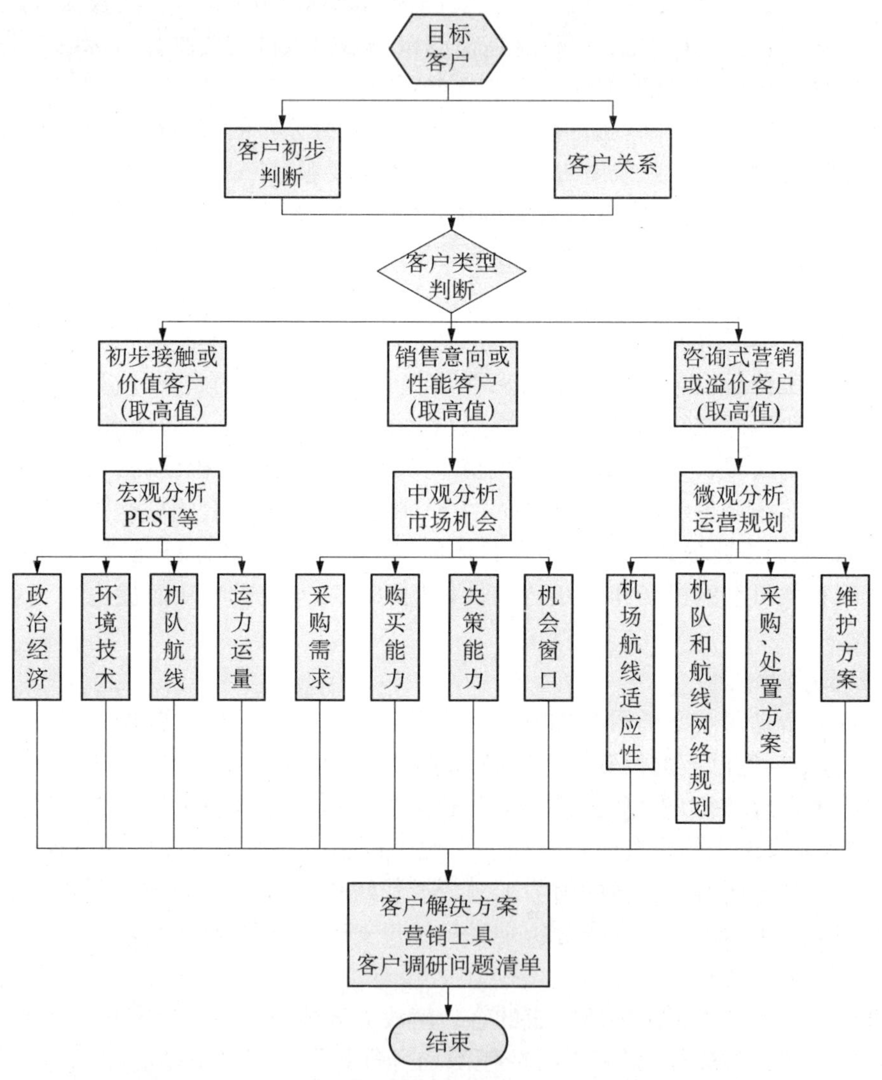


图 1－4 民机客户销售支援方案策划内容

第一步，通过客户评估和客户关系，完成客户分类。

第二步，针对不同客户分别采用宏观、中观和微观分析，形成客户价值点。

第三步,最终基于客户价值点给出民机客户销售支援方案以及相关营销工具和用于更好地挖掘客户价值的客户调研问题等。

民机制造商与运营商之间的体系梳理如图 1-5 所示。

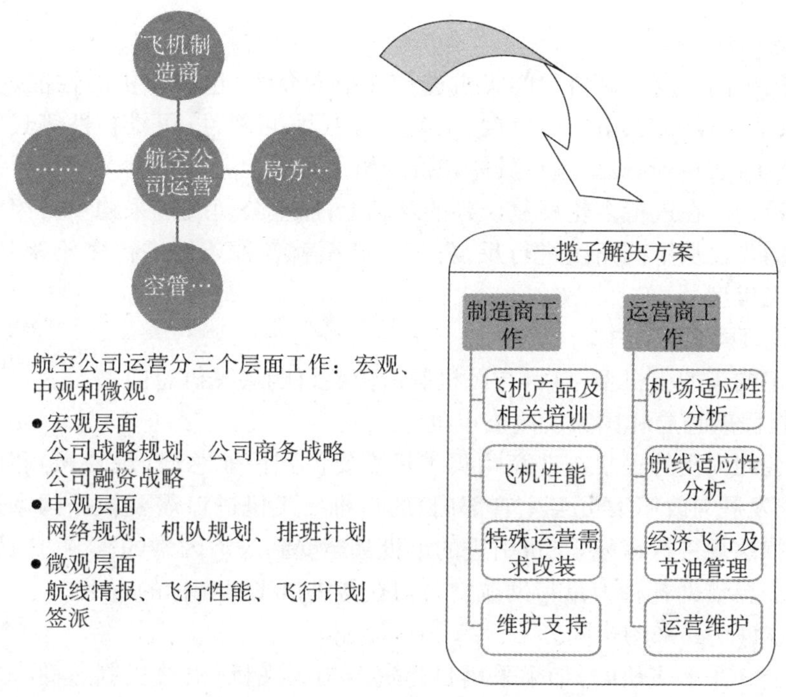


图 1-5 民机制造商与运营商体系梳理

### 1.2.3 销售流程

1) 国内航空公司购买飞机的业务流程

民机制造商的销售业务流程通常是与航空公司引进飞机的业务流程融为一体的,即通过双方的多次反复接触和洽谈来完成。

(1) 机队规划。

根据航空公司的发展战略进行航线网络规划,并在此基础上进行未来 3～5 年的,甚至 10 年的机队规划。

(2) 购买飞机准备。

航空公司的航线网络和机队规划提交给机务工程部,对世界上所有备选飞机机型的适应性提出一个初步的意见建议书。目前中远程飞机主要是空客和波音两家制造商生产的飞机,可选择的飞机机型有限。

(3) 成立飞机采购项目小组。

将机务工程部的飞机选型建议书提交计划和财务部,集中采购部组织机务工程、计划、财务、飞行等专业人员组成项目小组,根据不同飞机机型的信息资料对其经济性、航线适应性等进行初步评价和选择。

(4) 邀标。

飞机采购项目小组根据初步评价和选择的结构,向不同的民机制造商发放竞标信息。

(5) 竞标。

不同民机制造商针对自己的飞机进行详细的介绍,包括飞机的性能、机场和航线适应性、运营经济性、市场适应性、飞机的通用型、可靠性、可维护性等具体情况介绍,航空公司在对不同机型进行具体评价分析的基础上,选择 1～2 家民机制造商的机型进行谈判。在进行多轮反复谈判的基础上,航空公司飞机采购项目组对不同民机制造商的飞机从不同角度进行反复比较,甚至就各种条件进行多轮谈判,最终选定购买的飞机型号。

(6) 签订购买意向书。

在确定购买的飞机型号后,与民机制造商签订购买飞机意向书。

(7) 报民航总局和国家发改委审批。

航空公司向国外民机制造商购买飞机需要得到民航总局(规划司)和国家主管部门(国家发展与改革委员会主管部门)的审批。飞机进口需要根据国家进口产品有关的法律法规进行审核,飞机引进的审批甚至受到政治因素的影响,因此,民机制造商常常需要借助各种力量帮助航空公司获得进口飞机指标的审批。

(8) 签订正式采购合同。

航空公司采购飞机时,如果采用自筹资金购买飞机,由民机制造商和航空公司签订一个双方的飞机买卖合同即可。但是,目前由于许多航空公司资金紧张,通常采用融资租赁或经营性租赁方式进行飞机引进。在通过融资性租赁引进飞机时,航空公司与民机制造商签订一个可转让的飞机采购合同后(通常是每架飞机签订一项合同),还需要与租赁公司或金融公司进行融资租赁洽谈,在民机制造商、航空公司和飞机租赁公司之间进行协商和谈判,在航空公司和租赁公司或金融公司间签订一项租赁合同。在中国,购买飞机的行为不单纯是企业行为,常掺杂政治因素,因此,通常是由中国航材公司(中航材)代表航空公司和政府签订一个飞机采购的框架协议,该协议签署前,中航材先要对各个航空公司进行需求沟通,获得一个整体的需求信息,然后再去签订一个数量合理的框架协议。很多情况是航空公司与波音和空客已经做了大量的工作和沟通,然后再由国家整合统一采购。

对于已经过市场检验的比较成熟的飞机类型,航空公司通常会根据以往的使用情况判断飞机性能和民机制造商服务质量的优劣。但对于一种新型的飞机来说,许多航空公司在进行飞机选择时常常会比较谨慎。

2) 国际航空公司购买飞机的业务流程

各航空公司有评估和选择飞机的一套流程,这个流程含有五大组成部分:①市场分析,主要包括战略和规划、网络规划、收入管理和定价、营销、航班计划、融资等内容;②飞机评估,主要包括机队规划、运行(地面运行/飞行运行)、工程和维护、客户服务、融资、采购等内容;③航班计划分析,主要包括航班计划安排、战略与规划、网络规划、收入管理和定价、营销等内容;④成本分析,主要包括融资、机队规划、运营、工程和维护等内容;⑤财务分析,主要包括网络规划、融资、收入管理与定价、营销、航班计划等内容。

参与的相关团队和部门各自的关键职责和目标如下:

(1) 管理和财务。

责任:会计和审计、财务管理与回报、成本衡量与控制、飞机融资。

目标:确定并监控最有效、可预测的成本基础;评估最广泛可获得和成本划算的融资形式。

(2) 运营。

责任:以最安全且最低成本高效率的方式运行机队;遵守所有空中飞行和地面运动监管规定;管理空中机组人员和地勤人员;培训;空勤服务;调度和航班计划安排;合规。

目标:最大化调度可靠性和航班计划完整性;在保持标准的同时最小化培训时间和成本;一贯可靠的运行,同时保证旅客高度的舒适和满意;保持空地勤人员的士气和工作满意度;成本控制。

(3) 工程和维护。

责任:飞机维修养护的所有方面、维修培训、定时和不定时地维护、日常维修和大修、保管飞机记录和监管报告。

目标:最大化机队使用率和最小化维护成本、合规。

(4) 战略规划、机队和航线网络规划。

责任:最高效地使用现有财务和人力资本,增强航空公司的收入和营利性。

目标:为业务的长期增长制订最高效的计划、识别和利用市场趋势、利用网络机会扩大业务。

(5) 营销和收入管理。

责任:从现有机队和市场中最大化收入和营利性。

目标:发展新的或附属收入机会以及最大化所有来源的收入;确定并维护航空公司的收入定价模型,以最好地利用机队和网络机会。

3) 飞机销售的业务流程

民机销售的目的是开发市场,通过了解客户和了解市场,以及为客户提供满意的解决方案为方式实现。从总体上来说,民机销售流程的具体内容包括:

(1) 建立一个具有明确分工和合作机制的销售职能机构。

(2) 根据市场分析,制订市场开发战略、销售目标和销售计划。

(3) 接触客户,进行广告宣传和市场营销活动。

(4) 了解客户的需求,通过销售支援与客户进行深入洽谈。

（5）签订购机意向书，进行销售合同谈判准备。

（6）商讨客户对飞机使用和服务需求，进行销售合同谈判。

（7）根据客户购买方式和付款方式，签订飞机买卖合同。

（8）飞机交付程序管理。

（9）售后服务协调。

民机制造商的销售业务流程与航空公司的购机流程形成对应关系。对应航空公司的购机流程，民机制造商在每一阶段的内容如下：

（1）了解现有和潜在客户的需求信息，主要是通过与航空公司的规划发展部进行沟通，了解航空公司未来的机队规划，有时甚至帮助航空公司进行机队规划，同时了解航空公司的航线规划，各种型号飞机的整体需求数量等信息；在初步了解客户机队规划的前提下，制订有针对性的宣传和销售策略。

（2）在航空公司的购机准备阶段，民机制造商需要和机务工程部、飞行部、网络规划部、财务部、集中采购部等多个部门进行联系，重点了解客户对飞机性能、质量的要求、航线特征等信息，并针对客户需求的各种信息资料，为航空公司提供有关购买飞机支援服务（对于民机制造商则属于销售支援服务）。具体内容包括机型介绍，回答用户咨询，为客户进行市场可行性论证、竞争分析、机场和航线适应性分析、机队和航线网络规划、航班排班、不同型号飞机的经济性分析、市场适应性分析、财务分析、飞机引进方式和支付方式分析。

（3）在接到航空公司明确的飞机需求信息和邀标信息后，具体和飞机采购部门进行详细的沟通交流，或根据航空公司的需要，对其各种购买需求和飞机的使用要求进行分析。

（4）在竞标过程中，还需要根据航空公司提出的各种需求信息，突出自身飞机的优点，为客户进行不同使用方案和条件下的上述分析外，更重要的是不同条件下有关飞机价格策略的制订。

（5）购买意向书的签订。民机制造商与航空公司之间在通过多轮反复沟通之后，由航空公司代表与民机制造商销售人员签订一个飞机采购框架协议。在国内购买飞机的行为不单纯是企业行为，常常掺杂政治因素，因此，民机制造商除了需要进行航空公司的市场营销公关外，还必须进行政府公关。

（6）合同谈判和签署，合同谈判涉及的条件和条款很多，通常包括：有关飞机性能指标、产品和售后服务支援条件和内容、品质保证、运输保险条款、检验方式、争议仲裁价格和付款方式、附加优惠条件、飞机交付状态和时间、飞机适航性审定、双方责任和保障、合同纠纷和更改条款等。通常民机制造商对每种型号飞机都有一个详细的销售条件，尤其是在常规条件下的各种价格和优惠条件限制。但是，每个航空公司在引进飞机时都会有一些特殊的要求，包括飞机配置和服务条件等，因此，在合同谈判时，需要针对航空公司提出的各种条件进行详细的风险分析，销售人员通常会针对各种不同的条件去征询各职能部门的专业人员意见。以销售底价出售的销售合同、风险较大的销售合同，必须最终由上层主管机构（负责销售副总裁、市场营销副总裁、销售财务主管等组成的委员会）集体研究决定。

对于一些老客户和已经较成熟的市场，通常民机制造商也相应具备了销售经验和客户服务能力。但对于一些新客户或新市场，由于一些基础设施和服务能力还比较欠缺，而航空公司在购买飞机的谈判时提出的各种各样的条件也比较难满足，因此需要民机制造商的销售团队更加充分地做好销售准备。

### 1.2.4 工作步骤

面向客户的民机销售支援以价值理论为基础，即发现价值、创造价值、传递价值和管理价值，关于客户价值理论的描述详见本书第 8 章。对客户的销售支援基本可按照此步骤执行。在售前、销中和售后阶段的客户会稍有不同，但总体理念不变。

发现价值：通过客户市场分析和战略研究产品竞争分析，以及前期接触等获得。

创造价值：通过营销组合工具研究和开发、航线分析和飞行计划、机队和航线网络规划等完成。

传递价值：通过客户现场推介、商务谈判、技术条款支持等完成。

管理价值：通过客户推介后的销售支援档案管理、价值传递评估等来完成。

在每次与客户交流（包括现场推介和客户到访等）过程中必须完成以下工作：

1）前期准备

前期准备主要包括内容有：客户分析、推介材料、营销工具准备等。

同时还应注意：

（1）着正装或着装正式。

（2）携带名片。

（3）向客户提供书面材料或电子材料应该经审核，不能是个人行为。

2）交流期间

推介现场主要包括内容有：名片交换、正装交流、礼物交换（按需）、会议后续活动（按需）等。

同时还应注意：

（1）交换名片，将手机调振动，保持安静。

（2）交流尽量不超议程或超时，仔细倾听客户说话，发现客户需求。

（3）尽量拍照，需要时录音，完整记录交流过程。

（4）关键客户人员离场时可以等一下。

（5）保持冷静或微笑交流，并保持目光交流，向客户提问时，需谦虚、尊重。

（6）正确回答问题，不确定问题不做个人推测性回答，涉及进度、价格、担保等敏感话题，慎重回答。

3）交流后

推介总结主要包括内容有：推介总结报告、销售支援档案维护及更新、客户信息维护及更新、Q&A 集维护及更新以及客户关心问题的反馈等。

同时还应注意：

(1) 交流结束时分发材料，以确保交流时客户不分心。

(2) 现场交流时未答复问题在交流后尽快回复。

# 2 客 户 分 析

## 2.1 民机市场特征

民机是一个高新技术产品，且已经从原来基于“产品为主”的工业经营理念，逐步转向以“顾客为主”。民机产品的特殊性决定了民机市场除具有与其他产品市场相同的特征外，还具有独特性，主要如下：

(1) 组织市场。

民机市场属于组织市场而并非消费者市场。消费者市场又称消费品市场、最终产品市场或生活资料市场，其主体是指为满足生活需要而购买产品和服务的一切个人和家庭。组织市场泛指一个组织向其他组织推销商品或服务的任何市场。组织市场包括 4 种类型，即生产者市场、中间商市场、非营利组织市场和政府市场。这 4 类市场都是民机的主要客户，生产者市场主要有航空公司，中间商市场主要有租赁公司、银行和代理销售商等，非营利组织市场主要有研究机构等，政府市场主要有政府用于国防等用途的采购。

组织市场具有市场容量大、客户数量少、购买规模大以及购买者在地理区域上相对集中的市场结构特征。组织市场的营销都是企业到企业营销(B2B)的营销类型。B2B 营销是指供应商把产品、服务或是两者的组合销售给其他公司或组织。表 2－1 列出了 B2B 营销和大众营销(B2C)的一些主要异同点。

**表 2－1 B2C 营销与 B2B 营销的主要差别**

| 营销类型 | B2C 营销 | B2B 营销 |
| --- | --- | --- |
| 目标客户 | 大量小客户(消费者) | 少量专业客户 |
| 产品 | 大众化生产 | 系列化生产或单件生产 |
| 需求类型 | 多样化、不同质 | 派生性、专业性、需求不同质 |
| 宣传方式 | 电视、海报、广播、全国性保质、直销 | 贸易展览、专业媒体、直销 |
| 客户采购模式 | 被动；购买过程通常独自进行 | 主动；公司购买 |
| 营销组织 | 通常按产品类型分类<br>服务与销售分离 | 通常根据市场或主要客户类型分类<br>服务和销售一体化 |

（续表）

| 营销类型 | B2C 营销 | B2B 营销 |
|---|---|---|
| 客户开发类型 | 全球市场细分，逐个市场开发 | 根据客户实力逐个开发 |
| 对互联网的使用 | 使用频繁<br>销售手段多样（电子商务） | 使用非常频繁，包括内部网络和外部网络<br>电子商务和电子伙伴 |

（2）周期性。

1971—2009 年全球 GDP 增速与总旅客运输量增速关系图，如图 2-2 所示。1980—1982 年、1991—1993 年、2001—2003 年、2008—2010 年分别是世界经济的萧条期，GDP 增速与总周转量剧减，由此可以看出，航空总周转量与 GDP 具有高度相关性，呈周期性变化。

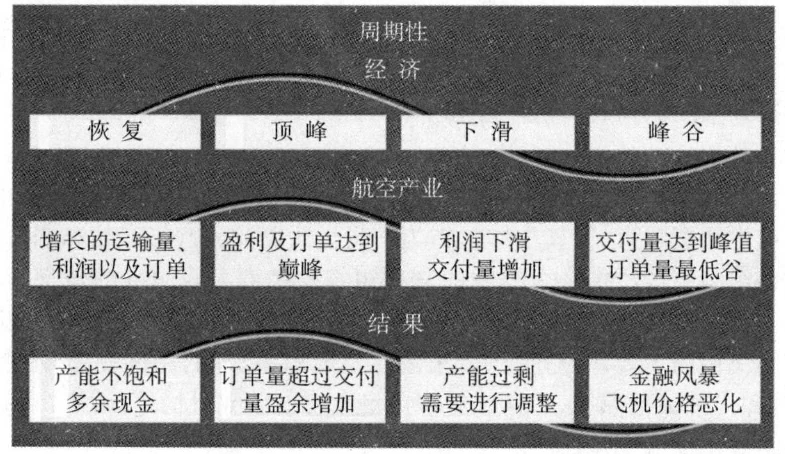


图 2-1 航空运输业的顺周期现象

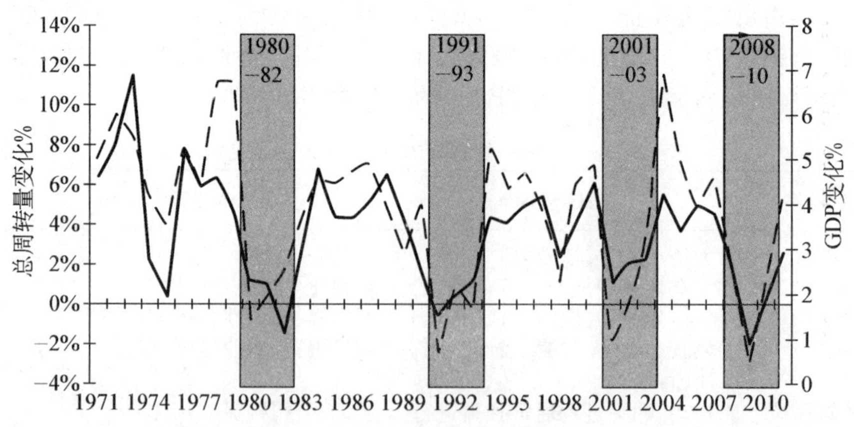


图 2-2 1971—2009 年全球 GDP 增速与旅客运输量增速关系

(3) 国际化竞争。

民机市场是全球垄断程度最高的市场领域之一,国际竞争十分激烈。二战之后,随着全球经济复苏,航空技术的快速发展,以及政府对航空市场管制放松等因素,民航市场需求迅速扩张,航空运输业蓬勃发展。民机制造商通过差异化的产品和服务组合满足不同客户的不同需求,以获取市场竞争优势,逐步形成目前的波音和空客垄断大型民机市场,庞巴迪和巴航工业瓜分支线飞机市场的格局。

(4) 政府导向。

民机产业属于国家战略性产业,特别是大型客机,其销售并非纯粹的商业行为,而是包含着大量的国际政治因素。民机的销售与采购往往是国家关系的考量因素,又或者是达成某种妥协的附带条件等。20 世纪 70 年代,空客即充分利用政治因素完成了对亚洲国家 A300 飞机市场开拓。

(5) 独特的供需矛盾。

民机技术复杂,投资大,研制周期长,民机制造商需要对市场发展有一个长期的认识。一般来说,民机的销售周期大约为 13～15 年;研制一种型号,历时 6～8 年甚至更长;客户从订货之日起到飞机交付历时半年至一年半。与之形成鲜明对比的是,由于受政府干预、特殊事件以及气象和基础设施等不可控因素的影响,航空公司更关心市场普遍情况,其短期内的经营状况决定了它的盈利水平。这就存在了关注长期市场和短期市场的差异。

图 2-3 为 1980—2009 年全球飞机交付量与旅客运输量增速关系图,1991 年、2001 年和 2009 年是飞机交付的高峰期,此时对应的周转量增速则位于波谷。而航空周转量增速最快的期间,则是飞机交付量较低的时候,飞机交付量增速与总周转量增速刚好错位。

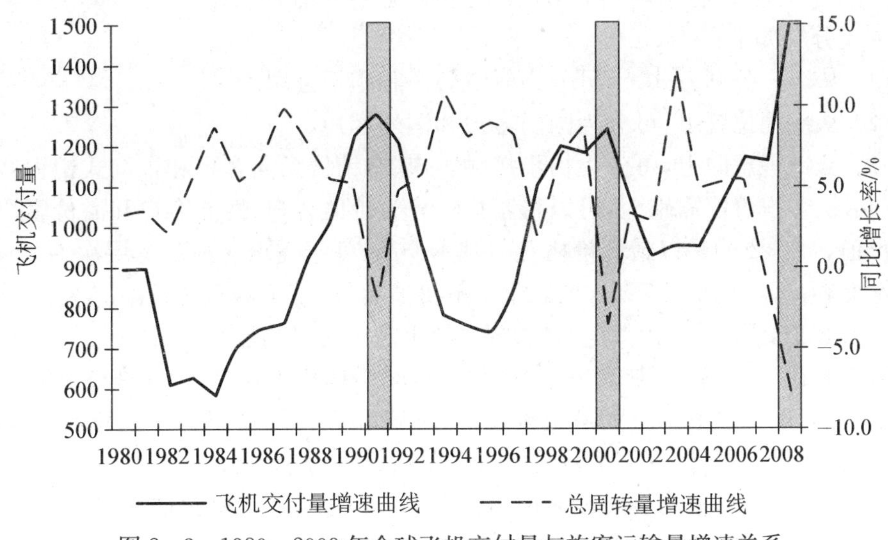

图 2-3　1980—2009 年全球飞机交付量与旅客运输量增速关系

同时，全球民机制造商数量极少，航空公司需要有订单然后等机位交付，甚至还存在航空公司买不到飞机的现象。这使得民机制造商与航空公司之间存在如此关系：长期与短期的矛盾；订单与市场变化吻合而交付却与市场需求错峰；某种意义上的供方市场等。

(6) 客户的高度集中。

据调研，全世界民航市场上航空公司和货运公司的总数不超过3000家，集中度很高。即使再加上其他客户，包括租赁公司、代理商、非营利组织和政府采购等，客户依然很集中。而且租赁公司和代理商的最终客户仍然是航空公司。

另外，若单独看民航运输业，也具备自身的特征，主要如下：

(1) 技术进步快。

(2) 产品差别化程度低，基本同质的产品。

(3) 长期生产能力过剩。

(4) 产品的不可储存性。

这使得航空运输市场面临特有的三大矛盾：

(1) 相对固定的运力供给和不断变化的市场需求。

(2) 同质的产品和有差别的价值。

(3) 竞争性的产出市场(航空运输服务)和缺乏竞争的生产投入要素市场(航油，劳动力和机场服务)。

以上这些民机市场和航空运输市场的特征都是民机营销中需关注的点。

## 2.2 客户分类

从不同的角度，可以对客户进行不同的分类，不同的分类有不同的分析流程和方法，针对不同客户将采取2.3节所描述的内容进行分析。

主要分类如下：

(1) 从客户盈利方式上，可分为航空公司和租赁公司。

(2) 从地理位置上，可分为国内客户和国外客户。

(3) 从销售意向上，可分为初步接触客户、有销售意向客户和咨询式销售客户。

(4) 从客户价值需求上，可以将客户划分为价值客户、性能客户和溢价客户。

价值客户，要的是以最低价格获得基本产品，处于需求的最基本层次。

性能客户，相比价值客户，更愿意了解价值定位，处于需求的较高层次。

溢价客户，则属于避险型，重视关系，处于需求的最高层次。

一般来说，所有客户中60%是价值客户，30%是性能客户，10%是溢价客户。对于民机行业，绝大多数客户则是溢价客户，一般客户会仅以安全和运营经济性等为关注点。这里可以尝试采用平均机龄等关键指标划分航空公司，平均机龄较为年轻的客户为溢价客户，平均机龄较老的客户为价值客户，平均机龄居中的客户为性能客户。例如，0～10年为溢价客户，10～20年为性能客户，20年以上为价值客户等。

根据2012年航升的现役客运机队统计(不含涡桨支线客机),机队总平均值为18.8年,详细分布如表2-2所示。20年以上的客运航空公司所占比例虽然大,但是飞机数量均很少,即实际运营所占市场份额较小。即航空公司多数为溢价客户,其次是性能客户,最后才是价值客户,与一般情况有所不同。

**表2-2 2012年全球航空公司客运机队机龄分布(数据来源:航升)**

| 平均机龄 | 航空公司数量 | 比例/% | 飞机数量 | 比例/% |
|---|---|---|---|---|
| 0~10年 | 282 | 24 | 9542 | 43 |
| 10~20年 | 352 | 30 | 9731 | 44 |
| 20年以上 | 553 | 46 | 2679 | 12 |
| 总计 | 1191 | 100 | 21952 | 100 |

由于使用费用与采购成本之间的权衡影响,老龄飞机(使用时限达到设计服役目标75%以上的飞机)在相当长的时间内还会继续使用。根据民机制造商的试验和航空公司的使用情况估计,如果没有特殊的变化,民用飞机的使用寿命将可能是设计目标寿命的1.5~2倍。故在满足飞行安全的前提下,当老龄飞机运营成本的增加,不如购置新飞机划算之时,就是老龄飞机寿命终结之日,民用飞机的技术寿命已被经济寿命取代,这是当前民用飞机使用寿命的发展趋势。从图2-4可以看出,波音飞机的真实飞行次数/小时数很多都已经超过了最初制订的最小服役目标。

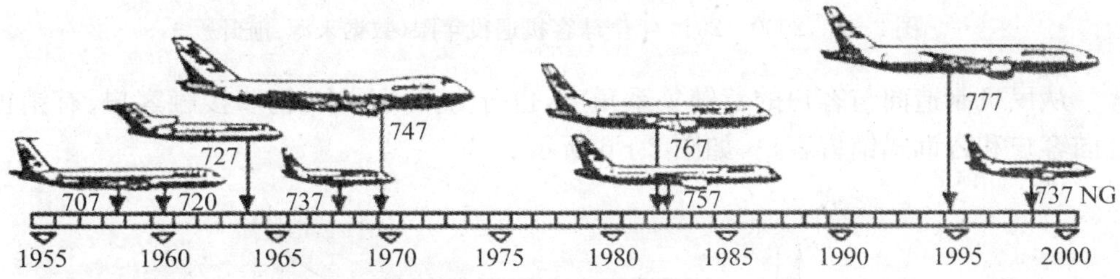


| 机型 | 飞机总架次 | 最低设计服役目标* | | 高龄飞机** | |
|---|---|---|---|---|---|
| | | 次数 | 小时 | 次数 | 小时 |
| B707 | 734 | 20000 | 60000 | 36400 | 91900 |
| B720 | 153 | 30000 | 60000 | 45000 | 69300 |
| B727 | 1821 | 60000 | 50000 | 77500 | 80300 |
| B737 | 2941 | 75000 | 51000 | 92800 | 84800 |
| B747 | 1125 | 20000+ | 60000 | 33900 | 106400 |
| B757 | 778 | 50000+ | 50000 | 27300 | 52900 |
| B767 | 677 | 50000+ | 50000 | 33000 | 61700 |
| B777 | 104 | 44000 | 60000 | 4800 | 10600 |

* 飞机使用至这个时候,某些初始疲劳可能会发生

** 高的飞行次数和高的飞行小时对应于不同架飞机

* 某些衍生型号飞机有特殊的设计服役目标

图2-4 某年波音飞机寿命对比(数据来源:波音)

单通道客机(包含支线喷气机)的平均使用寿命较长,约为 24～28 年,机队机型较为单一,变型机较少,技术更新周期较长,约 14～16 年出现一种新机型。并非每种单通道客机都是客改货的理想对象,但很可能会在二手机市场转手多次,作为客机的服役期较长。双通道客机的平均使用寿命最短,约 22～24 年,机型分散化程度较高,变型机较多,技术更新周期较短,约 8～10 年出现一种新机型。货机平均使用寿命最长,约 30～35 年,包括专用货机和客机改装的货机。2000—2014 年全球客机平均退役年限变化如图 2-5 所示,由于保证飞机安全性的要求越来越高,整体呈下降趋势。

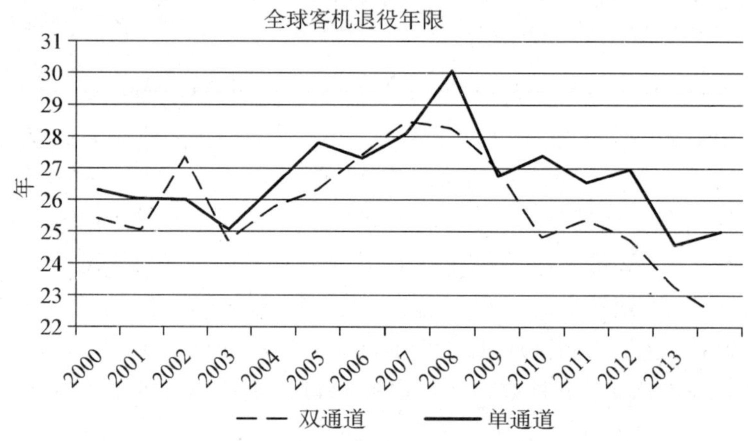


图 2-5　2000—2014 年全球客机退役年限(数据来源:航升)

从民机制造商与客户的营销关系角度,也分为不同层次:初步接触客户、有销售意向客户和咨询式销售客户,如图 2-6 所示。

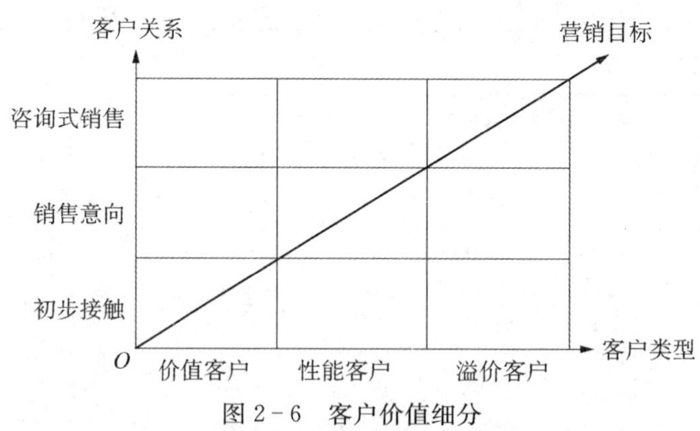


图 2-6　客户价值细分

初步接触客户,一般指短期内无采购或销售意向的客户。

有销售意向客户,一般指短期内已有采购或销售意向的客户。

咨询式销售客户,一般指短期内期望签署销售意向或合同,或已签署意向或合同,或从意向转向确认订单等的客户。

从需求价值看市场和客户(见图 2-7),营销人员打算把自己的产品或者服务销售给谁,谁有可能购买自己的产品,谁就是自己的潜在客户,它具备两个要素:用得着;买得起。首先要用得着,或者需要这样的消费,不是所有的人都需要该产品,它一定是一个具有一定特性的群体。接着是要买得起,即使需要该产品或服务,也不是所有企业都买得起,特别是民机这种高价产品。

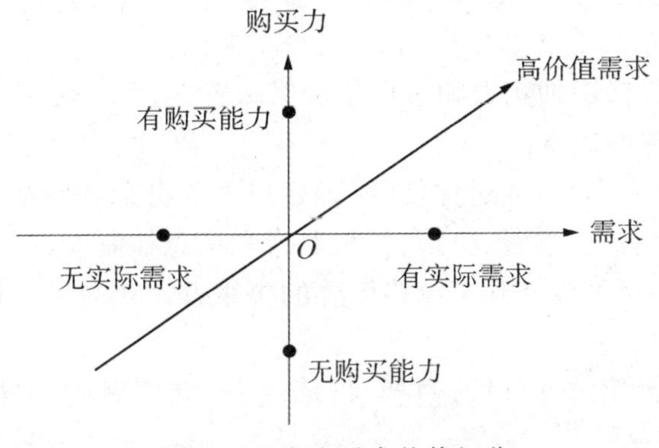


图 2-7 客户需求价值细分

按照潜在客户的 3 个主要条件,结合图 2-7 可以把客户分成以下几种不同的类型,如图 2-8 所示。

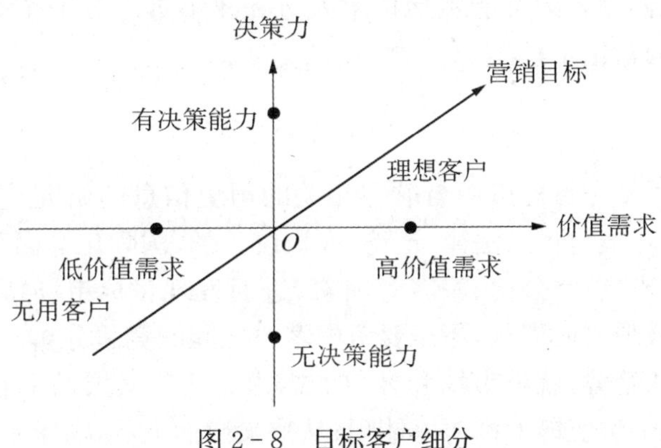


图 2-8 目标客户细分

(1) 理想的销售对象:有实际需求、有购买能力、有决策能力。

(2) 优先发展的销售对象:无实际需求、有购买能力、有决策能力。

(3) 可发展的销售对象:有实际需求、无购买能力、有决策能力。

(4) 可利用的销售对象:有实际需求、有购买能力、无决策能力;无实际需求、有购买能力、无决策能力;有实际需求、无购买能力、无决策能力。

(5) 基本无用的销售对象:无实际需求、无购买能力、无决策能力。

在民机营销过程中，需要建立客户评估体系，明确客户属于或接近于哪一类型客户，相同类型的客户其需求往往较为类似。价值客户只需要基本的核心产品，溢价客户则需要制造商提供全方位的产品，包括核心产品和延伸。

从战略观点评估客户价值需求，可以从以下四种广义的标准看：

(1) 相对企业能力的购买需求，即客户特定的购买需求要与该企业的相对能力相匹配。

(2) 客户的增长潜力，包括客户所在产业增长速度、客户的基本细分市场增长速度和客户在产业中及主要细分市场的占有率的变化。

(3) 客户固有价格谈判实力和客户的价格敏感性。

(4) 为客户服务的成本。

同时对于客户内部也应通过评估，明确客户采购决策者所在。参与决策的人员包括 5 种角色：使用者、影响者、决策者、采购者和信息控制者，应找到价值掌控者或各类角色影响力，甚至可以绕开对价格敏感的决策者而转向另一位对之不甚敏感的决策者。

这类评估一般采用定性分析，包括：指标法、专家预测法、销售人员意见综合法和购买意向调查法等。

按照组织市场购买决策参与者的一般分类方法，民机客户的采购决策参与者也可分为这 5 种。以航空公司为例，使用者主要指飞行员、乘务和机务等；影响者主要是市场和规划相关人员；决策者主要是航空公司管理层；采购者主要是飞机引进办、财务等人员；信息控制者则可能包括技术人员和秘书等。对于航空公司的决策链，应分别采用相应的营销工具。

## 2.3 分析内容

航空市场分析是对目标市场与航空相关的历史信息的研究，包括宏观的政治、经济、社会、技术、环境/自然、法律、道德、人口统计学、国际化等因素，以及微观的机场、机队、航线、航班、航空公司、旅客等因素，进而发现目标市场特征以及趋势。客户分析则更多从微观层面进行，还需要考虑客户之间的竞争分析。通过分析发现的市场及客户特征和趋势，就是市场和客户的需求。从广义层面上看，需求覆盖客户运营全环节，在整个价值链上都予以体现；从狭义层面上看，需求主要体现在飞机需求量的预测上。

发现客户价值的方法和途径主要包括桌面研究和市场调研。通过桌面研究和市场调研以完成客户需求、客户细分和目标客户等分析。客户分析是发现民机客户价值的最主要手段之一。客户分析主要包括：战略、市场、规划、财务、运营、维护和管理等内容。

客户分析分宏观和微观，宏观分析以客户战略研究为主并发现产品价值点，协助决策如何营销；微观分析以客户市场机会和客户价值评估为主，协助决策如何销售。

针对客户的宏观分析以定性分析为主，结合定量分析。主要完成客户所处宏观环境和客户战略等内容，详细如下：

(1) 客户市场分析和战略研究。

(2) 客户所在区域市场的分析，重点在于获取客户所在区域市场特征，需求量等。

(3) 客户产品需求，含客户选型分析。

(4) 融资分析及需求。

(5) 客服分析及需求。

(6) 运营分析及需求等。

### 2.3.1 国家或地区

针对国家或地区的分析往往是国际客户或首次接触客户的第一步。通过定性和定量分析，从宏观角度发现潜在市场机会，制订市场营销或销售发展规划。

(1) 国家或地区基本情况。

主要发掘与航空相关的信息，如人口、经济、地理、政治环境、旅游、交通运输、与中国关系等。还包括政策环境(涉及航权开放、机场建设、补贴政策等)和地区经济、资源、流量等。

(2) 国家或地区航空市场。

主要包括机场、机队、航空公司概述、运力、运量、航线、航班等因素的宏观分析。例如机场数量、大致可起降机型类别、机队数量及基本构成乃至发展趋势、航空公司数量及机队规模，以及其他因素的类似宏观分析。以了解该国家或地区宏观发展趋势为主要目的。

最终通过基本情况和航空市场分析，做出中长期规划判断，指导后续航空公司、租赁公司等具体客户开拓。

### 2.3.2 航空公司

针对航空公司的客户分析以定性分析为主，结合定量分析。全面分析有关航空公司的经营状况、发展战略、航线网络和机队规划等。通过分析航空公司综合发展和机队需求，为市场预测、航空公司调研、目标市场选择和提炼出对营销有帮助的重点等提供支持。主要内容如下：

(1) 客户基本情况。

主要包括航空公司发展历史，现状、规划、组织结构、股权结构、融资能力、机队建设。

(2) 客户运营情况。

客户市场运营方面分析，包括运力(机队情况、机龄和飞机日利用率)、运量(旅客周转量和增长率、货邮周转量和增长率)、客座率、航线(航线数量、通航城市，航线距离分布)、财务、基地竞争力(设立的基地、基地的航班和航线数量)、事故等。

a. 效益。

包括历年净利润和盈利情况统计数据和变化率，最新净利润以及其他效益情况等。

b. 营运数据。

包括旅客运输量、货邮运输量、货邮周转量和运输总周转量。历年统计数据和变化率。运力历年构成比例和变化率分析。包括机型比例，即支线机、窄体机和宽体机；国内和国际比例等。历年事故统计、最大事故、最近事故等。

运力：各类机型在役飞机数量历年统计数据和变化率。各类机型在役飞机历年平均座位数数据和变化率。各类机型订单数量历年统计数据和变化率。各类机型最新在役机队和订单构成。各类机型在役飞机历年平均机龄统计数据和变化率。各类机型最新在役机队机龄。

运量：各类机型在役飞机历年平均日利用率统计数据和变化率。各类机型在役飞机历年平均航段时间统计数据和变化率。各类机型在役飞机历年平均航程统计数据和变化率。各类机型最新在役机队平均日利用率、平均航段时间和平均航程。在役飞机历年平均客座率、盈亏平衡客座率和利润空间统计数据和变化率。最新在役飞机历年平均客座率、盈亏平衡客座率和利润空间。

基地发展情况：分析客户重点机场中的主要市场特征。包括机场主要市场特征、客户在该机场主要市场特征和该客户主要竞争对手在该机场主要市场特征等。

机场主要市场特征：机场运力、航线数历年统计数据和变化率。机场历年可供座公里(available seats kilometer，ASK)、可供座位数前三名航空公司市场份额统计数据和变化率。机场各机型历年 ASK、可供座位数比例统计数据和变化率。机场历年 ASK、可供座位数国内和国际比例统计数据和变化率。机场五类市场历年 ASK、可供座位数比例统计数据和变化率。机场五类市场平均座位数、平均航程、日平均班次、独飞航线比例历年统计数据和变化率。上述数据最新值。

客户在该机场主要市场特征：客户在该机场运力、航线数历年统计数据和变化率。客户在该机场历年 ASK、可供座位数市场份额统计数据和变化率。客户历年 ASK、可供座位数前三名机场投入比例统计数据和变化率。客户在该机场各类机型历年 ASK、可供座位数比例统计数据和变化率。客户在该机场国内和国际历年 ASK、可供座位数比例统计数据和变化率。客户在该机场五类市场历年 ASK、可供座位数比例统计数据和变化率。客户在该机场五类市场平均座位数、平均航程、日平均班次、独飞航线比例历年统计数据和变化率。上述数据最新值。

客户的主要竞争对手在该机场主要市场特征：根据实际需要选择客户的竞争对手，完成与客户在该机场主要市场特征相同的分析。

主要分子公司运营情况。

c. 客户发展战略及实施基础。

包括机队建设、人力资源、航线网络发展、销售以及管理(包括安全、文化、服务等)等。其中发展战略实施基础分析包括:企业文化、品牌建设、人力资源、财务状况等。

d. 客户市场策略。

包括:枢纽建设、航线网络建设、产品服务、市场营销等。

e. 客户机队规划。

各类机型预测年内所需飞机数量、平均座位数、平均航程等数据。各航空公司市场发展规划思路和举措,航空公司机队规模和需求量预测。

f. 客户的竞争对手市场分析。

根据实际需要选择客户的竞争对手,完成与客户市场分析相同的分析。

g. 期望沟通的问题。

根据客户分析,提出在交流过程中最需要进一步了解的问题。

### 2.3.3 租赁公司

由于租赁公司的客户是航空公司,因此对于航空公司的分析内容对于租赁公司也是间接实用的,但对于租赁公司,尤其是融资租赁公司客户分析时主要关注以下3方面问题:

(1) 卖给谁?即航空公司客户是谁?

(2) 租金是否能收的回?即航空公司盈利情况和稳定性如何保证?

(3) 残值是多少?即飞机二手市场交易是否活跃或有残值担保?

### 2.3.4 旅客

从价值链延伸的角度来看,旅客是租赁公司和航空公司的终端客户。因此往往也需要对旅客进行分析。一般也通过桌面研究和调研等方式完成旅客分析。

可通过旅客调研完成旅客市场特征研究。研究内容以下:

a. 民航旅客群体构成情况(年龄、年收入、行业、旅行目的、旅行频率、购票资金来源)等;

b. 不同类型的旅客旅行偏好(转机需求、航空公司偏好、航空信息获取渠道、购票时所需服务等)、购买行为习惯(购买时间、购买方式、选择原因等);

c. 不同类型旅客对承运人的认可与满意程度;

d. 常旅客的比例、对航空公司贡献、积分兑换意愿以及重要分类特征;

e. 各种票价旅客的市场特征;

f. 旅客购买行为方式;

g. 旅客的承运人偏好及其原因;

h. 中转旅客选择转机的原因分析。

还可以通过桌面研究完成旅客分析。例如,旅行时间成本研究。

2012年民航吞吐量为3.4亿人次,根据民航旅客市场特征调研人均出行次数为9.967次,即仅有约3400万人选择民航出行,城镇居民占比不足5%,仍属高端消费,如表2-3所示。

表 2-3 民航出行旅客人数

| | 机场吞吐量/亿人次 | 人均出行次数 | 出行人数/万人 | 城镇人口/万人 | 占城镇人口比/% |
|---|---|---|---|---|---|
| 2004 | 2.42 | 8.99 | 1345.55 | 54283 | 2.48 |
| 2006 | 3.32 | 10.37 | 1600.53 | 58288 | 2.75 |
| 2008 | 4.06 | 10.74 | 1889.11 | 62403 | 3.03 |
| 2010 | 5.64 | 10.28 | 2745.38 | 66978 | 4.10 |
| 2012 | 6.80 | 9.97 | 3410.11 | 71182 | 4.79 |

对于工作和休闲时间价值，本书采用世行推荐系数进行估算：$W$ 为人均小时工资收入；工作、商务出行小时时间成本为 1.33$W$；其他非工作出行小时时间成本为 0.3$W$；上学出行小时时间成本为 0.15$W$。

通过每两年一次的民航旅客市场特征调研，可对民航出行旅客资源时间价值进行测算。从表 2-4 可对比看出，选择民航出行的旅客年收入高于城镇居民最高收入户(前 10%)人均总收入，即 2012 年 7118.2 万城镇最高收入户中仅部分可选择民航出行。2013 年人均 GDP 为 4.18 万元，根据人均 GDP 与年均收入平均比例约为 30%，估算公务时间价值(value of time, VOT)为 92.7 元/小时，休闲 *VOT* 为 20.9 元/小时，结合公务出行比例则平均 *VOT* 为 52.4 元/小时。

表 2-4 民航旅客资源时间价值

| | 人均 GDP/万元/% | 城镇居民最高收入户(前 10%)人均总收入/万元 | 民航调研年均收入/万元 | 自费比例/% | 小时收入 $W$/元 | 公务 | 休闲 | 上学 | 平均 *VOT*/元 |
|---|---|---|---|---|---|---|---|---|---|
| | | | | | | 1.33$W$/元 | 0.3W/元 | 0.15$W$/元 | |
| 2004 | 1.23/29.2 | 2.75 | 4.21 | 45.2 | 21.03 | 27.97 | 6.31 | 3.15 | 18.18 |
| 2006 | 1.61/26.9 | 3.48 | 5.99 | 49.6 | 29.95 | 39.83 | 8.99 | 4.49 | 24.53 |
| 2008 | 2.36/24.6 | 4.74 | 9.61 | 51.7 | 48.03 | 63.87 | 14.41 | 7.20 | 38.30 |
| 2010 | 2.97/28.4 | 5.64 | 10.45 | 54.9 | 52.23 | 69.46 | 15.67 | 7.83 | 39.93 |
| 2012 | 3.85/35.0 | 6.99 | 11.01 | 55.5 | 55.06 | 73.23 | 16.52 | 8.26 | 41.76 |

## 2.4 分析方法

这里仅对客户分析中常用的分析定性和定量方法进行概要描述，详细方法描述可见第 7 章。

### 2.4.1 定性分析

定性分析主要采用的方法包括 PEST、SWOT 和德尔菲法等定性分析方法，以及市场分析等定量分析方法。使用 PEST 分析法分析的最终目标是归纳总结出目标客户所在地域或国家的宏观环境特征，从而寻找到目标客户所面临的机会与威胁，为进一步的客户市场分析提供支持。SWOT 分析与外部总体环境的因素互相结合可归纳出目标客户所面临的机会与威胁。德尔菲法用于更好地吸纳不同专家的意见，充分利用专家的经验和学识，从而得到准确、可靠且统一的意见。

1) PEST 法

使用 PEST 分析时需要将政治法律环境、经济环境、社会与文化环境和技术环境进行分析。详见 7.1 节。

例如，根据对土耳其、阿联酋两个国家宏观环境的综合分析，其优势对比如表 2-5所示，可以看到，土耳其具有更多的竞争优势。

**表 2-5　土耳其、阿联酋宏观环境优势对比**

| 项目 \ 国家 | | 土耳其 | 阿联酋 |
|---|---|---|---|
| 政治法律环境 | 政治局稳定 | | ■ |
| | 与其他国家、其他政府、国际组织或政治/经济同盟签订过贸易协定或是其成员 | ■ | |
| | 外资支持政策 | ■ | ■ |
| | 与中国的外交关系 | ■ | ■ |
| 经济环境 | GDP 总值 | ■ | |
| | 经济增长速度 | | ■ |
| | 人均就业率/失业率 | | ■ |
| | 产业结构 | | ■ |
| | 劳动力市场资源 | ■ | |
| | 能源资源及成本 | | ■ |
| | 地面运输市场及发展情况 | ■ | ■ |
| | 民航运输市场及发展情况 | ■ | ■ |
| 社会与文化环境 | 地理位置 | ■ | ■ |
| | 自然环境 | ■ | |
| | 人口因素 | ■ | |
| | 语言、文化传统及宗教信仰 | ■ | ■ |
| 技术环境 | 航空工业基础 | ■ | ■ |
| | 其他交通运输领域及关联行业领域技术 | ■ | |
| 优势项目合计 | | 13 | 12 |

2）SWOT 法

SWOT 分析法一般采用象限表示，如图 2－9 所示。详见 7.2 节。

| | | |
|---|---|---|
| 内部分析 | S:优势 | W:劣势 |
| 外部分析 | O:机会 | T:挑战 |

图 2－9　SWOT 分析象限表示

| 优势 | 劣势 |
|---|---|
| · 市场份额差额为正<br>· 与去年相比较高的客座率<br>· 联盟成员 | · 两架新的每日航班<br>· 低成本航空公司的定价压缩利润<br>· 低于标准的服务 |
| **机会** | **挑战** |
| · 较高的客座率能够促进机票的销售<br>· 更好的定价销售<br>· 减少高收益客户的超员 | · 新的竞争者<br>· 当地经济的下滑 |

图 2－10　航空公司航线市场 SWOT 分析样例

航空公司航线市场 SWOT 分析样例如图 2－10 所示。一般 SWOT 分析用于战略分析。通过这样的分析获取可能采取的措施，例如包括需求调整、超额预定、订座调整、业务规则、自动拒绝、季节性和重要飞行规则等面对这样的环境潜在处理方法。

3）德尔菲法

德尔菲法主要用于对定性问题的定量描述，例如竞争力评估、分享量预测等。详见 7.4 节。

德尔菲法案例主题：某机型五力竞争模型分析。第一轮调查表如表 2－6 所示。

**表 2－6　第一轮调查表**

| | 分值 | 分析理由 |
|---|---|---|
| 进入威胁<br>替代威胁<br>客户价格谈判能力<br>供应商价格谈判能力<br>现有竞争对手的竞争 | | |

说明：每项分值总分 5 分，分值最小间隔为 0.5 分；
分析对象为某机型；
分析范围是中国国内市场；
分析理由简明，扼要。

在进行两轮调查后，最终的结果如图 2－11 所示。由此可知对于某机型而言，现有竞争对手的竞争和供应商价格谈判能力是主要需要关注并提升的方面。

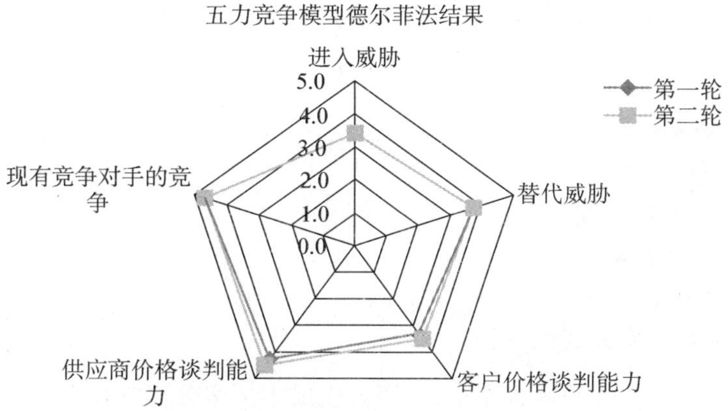

图 2-11 五力竞争模型德尔菲法结果

4）其他

客户竞争对手的寻找一般有以下两种方法：①各种相关报道、网络信息等；②针对航空公司，应先提取航空公司近年航班计划数据，找出其运力投放前三的机场，再次提取这前三机场近年航班计划数据，找出这些机场市场份额排名前三的航空公司，至此可找到该航空公司的竞争对手。

市场战略分析：将该航空公司所有航线进行统计，并获得 ASK、可供座位数和航线数。提取每条航线的总运力，除了该航空公司外每条航线都可能还有其他航空公司进行运营，再用每条航线的总可供座位数与假设客座率来估计运量，并对该航空公司所有航线进行五类市场细分，同时进行五类市场份额计算。以此发现航空公司的市场战略及其变化趋势。

### 2.4.2 定量分析

涉及的定量分析包括以下几种：

1）增速

年平均增长率两种计算方法包括 CAGR 法和 AAGR 法。

CAGR 法是以起始年份和终止年份计算平均增长率，其公式为

$$T_{i+n} = T_i(1+X)^n \tag{2-1}$$

$$X = e^{\frac{\ln \frac{T_{i+n}}{T_i}}{n}} - 1 \tag{2-2}$$

AAGR 法是将每年的增长率进行平均。其公式为

$$T_{i+1} = T_i(1+X_1) \cdots T_{i+n} = T_{i+n-1}(1+X_n) \tag{2-3}$$

$$X_1 = \frac{T_{i+1}}{T_i} - 1 \cdots X_n = \frac{T_{i+n}}{T_{i+n-1}} - 1 \tag{2-4}$$

$$X=\frac{\sum_{i=1}^{n}X_i}{n} \tag{2-5}$$

式中：$T_{i+n}$ 是运量；

$n$是年数；

$X_i$ 是第 $i$ 年增长率；

$X$ 是平均增长率。

2）盈亏平衡客座率

盈亏平衡客座率公式如下：

$$\text{盈亏平衡客座率}=\text{座公里成本}/\text{客公里收益} \tag{2-6}$$

或者如下所示：

$$\begin{aligned}\text{盈亏平衡载运率}(BELF)&=\frac{\text{机型航线运营总成本}}{\text{机型航线运营净收入}}\times\frac{\text{收入吨公里}}{\text{可用吨公里}}\\&=\frac{\text{机型航线运营总成本}}{\text{机型航线运营净收入}}\times\text{机型航线设定载运率}\end{aligned}$$

$$\begin{aligned}\text{盈亏平衡载运率}(BELF)&=\frac{\text{机型航线固定成本}}{\text{机型航线运营净收入}-\text{机型航线变动成本}}\times\frac{\text{收入吨公里}}{\text{可用吨公里}}\\&=\frac{\text{机型航线固定成本}}{\text{机型航线运营净收入}-\text{机型航线变动成本}}\times\\&\quad\text{机型航线设定载运率}\end{aligned}$$

3）加权平均座位数

加权平均座位数计算公式为

$$\overline{S_W}=\sum_{j=1}^{m}(S_j\times R_j\times f_j)\Big/\sum_{j=1}^{m}(R_j\times f_j) \tag{2-7}$$

式中：$\overline{S_W}$是加权平均座位数；

$S_j$是某航班飞机座位数；

$R_j$ 是某航班航段距离；

$f_j$是航班频率，如周频率、月频率、季频率、年频率等；

$j$ 是各航班，为 1，2，…，$m$。

座位数运营分布方法是计算出每个座位数等级（如步长为 10）的平均日航班数。

4）加权平均航程

加权平均航程计算公式为

$$\overline{R_W}=\sum_{j=1}^{m}(R_j\times f_j)\Big/\sum_{j=1}^{m}f_j$$

或 $$\overline{R_W} = \sum_{j=1}^{m}(S_j \times R_j \times f_j) \Big/ \sum_{j=1}^{m}(S_j \times f_j) \quad (2-8)$$

式中：$\overline{R_W}$是加权平均航程；

$R_j$ 是某航班航段距离；

$f_j$ 是航班频率，如周频率、月频率、季频率、年频率等；

$j$ 是各航班，为 1，2，…，$m$。

航程运营分布方法是计算出每个航程等级（如步长为 1 000 公里）的平均日航班数。

2014 年全球 100～5 000 km 以内航线运输频率占总量的 96%以上，分布如图 2-12所示。

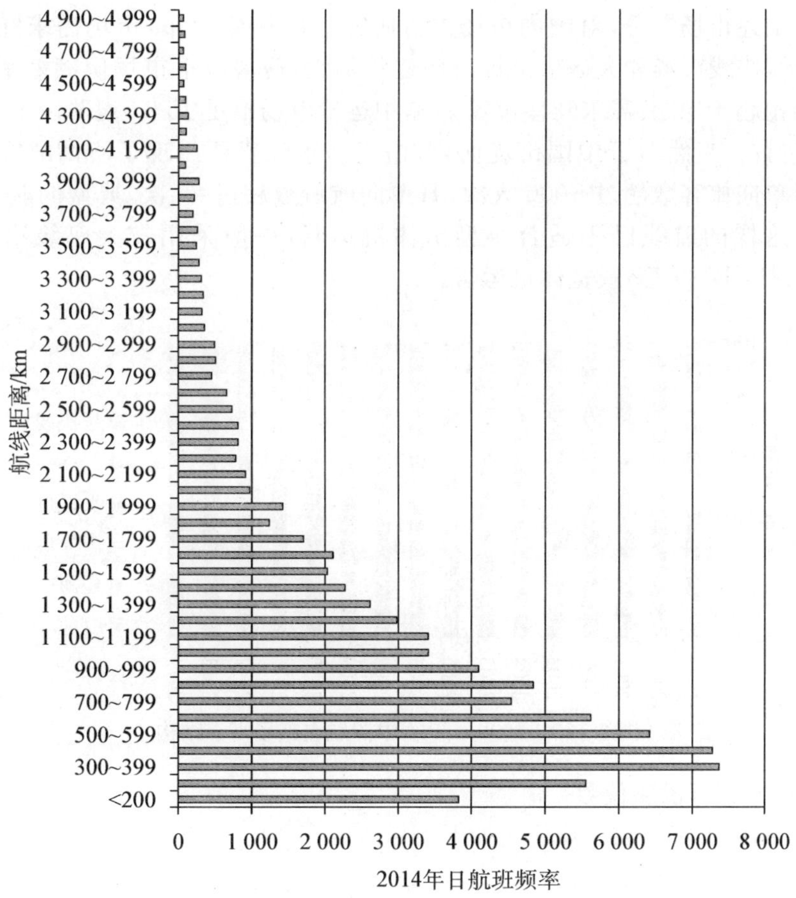


图 2-12 2014 年全球 100～5 000 km 航线频率分布（数据来源：OAG）

5）市场细分

市场一般分为快线市场、大运量市场、中等运量市场、瘦薄市场和缝隙市场。据日单向航空公司承运旅客数量对民机市场细分，对应适用机型如表 2－7 所示。市场分析时使用日单向旅客运输量更能反映市场需求，航空公司实际运营时则一般使用更容易操作的日单向航班数。

**表 2－7 细分市场和适合的机型**

| 市场细分 | 日单向旅客数 | 日单向航班数 | 适合机型 |
|---|---|---|---|
| 快线市场 | ≥1000 | ≥8 | 宽体机、窄体机 |
| 大运量市场 | 400～1000 | 4～8 | 窄体机 |
| 中等运量市场 | 200～400 | 2～4 | 窄体机、支线机 |
| 瘦薄市场 | 50～200 | 0.5～2 | 支线机 |
| 缝隙市场 | <50 | <0.5 | 螺旋桨支线机 |

根据上述市场细分，对国内市场进行研究。1999 年以来，市场需求旺盛，如图 2－13所示，快线市场和大运量市场份额逐年加大，瘦薄以下市场份额缩小；国内市场需求结构趋于稳定：需求旺盛市场 2/3，中运量市场不足 15%，瘦薄以下市场份额在 13%左右。当然对于中国市场而言，由于需求旺盛还出现了所谓的“超快线市场”，即日单向旅客数超过 5000 人次，日单向航班数超过 20 次，典型的航线即为京沪航线。这样的航线已不适合小型窄体机运营，一般采用较大座级窄体机（如 B757，A321，B739 等）或宽体机运营。

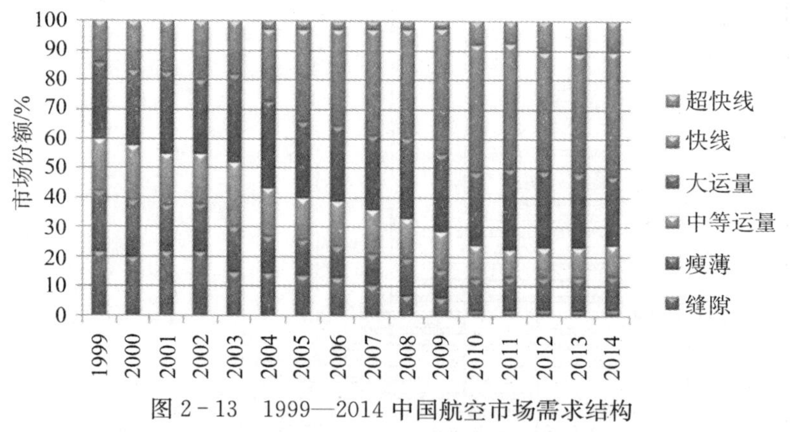

图 2－13 1999—2014 中国航空市场需求结构

6）ASK 和可供座位数

ASK 和可供座位数计算公式如下：

$$ASK = 座位数 \times 航程 \times 频率 \tag{2-9}$$

$$可供座位数 = 座位数 \times 频率 \tag{2-10}$$

7）同比

统计指标按其具体内容、实际作用和表现形式可以分为总量指标、相对指标和平均指标。由于采用基期的不同,发展速度可分为同比发展速度、环比发展速度和定基发展速度。简单地说,就是同比、环比与定基比,都可以用百分数或倍数表示。

同比和环比,这两者所反映的虽然都是变化速度,但由于采用基期的不同,其反映的内涵完全不同;一般来说,环比可以与环比相比较,而不能将同比与环比相比较;而对于同一个地方,考虑时间纵向发展趋势,则往往要把同比与环比放在一起进行对照。

同比就是今年第 $n$ 月与去年第 $n$ 月比。同比发展速度主要是为消除季节变动的影响,用以说明本期发展水平与去年同期发展水平对比而达到的相对发展速度。如,本期 2 月比去年 2 月,本期 6 月比去年 6 月等。

其计算公式为

$$同比发展速度 = 本期发展水平 / 去年同期水平 \times 100\% \tag{2-11}$$

$$同比增长速度 = (本期发展水平 - 去年同期水平) / 去年同期水平 \times 100\% \tag{2-12}$$

计算结果若是正值,则叫增长速度,也可叫增长率;若是负值,则叫降低速度,也可叫降低率。

在实际中,经常使用这个指标,如某年、某季、某月与上年同期对比计算的发展速度,就是同比发展速度。

8）环比

与上一统计段比较,例如 2005 年 7 月份与 2005 年 6 月份相比较,叫环比。反映本期比上期增长了多少。与历史同时期比较,例如 2005 年 7 月份与 2004 年 7 月份相比,叫同比。

环比的发展速度是报告期水平与前一时期水平之比,表明现象逐期的发展速度。如计算一年内各月与前一个月对比,即 2 月比 1 月,3 月比 2 月,4 月比 3 月,……,12 月比 11 月,说明逐月的发展程度。

其计算公式为

$$环比 = (本统计周期数据 / 上统计周期数据) \times 100\% \tag{2-13}$$

$$环比增长率 = (本期数 - 上期数) / 上期数 \times 100\% \tag{2-14}$$

9）定基比

定基比发展速度也叫总速度,是报告期水平与某一固定时期水平之比,表明这种现象在较长时期内总的发展速度。如“九五”期间各年水平都以 1995 年水平为基期进行对比,一年内各月水平均以上年 12 月水平为基期进行对比,就是定基发展速度。

定基比的算法是环比指数的乘积,比如为获得 2012 年 8 月的定基比,就要知道 2012 年 1～8 月份的环比指数,然后得出的乘积就是定基比。需要注意的是,定基比应以百分比方式表达。

## 2.5 市场机会分析

分析市场机会是市场营销管理过程的第一个步骤，其目的是选择既有发展潜力又有比较优势的营销机会。所谓市场机会就是做生意赚钱的机会，即市场上尚未满足的需求。所谓企业营销机会，就是对这个企业的营销活动具有吸引力、享有竞争优势的市场机会。市场上未满足的需要是客观存在的市场机会，是否能成为企业的营销机会，要看是否合适于企业目标和资源(资金、技术、设备等)，是否能使企业扬长避短，比竞争者和潜在竞争者为顾客提供更大的价值。因此，企业营销人员对于已发现和识别的市场机会，还要根据企业的目标和资源进行分析评估，从中选出对本企业最合适的营销机会。

市场机会分析主要包括两步：①发现和识别市场会；②评估市场机会。

民机市场机会的发掘是市场营销的重要工作之一，尤其是销售的前提。民机市场机会发掘主要通过客户分析和客户交流发掘市场机会，并以此为基础完成客户化销售，采用定量和定性分析方法，其中客户分析以定量为主、定性为辅，客户交流以定性为主、定量为辅。

本书市场机会分析主要对象是航空公司，不包括租赁公司、政府和非营利机构等其他客户，并重点针对特定客户。这里重点仍放在第一步，即发现和识别市场机会。

1) 采购需求

市场机会依托航空公司发展应运而生，即航空公司通过机队规模扩张实现发展。

航空公司采购属于生产者市场采购行为，采购形式主要分为三类：新购、修正重购和直接重购等。新购是指购买者第一次购买某种产品或服务。修正重购是指购买者对产品的规格、交易条件、价格或其他条款等要素进行修正的购买行为。当供应商能够及时准确地完成送货服务、保证产品质量以及提供合理而有竞争力的价格时，购买者往往进行直接重购。

航空公司的采购需求来源于两方面：

(1) 新增机队，主要由于航空运输大规模发展，需要增加运力。

(2) 替换机队，主要由于现有机型不合适，需要替换。来源于调整战略或者机型老旧退役。

因此，评估因素应包括：

a. 航空公司发展增速；

b. 机队构成、机龄。

一般，结合航空公司战略发展研究(定性分析)，采用 SWOT 和 PEST 等分析方法可完成航空公司中短期宏观机队规划，即评估该公司的采购需求(定量分析)。

2) 购买能力

购买能力即航空公司资金实力。

通常的飞机采购资金来源为自筹和融资。其中,自筹能力主要通过航空公司盈利情况分析获得;融资能力则可参考航空公司历史采购情况,同时也应结合航空公司盈利能力。

因此,评估购买能力需要考查的因素主要有:

a. 盈利情况,包括资产负债表、利润表、现金流量表以及其中的流动比率、速动比率、现金流、资产负债率、利息保障倍数、总资产周转率、存货周转率、应收账款周转率资产报酬率、净资产报酬率、销售毛利率、销售净利率等。

b. 机队自有/融资比例和历史等。

一般,可通过航空公司财务分析完成采购能力定量分析。

3) 决策能力

决策能力主要是指有购机需求的航空公司的购机决定权,如受制于上级部门规划限制、国家或政府限制等,某些航空公司并不具备决策能力,即能按实际发展需求采购相应的机型。

此外,重要决策影响者的判断也直接影响航空公司的购机决策,如企业所有权(国有或私有)、股东或董事会社会背景、管理层(决策层)技术或管理背景文化背景等。

一般可通过客户交流和对航空公司的组织机构研究获取相应信息。

4) 采购机会窗口

航空公司购机需求产生后,何时启动采购流程或合适开始考虑飞机采购对制造商营销尤为重要。大的方向判断一般通过飞机采购历史来衡量,即上次订单签署的时期和彼时该公司的购机需求。

一般来说,航空公司正式采购流程启动由发出信息征询书/邀标书(request for information/request for proposal, RFI/RFP)开始。

准确的采购机会窗口应通过客户交流获取。

5) 航空公司飞机采购评估流程

航空公司飞机采购评估的一般流程如下:

a. 多大多远的飞机(飞机的座级别、不同座级飞机的比例、需要飞往的机场、机场和航线的要求、适航规章的要求、初步的经济性分析、部件选型和配置);

b. 什么型号厂家的飞机;

c. 从哪里租/购飞机;

d. 飞机到哪里去(处置)。

6) 制造商市场机会分析流程

民机制造商需要回答客户三个问题:①需要什么样的飞机;②飞机是否能飞其市场;③飞机是否能为航空公司赚钱。制造商在市场机会分析中重点分析第一个问题。根据市场机会定义和航空公司飞机采购评估流程,给出制造商市场机会分析流程,如图 2-14 所示。通过销售计划或区域市场分析结果明确目标分析客户,销售计划来源于销售团队,区域宏观市场分析结果则来源于市场研究团队。

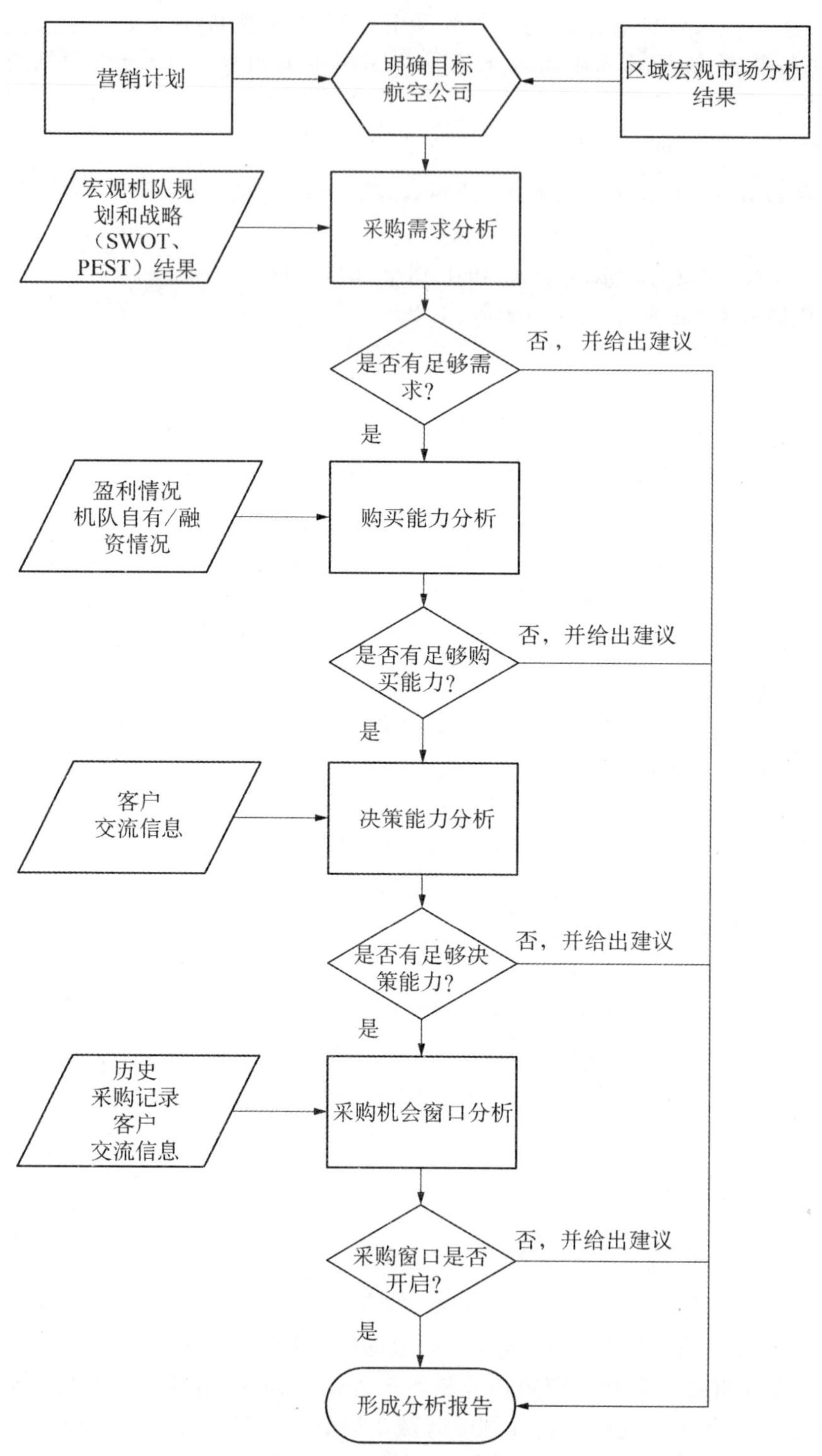

图 2-14　市场机会分析流程

在市场机会分析的过程中，首先考虑采购需求，其次购买能力。

最终得出的结论应该是，航空公司什么时候需要什么样的飞机，更进一步地分析则需要回答，我们提供哪些要素航空公司可能就需要我们的飞机。

## 2.6 客户评估

在民机营销过程中，需要建立起客户价值评估体系，明确客户属于或接近于哪一类型客户，客户分类详见 2.2 节。对于相同类型的客户其需求往往较为类似。价值客户只需要基本的核心产品，溢价客户则需要制造商提供全方位的产品，包括核心产品和延伸。

另外需要对客户价值进行全方位评估，重点侧重于安全运营和盈利能力评估，主要包括运营、维护、管理、财务、市场和规划等能力。通过客户价值分析与评估，将客户按价值进行区分并提供不同程度的解决方案。

一般根据桌面研究成果、客户推介活动、市场调研等活动，应用层次分析法细化客户评估因素，应用德尔菲专家打分法确定各层次内各个竞争因素组成及权重，将定性分析转化为定量结果进行输出，并最终建立适用于航空公司的客户评估模型。客户评估模型流程如图 2－15 所示。

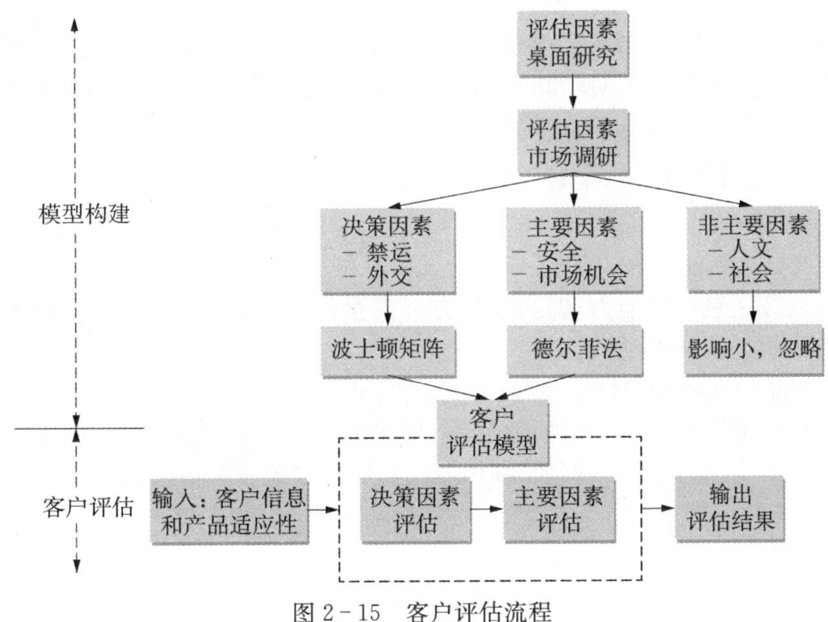

图 2－15 客户评估流程

飞机应具备：安全性、经济性、舒适性和环保性。从客户需求的角度而言需求是依此递增的——即安全性为最基础需求，经济性的重要性紧跟其后，满足前两个需求基础上提出舒适性和环保性需求。转换到客户评估获得评估主要因素为

（1）安全性，即保证客户能安全运营飞机。

（2）经济性，即保证客户买得起飞机。

### 2.6.1 决策因素

所谓决策因素是指可以实现“一票否决”而无需进行权重赋值的评估因素。例如，虽然印度市场的客户评估均良好，但由于中印两国外交等因素的影响，市场开拓难寻突破。根据前期的研究，这里得出两种决策因素用于航空公司客户评估。

（1）政治环境与外交关系。

在飞机产品出口销售过程中，目标客户所属国政局稳定程度及其与我国的邦交关系、经贸往来、适航双边等状态直接影响销售决策。尤其是政局稳定程度，如目标客户所属国存在长期战乱等情况飞机产品的销售及运营均存在很大风险，会导致货款延期甚至是无法追回、运营不利甚至机毁人亡等情况出现。满足目标客户所属国局方适航要求是飞机进入该市场的门槛，良好的适航双边是选择目标客户的前提。

此外，某些国家由于政治、经济等因素，被国际社会尤其是西方社会列入禁运名单，直接导致国际采购的发动机及机载设备等存在无法运抵或后续维护保障等问题。

（2）客户开发成本。

客户开发成本主要指新客户开发的成本，包括销售费用、客户支援费用以及应对竞争对手的费用等。若对于新兴民机制造商产品竞争力若不佳，仍较难与成熟民机制造商进行产品正面竞争，市场开拓将难度陡增。

### 2.6.2 主要因素

1）运营安全性

（1）局方适航能力。

当地局方适航审定能力，即当地局方对安全性的管控能力，局方有效地管控有助于保障飞机运营的安全性。

（2）产品的性能适应性。

产品的性能适应性主要包括两方面：机场适应性和航线适应性，用以描述飞机是否能满足安全运营需求。例如：高原、高温、特殊气象、特殊地形、地面设施和导航设施等。

（3）航空公司运营能力（风险控制项）。

航空公司运营能力主要包括事故率、机队规模、签派率，主要用于航空公司运营风险控制。

（4）航空公司飞行保障能力（风险控制项）。

航空公司飞行保障能力主要包括维修保障能力（C 检能力）（包括航材网络、基地设置、维修人员等），机长人机比（一般支线/窄体机为 4∶1，宽体机为 6∶1），主要用于航空公司运营风险控制。

2）客户市场机会

客户市场机会包括采购需求、购买能力、决策能力和采购机会窗口等，详见2.5节，还包括购买意愿等。购买意愿一般通过客户交流获取航空公司对民机制造商品牌形象认可度及购买意向。

### 2.6.3 案例分析

通过上述因素和德尔菲法权重赋值，可得到客户评估模型案例，如表2-8所示。针对不同区域客户、不同类型飞机存在标准差异。

表2-8 客户评估模型案例

| 第一层 | 比重 | 第二层 | 比重 | 第三层 | 比重 | 绝对权重 |
|---|---|---|---|---|---|---|
| 决策因素 | / | 是否存在禁运 | | | | |
| | | 外交关系 | | | | |
| | | 客户开发成本 | | | | |
| 运营安全性 | 0.60 | 局方适航能力 | 0.30 | | 1.00 | 0.180 |
| | | 产品的性能适应性 | 0.20 | 机场适应性 | 0.70 | 0.084 |
| | | | | 航线适应性 | 0.30 | 0.036 |
| | | 航空公司运营能力 | 0.30 | 事故率 | 0.30 | 0.054 |
| | | | | 机队规模 | 0.50 | 0.090 |
| | | | | 签派率 | 0.20 | 0.036 |
| | | 航空公司保障能力 | 0.20 | 维修保障能力 | 0.60 | 0.072 |
| | | | | 机长人机比 | 0.40 | 0.048 |
| 客户市场机会 | 0.40 | 采购需求 | 0.20 | 预计年均需求 | 1.00 | 0.080 |
| | | 购买能力 | 0.30 | 盈利情况 | 0.50 | 0.060 |
| | | | | 资产负债率 | 0.50 | 0.060 |
| | | 决策能力 | 0.20 | 决策层背景、飞机采购决定权 | 1.00 | 0.080 |
| | | 购买意愿 | 0.30 | — | 1.00 | 0.120 |

可通过案例评估可知，就某制造商产品对客户而言，可获得总体评价及具体结论如下：

（1）客户类型：价值客户、性能客户、溢价客户。

（2）客户关系：初步接触、销售意向、咨询式销售。

（3）客户需求价值：实际需求、购买能力、决策能力等是否具备。

（4）客户具体需求点或卖点。

### 2.6.4　交流问题

一些评估信息可通过现场交流或由用户直接提供而获得，这也同样为后续创造客户价值、设计客户满意的解决方案提供输入。仍然围绕回答客户3个问题，即需要多少架什么样的飞机，是否能飞，是否赚钱而获取输入。主要包括以下几类：

1）机场和航线适应性相关问题

机场和航线适应性相关问题包括所运营航线起飞机场、目的地机场、备降机场、正常航线和备降航线信息等问题。一般来说往返航线算两条航线。

起飞机场、目的地机场、备降机场的信息主要包括跑道长度，含加速停止道长度、净空道长度；机场标高；PCN值或道面强度；月平均最高温度或假设运营高温；跑道宽度；着陆等级；跑道近场障碍物；跑道坡度；灯光；消防；地面服务设备；加油能力及滑油和燃油型号；起飞风，含侧风；机场经度、纬度等。

正常航线、备降航线的信息主要包括详细航路信息，含航路走向/航程/飞行高度等；航线距离；最低安全高度；航路25 km以内障碍物；航路特殊运营需求，例如ETOPS、RNP、PBN和跨水运营；离场程序，含应急离场程序；航路风和温度等。

其他信息主要包括飞行剖面，含备份油规则；备降场选择标准；旅客和行李重量标准；货物重量等。

重量计算标准主要包括以下方面：

a. 标准旅客重量(例如，每客75 kg+20 kg行李)；

b. 标准机组重量(例如，每名85 kg)；

c. 空乘数量(例如，每50名乘客1名空乘)；

d. 标准空乘重量(例如，每名75 kg)；

e. 废水重量假设条件；

f. 旅客餐食重量假设条件；

g. 性能衰减假设条件(例如，2%MEW)。

任务剖面和备份油规则主要包括以下方面：

a. 最大航程需求；

b. 典型航程；

c. 备份油规则(例如，200 n mile备降场+1 500 ft的30 min等待+5%主航段用油)；

d. 公司备份油(例如，500 kg)；

e. 平均APU油耗假设条件(例如，30 min地面运行时间)。

2）机队和航线网络规划相关问题

机队和航线网络规划是民机制造商必备能力之一，往往需要与航空公司一同完成。需要从客户单位获得的规划所需输入数据主要包括航线收益数据、成本数据以及用于经济性分析的部分机场航线信息等。

航线收益数据，包括航班频率、航线运量、票价水平和客座率等。

航线成本数据，包括日利用率、机队规模、机组工资水平、飞机采购方式（自购或租赁）、年利率或租金、贷款付款年限、折旧方式（加速折旧或一般折旧）、折旧时间、折旧残值、维修小时成本、机场收费、导航费、民航建设基金及其他收费标准。

经济性分析假设条件主要包括以下方面：

a. 平均航段距离（例如，500 n mile）；

b. 过站时间假设条件（例如，30 min）；

c. 滑出时间（例如，10 min）；

d. 滑入时间（例如，5 min）；

e. 机体和发动机备件假设条件（例如，6%机体价格+20%发动机价格）。

概要信息如表 2－9 所示，即能满足基本分析需求。

**表 2－9 机场和航线基本信息需求**

| 起飞机场 | | | | 目的地机场 | | | | 航线 | | | | |
|---|---|---|---|---|---|---|---|---|---|---|---|---|
| 机场名称 | 跑道长度/m | 机场标高/m | PCN | 机场名称 | 跑道长度/m | 机场标高/m | PCN | 航线距离/km | 最低安全高度/m | 航班频率/times/week（次/周） | 平均收益/$/RPK | 客座率/% |
| | | | | | | | | | | | | |
| | | | | | | | | | | | | |

3）飞机采购相关问题

与飞机采购相关的问题主要有：

a. 航空公司发展规划及未来若干年的机队规划；

b. 飞机退役或替换机龄；

c. 机队引进是采购新机还是二手飞机；

d. 飞机引进采用何种融资方式；

e. 飞机采购主要流程；

f. 是否存在货机、公务机及其他特种用途飞机需求；

g. 对客舱布局、航电系统等选型的要求。

4）其他问题

其他影响飞机采购和客户价值评估的问题主要有：

a. 适航体系，是否有双边适航协议，含运输和审定；

b. 是否存在禁运；

c. 维护能力；

d. 飞行资源；

e. 对本区域未来航空市场发展的看法；

f. 用户其他需求等。

通过深化客户价值研究，可不断充实和完善客户整体解决方案范畴，进而拓展产品价值外延。销售支援应具备满足不同客户（航空公司、租赁公司、政府及非盈利组织等），整合民机制造商产品和服务相关各项资源，提供客户整体解决方案的能力，包括产品需求解决方案、机队和航线网络规划解决方案、融资解决方案和客户支持解决方案等。并且同时能代表市场和客户需求参与产品优化设计、融资方案设计和维护方案设计。

# 3 产品竞争分析

民机竞争分析包含内容很多,最终体现的是提供给客户的产品价值,因此价值是民机产品竞争评估的基础。将价值理念引入民机产品竞争评估,提出基于价值的竞争分析,实现从客户中来到客户中去——通过市场调研获得客户需求,进而提取竞争因素,通过市场分享量验证竞争力评估并进行优化。在现代竞争评估理论方法的基础上对相关方法进行组合,从客户需求角度将产品竞争力影响因素分为主要因素、决策因素和非决策因素,并分别采用德尔菲法和波士顿矩阵予以分析,进而形成基于价值的民机产品竞争评估方法。

从迈克尔·波特的五种竞争作用力——进入威胁、替代威胁、客户价格谈判能力、供应商价格谈判能力和现有竞争对手的竞争来看,竞争包含的面很大。一个产业的竞争大大超越了现有参与者的范围。客户、供应商、替代品和潜在的进入者均为该产业的“竞争对手”,并且依具体情况会或多或少地显露出其重要性。这种广义的竞争可成为“拓展竞争”,但本书所讨论的仅为产品竞争(包含产品和服务),而非产业竞争。

产品(product),即为市场上提供的可引起人们注意、获取、使用或消费,以满足某种需求或需要的任何事物。产品不仅包括有形物体,广义上的产品还包括服务、事件、任务、地点、组织、理念或他们的组合。因此,产品竞争力(product competitiveness)是指产品符合市场要求的程度,这种要求具体体现在消费者对产品各种竞争力要素的考虑和要求上。因此,民机产品的竞争力应从用户的需求着手,即从影响客户采购飞机产品的影响因素进行分解。

民机是技术密集型和综合性很强的行业。其特殊性决定了民机市场除具有与其他产品市场相同的特征外,还具有独特性,主要特征包括周期性、国际化竞争、组织市场、政府导向、独特的供需矛盾和高度的客户集中度等,详见 2.1 节。民机产品竞争应有共性和自身特征,例如共性上应从客户角度出发,竞争力同时体现在产品和服务上;自身特征上包括竞争者少致使分析对象少,竞争影响因素多且复杂等。

民机竞争分析主要的理论方法包括 SWOT 模型、五力模型、价值链模型和钻石模型等,但存在以下几点现状:①由于民机为某种意义上的买方市场,使得竞争更倾向于从产品角度出发;②民机竞争分析流程体系不清晰;③竞争分析的输出不明确。

因此,本书就上述问题提出基于价值进行民机竞争评估,结合民机竞争现状和组合现有理论方法,给出分析流程体系及输出。

通过客户市场分析和民机竞争分析,提炼产品营销优势,为客户提供咨询式建议,同时也提出制造商今后工作的建议。

## 3.1 市场细分与目标市场

### 3.1.1 市场细分

市场细分是选择目标市场的基础,意义在于提高对客户的认知,提供更有针对性的产品达到目的性更强的宣传效果。

市场细分的结果是将市场划分成为性质不同的多个子集合,每个子集合的元素具有同质性。市场细分的方法有很多,可以基于客户类型划分,也可以基于产品类型划分。

民机的竞争是在细分市场上的竞争。当某一细分市场上出现机会,如现有飞机面临退役、技术过时、出现新的需求或市场环境发生变化时,这一市场的竞争格局就有可能出现改变,甚至可能出现新的进入者。此外,民机制造商也可能为了回避某一细分市场的竞争而转入另一细分市场,或者由于不同制造商对于各细分市场需求的估计不同而将竞争重点放在不同的细分市场上。

市场细分之后,根据各细分市场的容量和财务价值,再结合自身实际情况,可选择需要重点关注的细分部分,并为所选的细分市场进行合适的定位,制订相应的产品组合战略。定位目标在于明确企业提供的产品或服务与竞争对手提供的产品或服务的明显区别。

波音和空客是世界上最主要的民机制造商,例如按照飞机载客能力和飞行距离可将民机划分为:巨型飞机;长航程大飞机;宽体、中型飞机;单通道、中型飞机,如图 3-1、

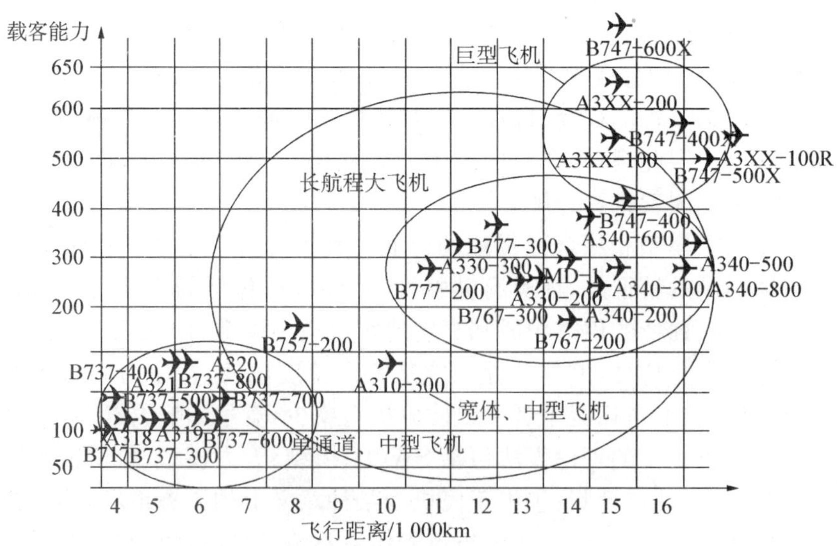


图 3-1 按照载客能力和飞行距离划分的民机

图 3-2 和图 3-3 所示。本书采用的分类方式详见第 5 章宏观机队规划中的描述。

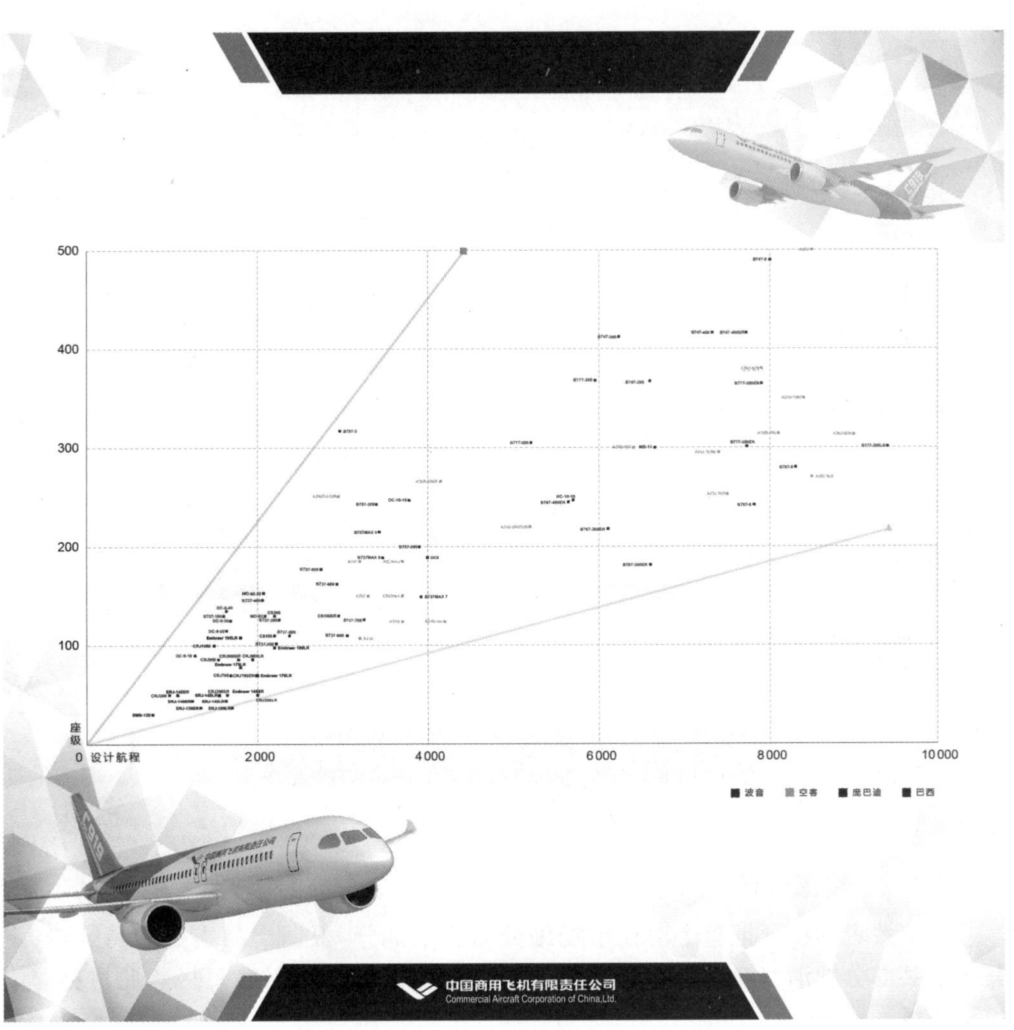


图 3-2　机型图谱 1

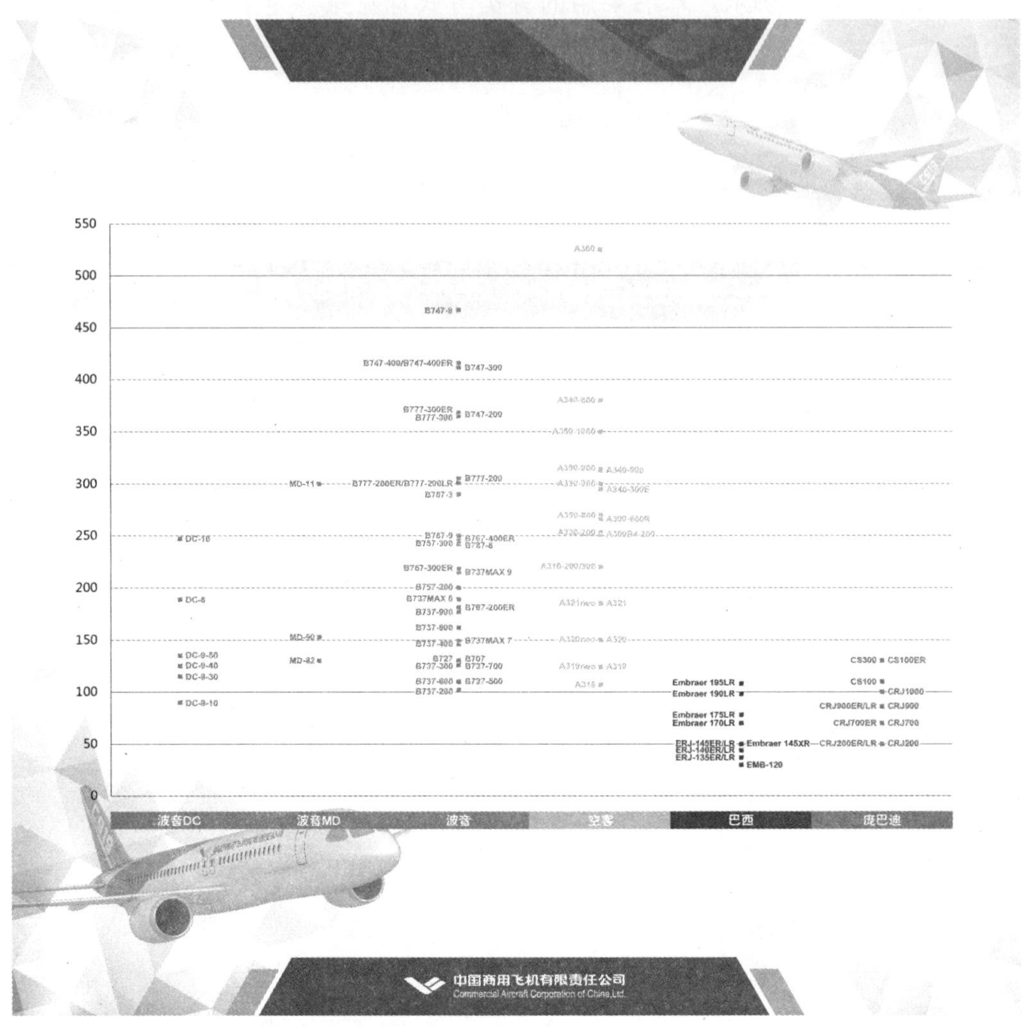


图 3-3　机型图谱 2

### 3.1.2　目标市场

按消费者的特征把整个潜在市场细分为若干部分，根据产品本身的特征，选定其中的某部分的消费者作为综合运用各种市场策略所追求的销售目标，此目标即为目标市场。

所确定、所选择的目标市场应具有最大潜力，能为企业带来最大利润。因此，在确定目标市场时，应遵循以下 3 个原则：

（1）所确定的目标市场必须足够大，或正在扩大，以保证民机制造商获得足够的经济效益。

（2）所选择的目标市场是竞争对手尚未满足的，因而有可能属于自己的市场。

(3) 所确定的目标消费者最可能对本产品提供的好处做出肯定反应。如果所选的目标市场很大，但该市场的消费者对你的产品不感兴趣，仍然不能获得利润。

在目标市场选定后首先应迅速收集目标市场的需求，即目标航空公司的需求，这主要包括航空公司的客户需求和航空公司的定位等。为提高市场竞争力，应满足目标市场的需求，或比市场竞争者更加满足目标市场的需求。

## 3.2　市场竞争者

### 3.2.1　竞争者识别

竞争者一般是指那些与本企业提供的产品或服务相类似，并且有相似目标和相似价格的企业，通常从细分产品和市场来识别竞争者。

竞争机型包括目标市场现有相似机型；计划投入目标市场的相似机型。选择目标市场占有率高的相似机型作为主要竞争机型。同时还应特别注意主要竞争机型的公司计划投入目标市场的相似机型。对于目标市场占有率低的竞争机型可适当降低注意力。

### 3.2.2　竞争者分析

竞争环境包括竞争者的数量、类型以及竞争者参与竞争的——市场竞争的类型包括 4 种基本形态：纯粹竞争、寡头垄断、垄断竞争和完全垄断。参与竞争的方式大致可以分为以下 6 种：主宰型、强壮型、优势型、防守型、虚弱型和难存活型。

图 3－4 为 2004—2008 年中国民航运输类飞机构成情况，由图 3－4 可知波音和空客牢牢占据了中国民用航空市场，属主宰型寡头垄断竞争者。

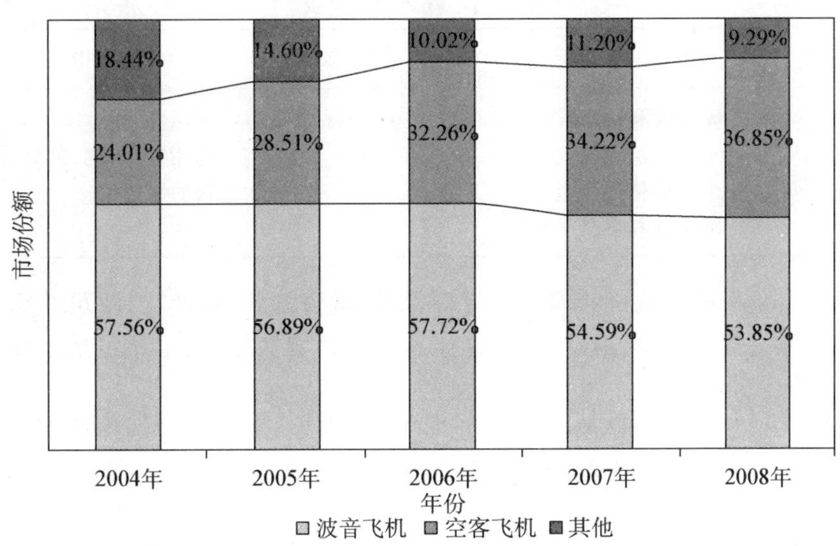


图 3－4　2004—2008 年中国民航运输类飞机构成情况

此外，竞争者分析还应包括竞争机型的市场竞争力。

## 3.3　竞争因素

影响竞争力的因素很多，包括宏观和微观环境影响。宏观环境影响因素主要包括人口、经济、自然、技术、政治和文化等，微观环境影响因素主要包括企业、供应商、营销中介、顾客、竞争者和公众等。从民机制造商的角度，首先应考虑产品竞争因素，而民机制造商的客户最关心的产品竞争因素包括安全性、经济性、舒适性、适应性、通用性、系列化和残值等。

在欧洲航空公司协会（AEA）公布的关于支线飞机的设计要求中提到以下要求：

（1）优先性：以经济性和使用可靠性为优先。

（2）发动机：优选双发飞机，且发动机位置设计应充分考虑在所有飞行阶段发生一发停车时，具有良好的操纵品质。

（3）先进性：以产生最大经济效益为目的，将大量先进科技用于飞机设计。

（4）维护性：低维护成本，高利用率、高派遣和可靠性。

（5）转场时间：在满足发动机和刹车冷却要求条件下，转场时间小于 30 min。

（6）全天候运行能力：具备 CAT ⅢA 能力，CAT ⅢB 能力可选。

此外，AEA 还针对燃油量，速度、起飞/着陆场长、单发爬升升限、初始爬升高度、最大巡航高度等性能数据，ACN 值和转弯半径，重量、设计航程和商载能力，噪声，客舱布局，货邮能力，动力装置，空勤和驾驶舱布置以及地面操作设备分别提出要求。

通过咨询公司桌面研究和航空公司市场调研可知航空公司购机影响因素及排名如表3-1所示。

**表 3-1　购机因素排名**

| 综合排名 | 主要指标 | 综合排名 | 主要指标 |
|---|---|---|---|
| 1 | 安全性和可靠性 | 5 | 灵活性 |
| 2 | 运营经济性 | 6 | 通用性（系统、机组等） |
| 3 | 采购价格或租金 | 7 | 售后服务 |
| 4 | 维护性和机队一致性 | | |

另外，其他影响的购机的因素还有环保性、融资方式、残值、广泛可获得性和受欢迎程度、制造商品牌、舒适性、飞机性能和市场适应性等，甚至还包括市场份额和外交关系等。

通常，一般安全性会是客户采购飞机的基本要素，所以客户选择机型时判断也较为直接，即取得适航证与否或事故率等，因为安全性是飞机进入市场的“门槛”，只有“达标”的飞机才能进入市场而其他因素则是需要多方位综合判断。

1）经济性

航空公司选购飞机有两个最根本的出发点：一是保安全，二是能赚钱（经济性）。

只有经济性更好的飞机才能在相同的市场环境中为航空公司带来更大的利益。而飞机经济性主要依据运营成分析。

飞机总运营成本(total operating cost, TOC)可划分为两部分:DOC和间接运营成本(indirect operating cost, IOC)。DOC包括固定成本和现金成本,其中固定成本主要是所有权成本,现金成本主要是燃油成本,维护成本,空勤成本,机场收费,导航收费,餐食费,地面服务费和民航建设基金等。TOC分析是运营经济性分析的工具,例如,与飞机上座率和机票折扣率假设条件相结合,分析飞机机票折扣率的盈亏平衡点,主要用于评定飞机产品的市场价值。

经济性也是所有航空公司所关心的唯一一直不变的竞争因素。

2) 舒适性

舒适性是航空公司的客户,即乘客所关心的。乘客对舒适性的要求是相同的,不同的是不同的乘客为舒适性而买单的意愿强烈程度。头等舱和公务舱的乘客的核心需求是乘客的身价、舒适的座椅和宽敞的环境;而经济舱乘客的核心需求是适宜的价格带来的可接受的座位安排。这就导致了航空公司在经营策略和理念的差异性。根据这个差异性,由于经营策略和理念的差异性导致。可简单地将航空公司的客户群划分为高端客户覆盖,大众客户覆盖和全客户覆盖。

舒适性主要体现在客舱布局,包括座椅宽度、间隔,客舱空调,客舱照明,舱内噪声等。其中最主要的是座椅间隔。

航空公司对舒适性的差异。最简单的方法就是多舱布局,一般来说可分为头等舱、商务舱、豪华经济舱和经济舱等。

3) 适应性

适应性主要指机场和航线适应性,是航空公司实际运营中最关心的竞争因素,直接影响航空公司目标市场的选取。不同的航空公司对适应性的要求是不同的,如,长航程、大客流量要求飞机更大,更宽;短航程、小客流量、地形复杂机场和航线要求飞机小而灵活。

机场适应性主要包括飞机等级序号(aircraft classification number, ACN)和道面等级序号(pavement classification number, PCN)的匹配情况,最大起飞重量限制,起飞场长,环境温度对起飞的限制,越障限制等。

航线适应性主要包括单发升限与最低安全高度,双发延程(extended range twins engine aircraft operations, ETOPS),供氧能力等。

4) 通用性

通用性也是航空公司实际运营非常关心的竞争因素。通用性的作用是实现混飞机队,降低航材费用,降低培训成本,简化机队和保持市场灵活性,这会直接或间接地影响飞机的经济性。实现混飞机机队可以大大降低飞行员的储备且提高灵活性。简化机队将直接使得航材费用,所需飞行实力(即飞行员数量),培训费用等大大降低。对航空公司而言,在非基地机场,通用性会显得尤为重要。通用性好的飞机必然可以大大提高飞机利用率，飞行时间必然大幅提高，这也正是航空公司所期待的。

5）系列化

系列化同样也会极大地影响市场竞争力。航空公司只有拥有不同座级的飞机才能确保飞机满足广阔的市场需求，同时也只有这样才能保证较强的市场灵活性，可以用同一类飞机来服务不同的市场。

系列化发展是现代民机市场发展的必然传果。成功的飞机在设计之初就规划出基本型、加长型、缩短型等不同座级的系列产品，也有不同航程的系列产品。系列化发展可以用较低的投入扩充企业的产品线，更好地满足不同市场、不同用户的需要。航空公司也希望能在同一家制造商买到系列化的、满足不同市场需要的飞机产品。所以系列化的飞机产品，能够更好地满足航空公司的需要，更受航空公司青睐。

6）残值

残值是影响经济性的一个重要因素之一，是在进行 DOC 分析之前所必须设定的约束参数之一，残值越高，航空公司潜在的收益更多。残值和飞机寿命也息息相关。影响残值主要因素包括可靠性和使用寿命，改货机的能力，零部件的保障和技术的先进性。

不同的航空公司的定位也会影响其对飞机残值和使用时间的设定。例如，新加坡航空公司一般只使用新飞机，用不了几年后就会转手再引入新飞机。

## 3.4 竞争力评估

为了更好地预测民机市场分享量、开发民机制造商市场营销潜力，对民机产品的竞争力进行评估显然是非常必要的。

1）客户需求

3.3 节提及的竞争因素是客户从技术层面最为关注的，也是客户需求的集中体现领域。不同的目标市场客户需求亦不同。客户提出很多需求，但并非所有的需求都是重要的和真实的，而明确的、真实的客户需求是竞争力评估的前提，这就需要挖掘出客户最真实的想法。对民机市场而言，技术层面应围绕上述竞争因素提炼重要的需求。

民机市场有两大类客户：收益来源于飞机租赁业务的飞机租赁公司和收益来源于民机运营的航空公司，两者需求差异十分明显，需分别对待。

2）分析方法

通常的竞争因素评价方法有 3 种，即定量分析、定性分析和组合分析。选择评价方法的原则有：①优先选取定量分析；②有利原则，即采用定量分析有利于优势展现，采用定性分析有利于劣势分析；③符合行业惯例。

（1）定量分析。

对于有确切数据的竞争因素，进行定量分析，并给出定量分析的差距，包括绝对量差距、相对量差距。同时，采用多种描述方式来展示差距，如图和表等方式。

(2) 定性分析。

对于没有确切数据的竞争因素，进行定性分析。定性分析所得到的竞争因素差距只能采用文字描述的方法来表述，因此特别要求文字简洁、易懂。

(3) 组合分析。

组合分析是定量分析和定性分析的组合。某些竞争因素无法使用单一定量分析或定性分析完成评价。此时需对竞争因素进行子因素分析，明确哪些子因素应该使用定量分析，哪些子因素应该使用定性分析。

3) 评估结果

通过竞争因素分析方法来评估竞争力的强弱。阐述民机产品是否满足客户需求以及满足客户需求的程度等，以此展示竞争力。同时，还应包括竞争机型是否满足客户需求以及满足客户需求的程度等，并通过与竞争机型满足客户需求与否和程度的对比来更好的展示竞争力。

同时也可通过加权综合各竞争因素，形成一个统一的竞争力系数，更直观和更便利地表述和对比。对不同的客户，竞争因素应采用不同的加权系数，更好地达到客户化和尊重客户需求的目的。

民机发展应以市场为导向，选择和瞄准合适的目标市场，拥有准确的市场和与竞争者关系定位，不断提升产品竞争力，追求最终的商业成功。只要有足够的市场竞争力，更简单地说只要满足市场的需求，或较竞争者更满足市场的需求，就能够后发制人。

## 3.5 民机产品竞争模型案例

### 3.5.1 指导思想

民机产品竞争评估的指导思想需明确范围、目的、方法/模型、输入/输出和主要流程等问题。根据民机特征，民机产品竞争应在价值营销理论指导下完成，并最终为客户提供完整解决方案。民机竞争评估可以发掘销售卖点——为产品创造价值，和发掘销售成功的关键点——为价值沟通提供便利。

产品竞争力评估的范围是产品竞争力，包括产品和服务等，但不包含其他竞争力，例如产业竞争力、品牌、市场份额、政策和国际关系等。

产品竞争力评估的目的是服务于市场营销工作，指导营销和销售活动，同时影响产品研制，主要体现在两方面：一方面可作为市场分享量预测分析的输入，另一方面用于销售环节的产品竞争力展示。

产品竞争力评估的方法/模型主要是用定量的方法解决定性与定量结合的问题，如德尔菲法(或专家打分法)细化。主要因素采用层次分析及权重赋值的方法完成，决策因素则采用对比法的方法完成，综合分析采用波士顿矩阵的方法完成。其中，划分各细分项目及决策因素来源于市场调研、客户需求。

产品竞争力评估的输入/输出和主要流程如图 3-5 所示。其中,输入为产品竞争数据,输出为产品竞争力。产品竞争模型需经过一系列流程获取,要从市场角度和客户需求出发,即基于准确的市场调研,并通过市场分享量进行验证和优化。同时,针对不同目标市场、目标客户,不同产品在不同时期的竞争力评估结果亦会不同。

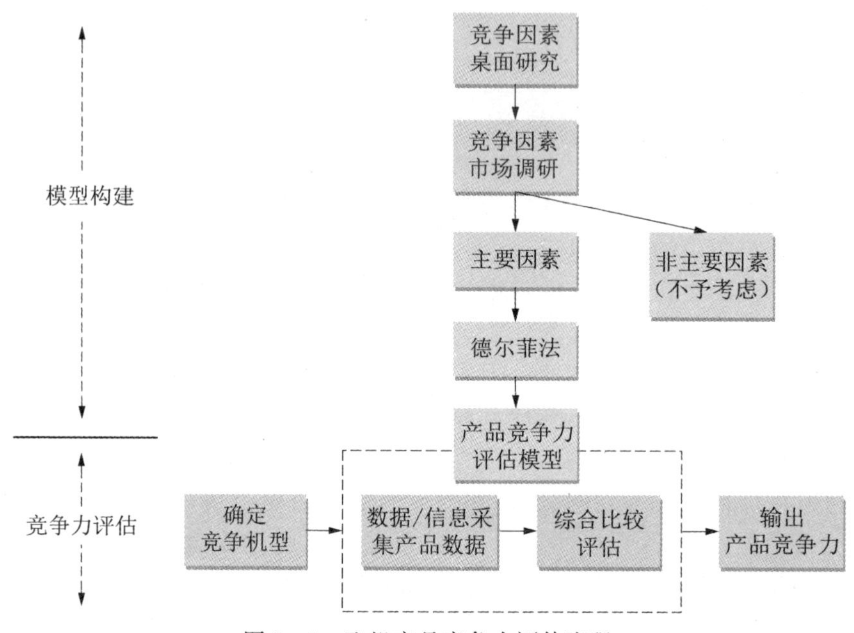


图 3-5 飞机产品竞争力评估流程

民机产品竞争分析主要包括两方面:一方面总结产品特点,研究产品差异化特色,评估市场分享量,为市场营销过程提供支持;另一方面为产品规划流程提供支持,如新产品定位和竞争战略、市场策略分析等。

通过竞争因素桌面研究和市场调研,可对某一类产品进行因素提取与分解。竞争因素可分为决策因素、主要因素和非主要因素三类。对民机竞争模型来说,决策因素,指航空公司可能因为本因素决定是否采购该飞机;主要因素,指除决策因素以外的影响航空公司采购的权重较高的因素;非主要因素,指对竞争力的影响权重很低的因素。

### 3.5.2 主要因素

由于桌面研究和市场调研得到的因素很多,通过分析可以看出,各因素之间存在一定的联系(如隶属关系、平级关系),且相互影响、相互制约,因此,这里应用层次分析法分类分层级提取因素,以期形成一个阶梯的、有序的层次结构模型。具体包括目标层、准则层和方案层 3 个基本层级,具体描述如图 3-6 所示。

目标层,即飞机产品竞争力评估。

准则层,即飞机产品本身和制造商提供的相关服务(从飞机设计角度、制造商展

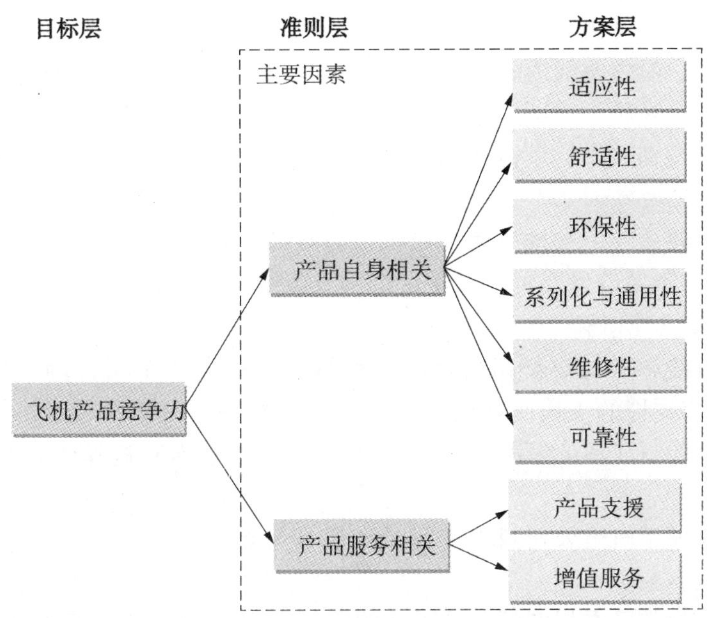


图 3-6 飞机产品竞争力评估指标体系

宣/推介内容的重点、航空公司需求角度看，飞机产品自身和制造商提供的相关服务是航空公司购机决策的主要因素）。

方案层，产品本身包括适应性、舒适性、环保性、系列化和通用性、维修性和可靠性，产品服务包括产品支援能力和所能提供的增值服务，针对不同机型，方案层中每个因素具体涵盖的内容可适当调整。

1）适应性

适应性指标主要是指飞机座级与航线的适应性、飞机性能与航线网络的适应性。

航空公司所使用飞机的座级是影响航空市场供给的主要因素，也是影响航空运行成本的主要因素，不同的市场和航线有不同的市场需求水平，航空公司在飞机机型的使用上既要适应市场需求，同时也要符合航空公司自身的发展战略和市场定位。

飞机性能是飞机生产能力的主要影响因素，是航空公司运行成本的直接影响因素。航空公司需要根据飞机的布局和所运行机场跑道条件来优化飞机的装载能力和航程，根据环境因素来合理地使用飞机本身的性能，使飞机发挥出最佳的经济性。

适应性指标主要包括座级、航程、速度、最大起飞/着陆重量、最大商载、轮挡参数（轮挡油耗、轮挡时间）、发动机参数（数量、推力数据等）、ACN、单发升限、越障能力，以及满足运行环境要求的航电系统等。

2）舒适性

舒适性指标主要包括舱内噪声、舱内空间和客舱设施。

舱内噪声影响飞机乘坐舒适性，需从发动机类型和安装位置，环控噪声和气动噪声进行考虑。舱内空间需从客舱高度和宽度、座椅布局和尺寸、过道宽度、排距等因素进行评价。客舱设施所含范围广泛，除指示标牌、轮椅、急救包等设备外，还应包含航空公司特别关心的座椅、壁板、娱乐设备等可选项。

3）环保性

环保性主要从噪声和排放两个指标进行评价。这里的噪声主要是整机的噪声水平，主要参照 ICAO 发布的不同阶段标准及设计裕度进行评价。

4）产品类其他指标

系列化直接影响航空公司机队的灵活性。对航空公司而言，使用具有可替换性、通用性和多样性的飞机使其在运营上将获得更好的灵活性和经济性，并且在较低机组成本和航材成本的情况下，可以使用不同座级和不同航程能力的飞机应对市场的变化。

通用性有助于航空公司减少飞行员和机务人员的培训，简化了维护程序，进而降低运营成本。

维修性是指产品在规定的条件下和规定的时间内，按规定的程序和方法进行维修时，保持或恢复到规定状态的能力，这里主要指标包括维修间隔、平均修复时间、故障率、APU 和发动机更换时间等，影响航空公司的准点率、利用率和维修成本等。

可靠性是指产品在规定的时间间隔内和给定的条件下，完成规定功能的能力，是衡量飞机质量好坏的重要标准之一。飞机的设计方案、质量和制造品质决定了飞机固有的设计可靠性，但运营可靠性则需要对大量的飞机使用和维修数据进行分析，需要持续性监控，这里主要指标包括签派可靠度和利用率等。

5）产品支援

产品支援评价指标包括运营支持和维护支持，包括产品支援能力、响应速度和服务网点等。

6）增值服务

增值服务主要是指制造商所能提供的金融类支持和航线网络规划、机队规划等服务类支持。这些附加价值往往直接影响航空公司或租赁公司购机决策。

权重反映了每个指标对产品竞争力的影响程度，针对不同类型的飞机产品，指标权重有所不同。为充分利用专家经验和学识，获得客观、合理、统一的指标权重，采用当前应用最为广泛的德尔菲法获取每一层指标的权重，其流程如图 3－7 所示。

基于专家意见对评估结果的重要性，这里的专家应选择拥有多年行业经验，且具有一定的代表性和权威性的人员，同时，还应注意邀请专家的规模、知识结构、年龄和性别的构成。具体专家的选择、每轮调研的开展方式、专家意见的汇总方法详见 7.4 节。

第一轮意见征询表应包括如下：

（1）背景材料应写明调查目的、步骤、调查原则、参评机型的参数等。

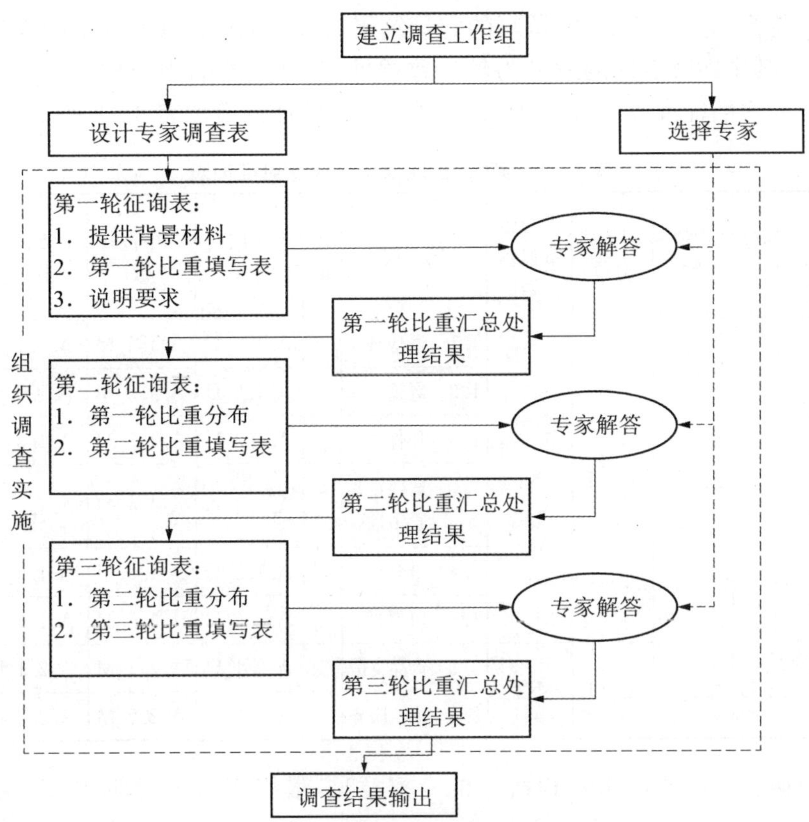


图 3-7 三轮专家反馈的德尔菲法流程

(2) 第一轮比重填写表如表 3-2 所示。

**表 3-2 第一轮德尔菲法意见比重填写表**

| 第一层 | 比重 | 第二层 | 比重 |
| --- | --- | --- | --- |
| 1. 飞机产品 | $A.1$ | 1.1 适应性 | $A.1.1$ |
| | | 1.2 舒适性 | $A.1.2$ |
| | | 1.3 环保性 | $A.1.3$ |
| | | 1.4 系列化与通用性 | $A.1.4$ |
| | | 1.5 维修性 | $A.1.5$ |
| | | 1.6 可靠性 | $A.1.6$ |
| 2. 飞机服务 | $A.2$ | 2.1 产品支援 | $A.2.1$ |
| | | 2.2 增值服务 | $A.2.2$ |

(3) 说明要求：指标比重以归一化方式处理，其中 $A.1+A.2=1$，$A.1.1+A.1.2+\cdots+A.1.6=1$，$A.2.1+A.2.2=1$。

每一轮征询后，汇总专家填写的定量结果，计算出每个指标权重的中位数和上下四分点，其中四分点内的意见为较一致意见，四分点外的为个别意见。将分析结果写入下一次的征询表中，供专家参考，第二、三轮征询表如表 3-3 所示。

**表 3-3　第二、三轮德尔菲法意见征询表**

| 第一层 | 比重 | 上四分位 | 中位数 | 下四分位 | 四分位数以内人数 | 第二层 | 比重 | 上四分位 | 中位数 | 下四分位 | 四分位数以内人数 |
|---|---|---|---|---|---|---|---|---|---|---|---|
| 飞机产品 | | A.1_U | A.1_M | A.1_L | N1 | 1.1　适应性 | | A.1.1_U | A.1.1_M | A.1.1_L | N11 |
| | | | | | | 1.2　舒适性 | | A.1.2_U | A.1.2_M | A.1.2_L | N12 |
| | | | | | | 1.3　环保性 | | A.1.3_U | A.1.3_M | A.1.3_L | N13 |
| | | | | | | 1.4　系列化与通用性 | | A.1.4_U | A.1.4_M | A.1.4_L | N14 |
| | | | | | | 1.5　维修性 | | A.1.5_U | A.1.5_M | A.1.5_L | N15 |
| | | | | | | 1.6　可靠性 | | A.1.6_U | A.1.6_M | A.1.6_L | N16 |
| 飞机服务 | | A.2_U | A.2_M | A.2_L | N2 | 2.1　产品支援 | | A.2.1_U | A.2.1_M | A.2.1_L | N21 |
| | | | | | | 2.2　增值服务 | | A.2.2_U | A.2.2_M | A.2.2_L | N22 |

一般通过三轮调研可获得统一的专家意见，最终权重为对应的每一层比重乘积，如表 3-4 所示。

**表 3-4　飞机产品竞争力主要因素评估表**

| 第一层 | 比重 | 第二层 | 比重 | 最终权重 | 机型 1 | 机型 2 |
|---|---|---|---|---|---|---|
| 飞机产品 | A.1 | 1.1　适应性 | A.1.1 | A.1×A.1.1 | | |
| | | 1.2　舒适性 | A.1.2 | A.1×A.1.2 | | |
| | | 1.3　环保性 | A.1.3 | A.1×A.1.3 | | |
| | | 1.4　系列化与通用性 | A.1.4 | A.1×A.1.4 | | |
| | | 1.5　维修性 | A.1.5 | A.1×A.1.5 | | |
| | | 1.6　可靠性 | A.1.6 | A.1×A.1.6 | | |
| 飞机服务 | A.2 | 2.1　产品支援 | A.2.1 | A.2×A.2.1 | | |
| | | 2.2　增值服务 | A.2.2 | A.2×A.2.2 | | |
| 产品自身打分结果 | | | | | | |
| 产品服务打分结果 | | | | | | |
| 主要因素总分 | | | | | | |

针对具体机型，主要因素采用打分形式参照机型主要参数进行评估(见表 3-5)，当同时评比的机型较少时可以采用 5 分制，具体打分原则如下：

(1) 基于机型相关参数进行打分，最优的机型为 5 分，并通过对比依次以 0.5 递减，得到各评估竞争机型相对得分(即竞争力)。

(2) 若某 N(N≥2)种机型指标数据相差＜5％或对竞争力无影响，则评分相同。

当机型种类较多时也可以采用 10 分制，由于评估结果是以排序方式显示相对竞争力高低，因此采用几分制不影响评估结果。

**表 3-5　主要因素分析**

| 第一层 | 权重 | 第二层 | 权重 | 第一层 | 权重 | 第二层 | 权重 |
|---|---|---|---|---|---|---|---|
| 飞机产品 | 60 | 适应性 | 20 | | | 维修性 | 16 |
| | | 舒适性 | 16 | | | 可靠性 | 24 |
| | | 环保性 | 11 | 飞机服务 | 40 | 产品支援 | 65 |
| | | 系列化与通用性 | 13 | | | 增值服务 | 35 |

注：其他方法还包括 PUV 权重赋值等。

## 3.5.3　决策因素

决策因素一般只有 1 项，当存在多项决策因素时，一般也可以综合成为一项指标，如当价格和可靠性都是决策因素时，可综合成为性价比因素。决策因素通过对比法分析，决策因素与主要因素综合分析采用波士顿矩阵，如图 3-8 所示。当给决策因素也进行权重赋值后，综合主要因素和决策因素，可成为市场分享量预测分析的输入值之一。

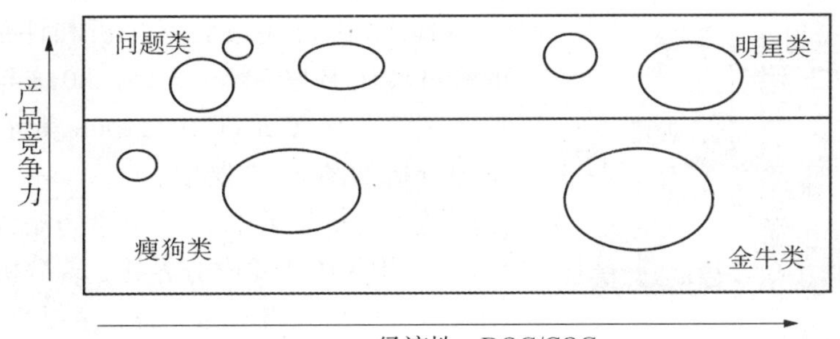


图 3-8　波士顿矩阵示意图

在波士顿矩阵中(详见 7.7 节)，产品竞争力，即主要因素为一项指标；经济性，即决策因素为另一项指标。分析目标为所有竞争者。各象限用本项因素所有竞争者均值来区分。各竞争者圈的大小通过产品目录价表示。另外，某些市场的决策因素还可能包括产品可获得性、融资、运营便利性和赢利性等。

四个象限代表四类产品：问题、明星、金牛和瘦狗。对不同产品可采用四种不同的投资策略，包括发展（适用于明星和有发展前途的问题）、维持（适用于金牛，尤其是大金牛）、缩减（适用于弱小的金牛、问题和瘦狗）和放弃（适用于没有发展前途的问题和瘦狗）。

### 3.5.4 案例分析

以A和B宽体飞机为分析对象，进行基于价值的民机竞争评估。根据前文的模型构建，首先进行主要因素分析和评估。建立模型的方法不变，但在不同环境下可进行调整，调整模型的输入仍然是客户需求。分析结果如表3-6所示。评估中对可量化的指标进行量化比较，对不可量化的指标仍采用德尔菲法进行量化。

**表3-6 A、B飞机竞争主要因素分析**

| 第一层 | 权重 | 第二层 | 权重 | A | B |
|---|---|---|---|---|---|
| 飞机产品 | 60 | 适应性 | 20 | 85 | 85 |
| | | 舒适性 | 16 | 85 | 88 |
| | | 环保性 | 11 | 82 | 82 |
| | | 系列化与通用性 | 13 | 90 | 85 |
| | | 维修性 | 16 | 85 | 85 |
| | | 可靠性 | 24 | 85 | 80 |
| 飞机服务 | 40 | 产品支援 | 65 | 85 | 85 |
| | | 增值服务 | 35 | 80 | 82 |
| 合计 | | | | 84.5 | 84 |

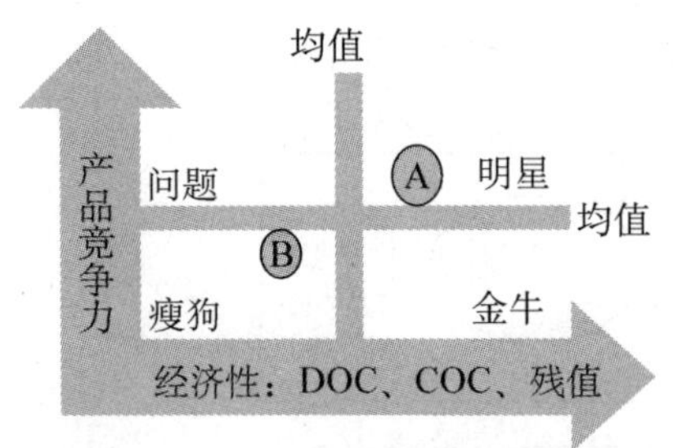


图3-9 A与B竞争决策因素分析

其次，进行决策因素分析和评估。假设A的经济性比B好5%～10%。2013年A的目录价为2.543亿美元，B为2.068美元。因此，竞争力分析如图3-9所示。

竞争分析结果中A的竞争力略优于B，但差异较小，均集中于象限分界处。若分析对象增多，则竞争分析结果将更为显著。主要原因在于：

(1) A为市场后入者，存在一定竞争力可以理解。

(2) A产品尚未投入市场，某些竞争因素尚待检验。

(3) 这里仅为产品竞争力，未包含市场份额、品牌、国家关系等影响因素。

基于价值的民机竞争评估方法，指导竞争从客户需求角度进行分析，并获得清晰的评估体系，即以客户需求为根本出发点，并以市场分享量来作验证，达到从客户中来到客户中去。通过德尔菲法、层次分析法、波士顿矩阵、对比分析法、市场调研和桌面研究等竞争分析方法组合，有效的完整竞争分析，可以为不同的客户提供不同的竞争力奠定基础。分析方法简单易用，结果可信度高，具有较好的实用性。

# 4 机场和航线适应性

民机需分析各型飞机飞行具体航线的技术性能，包括飞机的基本性能、飞机的机场适应性和航线适应性分析等。实际开航分析中往往还需要基于飞行计划来分析商载、航程和油耗等重要参数。它是航空公司购置飞机，选择机型首先考虑的因素。民机销售支援人员是否能够充分展示本企业产品在具体航线上的技术性能优势，是销售取得成功的重要环节。

机场和航线适应性是指飞机在一条特定航线开展运营的基本能力，包括在相关机场(包括备降场)的满载起飞着陆能力、航线飘降供氧能力、满足航路所需的特定通信导航监视性能的能力等，某种机型在投入某一航线运营之前，必须对该机型飞机性能进行机场和航线的适应性分析，这是保证飞行安全、提高经济效益必不可少的一项工作。良好的机场和航线适应能力是民机开拓民航市场的前提，因此，机场和航线适应性的分析能力是制造商必须具备的能力之一。

对于飞机性能分析中，主要包括可靠性、航程、场长、油耗等。其中飞机可靠性由于假设条件多，一般难以准确衡量。对于航程、场长等，航空公司实际运行时使用其极端性能也较少。但对于油耗和经济性，则是最终衡量的准则，无法通过其他方法弥补，必须直接面对。

## 4.1 标准大气及速度

### 4.1.1 标准大气

飞机的空气动力学特性和发动机性能与空气的物理性质(温度、压强、密度)密切相关，所以要分析飞行性能必须了解大气结构和空气特性。亚声速民航运输机的飞行性能分析主要关心对流层和平流层底部的空气性质。

在大气层中，空气的物理性质随高度、纬度变化，也随季节、昼夜时间、气象条件而变化。所以，在飞机使用中需要一个统一的空气标准，以便于计算、整理和比较飞行数据，给出标准飞行性能数据，这就需要使用国际标准大气。国际标准大气是一种假象的大气结构，人为地规定了空气的物理性质随高度变化的规律，作为一个统一的基准以便使用。它是以北半球中纬度地区的空气物理性质平均值为依据制定的。

在标准大气中，空气是理想气体并满足理想气体状态方程

$$p = R\rho T \tag{4-1}$$

式中，$p$ 是大气的压强（$N/m^2$）；

$\rho$ 是大气的密度（$kg/m^3$）；

$T$ 是大气的温度（K）；

$R$ 是大气的气体常数（$R = 287.06 (N \cdot m)/(kg \cdot K)$）。

大气中声速取决于大气的温度，声速 $c$(m/s)的计算公式为

$$c = \sqrt{kRT} \tag{4-2}$$

平静大气的压强 $p$ 随高度 $h$ 的变化规律满足如下流体静力学方程

$$dp = -\rho g \, dh \tag{4-3}$$

式中，$g$ 是重力加速度（$m/s^2$）；

$h$ 是高度（m）。

1）海平面标准大气参数

高度：$H_0 = 0$；

温度：$T_0 = 15℃ = 288.15\,K$；

气压：$p_0 = 1013.25\,hPa$；

密度：$\rho_0 = 1.225\,kg/m^3$；

声速：$c_0 = 340.3\,m/s$。

2）对流层（≤11 km）标准大气参数

气压高度：$H_{Pa} = 44330.8 \times \left[1 - \left(\frac{p_H}{p_0}\right)^{0.1902631}\right]$；

几何高度：$h = H_{Pa} - 153.866 \times \Delta T \cdot \ln(1 - 2.2577 \times 10^{-5} \cdot H_{Pa})$；

温度：$T_H = T_0 - 0.0065H$；

气压：$P_H = P_0 \times (1 - 2.25577 \times 10^{-5} H)^{5.25588} (N/m^2)$；

密度：$\rho_H = \rho_0 \times (1 - 2.25577 \times 10^{-5})^{4.25588} (kg/m^3)$；

温度比：$\theta = T/T_0$；

压强比：$\delta = p/p_0$；

密度比：$\sigma = \rho/\rho_0$。

3）平流层（11～20 km）标准大气参数

气压高度：$H_{Pa} = 11000 - 6341.62\ln\frac{\delta}{0.2233609}$；

几何高度：$h = \left(1 + \frac{\Delta T}{216.65} \cdot H_{Pa}\right) - 6.8971 \times \Delta T$；

温度：$T_H = -56.5℃ = 216.65\,K$；

气压：$p_H = 22\,631.8\mathrm{e}^{1.734-0.000\,157H}$(N/m³)；

密度：$\rho_H = 0.036\,392\mathrm{e}^{1.734-0.000\,157H}$(kg/m³)。

### 4.1.2 飞行速度

飞机相对大气的飞行速度，是根据飞机的全压、静压系统测得的。根据总压、静压、动压的关系，即伯努利方程，可求得真实空速为

$$V_{\mathrm{TAS}} = \sqrt{\frac{2(p_t - p_s)}{\rho}} \tag{4-4}$$

式中，$p_t$ 为测得的总压；

$p_s$ 为静压；

$\rho$ 为飞行高度的大气密度。

1) 仪表空速

仪表空速是飞行员在驾驶舱看到的仪表读数。该读数包含有仪表固有的制造误差 $\Delta V_i$，$\Delta V_i$ 由仪表制造商提供。

2) 指示空速

指示空速也称为表速，记作 $V_{\mathrm{IAS}}$，是经过了仪表误差修正后，空速表指示的速度。现在的空速表都已经修正过仪表误差，所以空速表的读数即指示空速。

3) 校正空速

空速表的指示空速取决于测得的总、静压值，飞机的总、静压是靠安装在飞机上的总、静压管测得的。由于飞机在飞行过程中构型、姿态等的改变，会影响与总、静压管之间的相对位置，进而影响总静压测量的准确性，导致总、静压管测得的数据产生误差。这种与总、静压管的安装位置有关的误差一般称为位置误差。校正空速是对指示空速经过位置误差修正后的空速表读数，记作 $V_{\mathrm{CAS}}$。校正空速与指示空速的关系为

$$V_{\mathrm{CAS}} = V_{\mathrm{IAS}} + \Delta V_p \tag{4-5}$$

式中，$\Delta V_p$ 是位置误差修正值，一般通过试飞得到，并在飞行手册中给出。$\Delta V_p$ 的值与飞机的迎角、襟翼位置、地面效应、风等因素有关。

4) 当量空速

根据空速表的测速原理，真实空速不仅与总、静压差有关，还与飞行高度的压强有关。把校正空速经过具体高度的绝热压缩流修正后得到的速度，称为当量空速，记作 $V_{\mathrm{EAS}}$。当量空速以海平面标准大气状态为基准，是校正空速经过绝热压缩流修正后得到的。因此有

$$V_{\mathrm{EAS}} = V_{\mathrm{CAS}} + \Delta V_{\mathrm{C}} \tag{4-6}$$

式中，$\Delta V_{\mathrm{C}}$ 为绝热压缩修正值，该修正值与具体机型无关，只与飞行高度和校正空速有关。

5）真实空速

真实空速是飞机飞行时相对于周围空气的真实速度，记作 $V_{\mathrm{TAS}}$。由于空速表上刻度盘指针指示的速度是按照海平面标准大气状态标定的，实际上随着飞行高度的变化，大气密度也相应改变，速度表的指示空速是按标准大气海平面的密度计算的，但是当量空速与真实空速对应的总、静压差相等，即动压相等，因此有

$$p_t - p_s = \frac{1}{2}\rho_0 V_{\mathrm{EAS}}^2 = \frac{1}{2}\rho V_{\mathrm{TAS}}^2 \tag{4-7}$$

式中，$\rho$ 为飞行高度上的大气密度，由此可得真实空速与当量空速的关系

$$V_{\mathrm{TAS}} = V_{\mathrm{EAS}}\sqrt{\frac{\rho_0}{\rho}} = \frac{V_{\mathrm{EAS}}}{\sqrt{\sigma}} \tag{4-8}$$

## 4.2 基本性能指标

飞机基本性能是指航空公司购置飞机时最为关注的技术性能，主要包括飞机客舱布局、设计重量、油耗、商载与航程能力等。民机制造商通常会在飞行手册中给出这些性能指标的计算依据与取值范围，民机销售人员应该熟悉这些指标，并且能够运用这些指标，分析不同机型在具体航线上运营的实际性能，帮助航空公司科学选择飞机，在最大限度地满足航空公司的运营目标与经济目标的基础上，实现飞机的销售。

### 4.2.1 客舱布局

飞机客舱布局主要包括客舱座位等级与数量，厨房、厕所数量与位置等，它影响着可承运旅客人数与旅客乘机的舒适程度，进而影响航班运行的经济收入。飞机的客舱如何布局，取决于制造商设计的机身几何结构、政府主管部门指定的适航性规则以及航空公司的商业需求。机身几何结构限制了客舱的可使用空间，适航性规则规定了客舱必备的紧急出口数量与疏散通道空间，航空公司则从航班商业运行效益的角度，提出对飞机内部布局的具体要求。在飞机销售过程中，民机制造商应该在遵守适航规则的前提下，尽可能满足航空公司的商业需求。图 4-1 表明 B777 飞

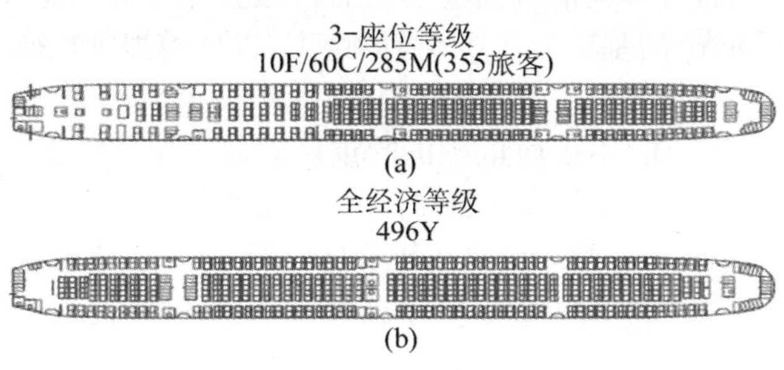


图 4-1 B777 飞机两种不同的客舱布局

机的两种不同的客舱布局。

### 4.2.2 设计重量

飞机设计重量是制造商提供的飞行手册中的一系列飞机重量数据，主要有：

(1) 制造空重(MWE 或 MEW)，指飞机由制造商建造出来后的重量，主要包括飞机结构重量、动力装置和固定设备重量，不包括航空公司为了进行航班运营而加装的设备、物资和人员。

(2) 基本空重(BEW)，$BEW = MEW +$ 标准项目。$BEW$ 实际上是客户化之前的飞机总重。

标准项目难以归属特定飞机构型的某个系统，或者相对独立，相同构型中它们是不变化的。主要包括：不可用燃油和液体(不可用燃油用试飞确定)；发动机滑油；厕所液体和化学品；灭火器，应急氧气设备；厨房和餐柜的结构；附加电子设备等。

(3) 使用空重(OWE 或 OEW)，指飞机准备使用时的重量，等于制造商空重加上标准项目和使用项目重量。

使用项目，是指特定运营所必需的人员、设备和物品，但不包含在基本空重中。它们包含 BFE 项目，随飞机是变化的。主要包括空勤和行李、手册和导航设备；客舱和厨房可拆卸使用设备；乘客服务用品(如膳食和毯子)；有效载荷之外的可用液体；救生筏、救生背心和应急发射器；货物装卸系统和集装箱等。

应当注意到，使用项目的重量不是一个确定的数字：不同的客户可能要求飞机装备不同的设备(例如客舱布置不同)，这种不同体现在标准项目和使用项目重量的差异上。不同的机型可能采用不同的重量标准。例如，空勤和空乘的重量标准不同，旅客食品和饮料的重量标准不同，配备空乘数的标准不同，厕所液体和化学品的重量标准不同，有些机型可能不包含货物装卸系统和集装箱的重量。所有这些使用项目重量上的差异，都可能引起不同机型竞争分析上的不公平。客舱和厨房可拆卸使用设备(包括旅客座椅和厨房插件)通常是客户采购设备(BFE)。客户的选择将直接影响使用项目的重量。

在服役过程中，飞机会因积攒污垢、机体维修、客舱改装、新适航条例要求的改装以及执行服务通告等因素引起使用空重增加，机体会因表面污损和变形引起气动阻力增加，发动机的推力和耗油特性也会衰退，因此，在飞机性能和经济性评估中，往往会在给定的 OEW 的基础上增加 2%的余度，以便模拟飞机使用到中等寿命时的性能。

使用空重(OEW)/座：用来衡量飞机的重量效率。使用空重也称为“废重”，越小越好。“OEW/座”越小，重量效率越高，飞机经济性越好。

经济分析师常用使用空重来估算飞机价格。经验公式：飞机价格(百万美元)$= 2.118\times(OEW(\mathrm{t}))^{0.7836}$，可用于估算窄体机价格，因为使用空重反映出飞机的航程和座位能力。

(4) 最大零油重量(MZFW)，指除燃油外飞机允许的最大重量。喷气飞机的燃油大都装在机翼内，飞行时燃油重量可以抵消一部分升力，使机翼上的应力减小，如果没有燃油，机翼结构所承受的载荷增大，因而限制了飞机的重量。最大零油重量减去使用空重，就得到由飞机结构所制约的最大商载，也即飞机的“结构商载”。

在可用燃油或其他特定可用液按飞机强度和适航要求限制在飞机指定部位必须装载之前允许的飞机最大重量，是机身壳体和中央翼的设计重量。在结构分析中，允许用“结构备份油”来减轻载荷。此时，飞机的最小飞行重量＝使用项目＋结构备份油重量。

(5) 最大起飞重量(MTOW)，指飞机起飞时，在跑道刹车松动点处的最大允许重量，它受到发动机推力、刹车能量或轮胎速度等多种因素的制约。

起飞重量可能进一步受到跑道长度、道面承载能力(以“着陆载荷等级”表示)、机场高度、环境温度和障碍物等因素的限制。一旦机场条件限制了起飞重量，将限制飞机的商载或航程，严重影响飞机的经济性。因此，机场适应性是飞机经济性评估的重点之一。

最大起飞重量(MTOW)/机翼面积：称为“翼载荷”。MTOW 越大，要求机翼面积越大，则飞机的阻力和重量越大。翼载荷越大，说明飞机结构重量越大，飞机经济性越差。

发动机推力/MTOW：称为“推重比”。MTOW 越大，要求发动机推力越大，飞机经济性越差。推重比越大，飞机起降性能越好。

飞机在高温/高原机场的起飞限重和着陆限重，是航空公司关注的焦点。起飞限重和着陆限重，与翼载荷、推重比等参数密切相关。

(6) 最大滑行重量(MTW)，受到飞机强度和适航要求限制的飞机地面机动时的飞机最大重量，是飞机在静态和地面转弯模态下起落架及支撑结构的设计重量。$MTW = MTOW +$ 暖机滑行用油。

(7) 最大着陆重量(MLW)，指飞机降落时的最大允许重量，是根据飞机的起落架和机体结构所能承受的冲击载荷确定的。它包括使用空重、商载和未消耗的燃油重量。

着陆重量可能进一步受到跑道长度、道面承载能力(以“着陆载荷等级”表示)、机场高度、环境温度和障碍物等因素的限制。一旦机场条件限制了着陆重量，将限制飞机的商载或航程，严重影响飞机的经济性。

(8) 商载(payload)，是指旅客、行李和货物的重量。最大商载受到最大零油重量的限制。

依据定义，最大商载 $= MZFW - OEW$。也就是说，如果增加 OEW，商载能力将降低。假设航空公司打算运营九寨沟航线(机场标高 3448m)，飞机需要进行高原改装(包括改装刹车系统和加装旅客应急氧气系统等)，假设 OEW 将增加 200kg，那么飞机商载能力将相应降低 200kg，航空公司要付出经济代价。

(9) 最大燃油容量(MFC)，指飞机油箱最大可装载燃油的容积。

上述重量是由飞机结构限制的重量，是不允许超过的重量，也是分析飞机投入航线运营时的载量与航程的基础，飞机性能分析必须考虑并满足这些限制。最大起飞重量、最大着陆重量、使用空重、最大商载和制造空重等也是 DOC 分析的要素。如图 4－2 和 4－3 所示各种重量的关系，如表 4－1 所示 A340－300 的设计重量实例。

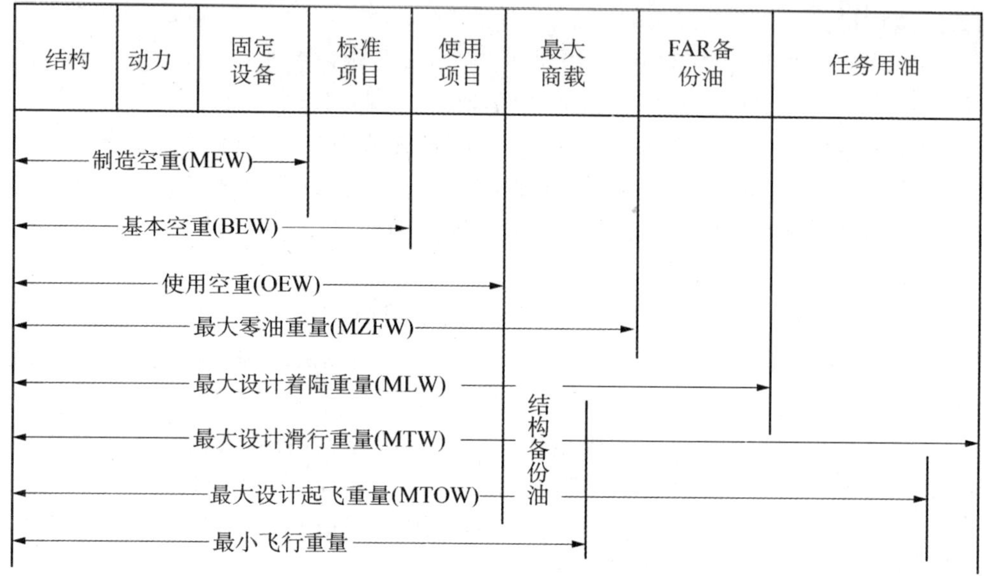


图 4－2 飞机重量定义及关系示意

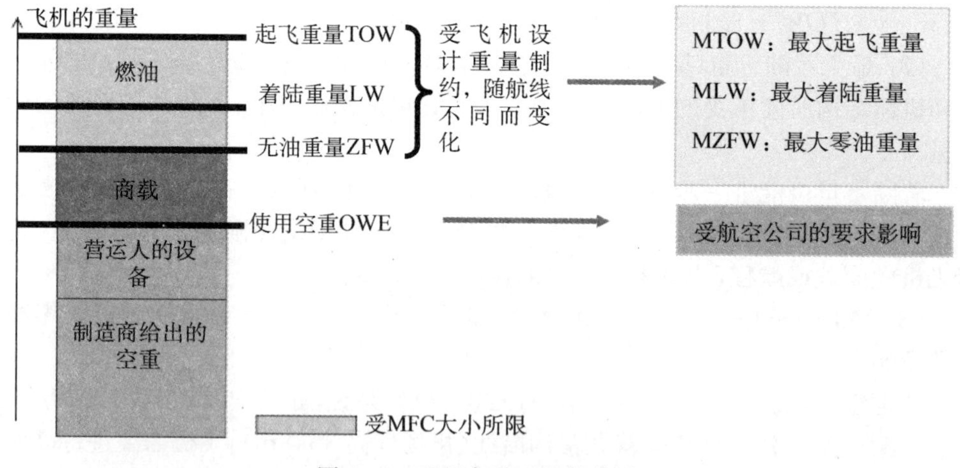


图 4－3 飞机各种重量的关系

表 4-1　A340-300 的设计重量实例

| 项目 | 重量/kg | 项目 | 重量/kg |
| --- | --- | --- | --- |
| 最大设计起飞重量 | 271000 | 运营商项目 | 17190 |
| 最大着陆重量 | 190000 | 使用空重 | 133563 |
| 最大零油重量 | 178000 | 结构商载 | 44437 |
| 制造商空重 | 116373 | | |

### 4.2.3　油耗

飞机油耗是航空公司非常关注的性能指标，因为它是航班运营成本的重要组成部分。油耗受到飞机重量、航程、航速、飞行高度、风向和温度等多种因素的影响。飞机重量、航程增加，航线温度升高或逆风飞行，或者飞行速度高于巡航速度，都会引起油耗增加；顺风或在较高的高度飞行，则会减少油耗。根据飞机油耗与各种影响因素之间的数量关系，可绘制出油耗影响曲线图，飞机销售支援人员应当熟悉油耗影响曲线图所反映的不同机型飞机的油耗特征，这样才能够结合航空公司准备运营的航线的具体情况，分析航班耗油以及实际能够达到的商载与航程情况。

一般来说可通过飞机设计重量、设计航程及座位数初步分析飞机油耗。每客公里油耗=(最大起飞重量−使用空重−标准商载−备份油)/(标准旅客数量×设计航程)。当然这里的备份油将根据不同备份油政策和飞机设计水平而有所区别。对于喷气飞机一般在 20～25 克/客公里。航空公司则往往更习惯使用小时油耗进行评估。小时油耗=每客公里油耗×轮挡速度×标准旅客数量。不同座级的飞机小时油耗差异较大。

### 4.2.4　商载与航程

最大商载是指飞机最大所能装载旅客(含行李)和货物的重量，包括最大结构商载和最大容积商载，它受到飞机结构重量和容积的限制，也受到航程长短的影响。

航空公司实际航线运营时商载受 3 方面约束：

零油重量限制，商载=最大零油重量−使用空重；

起飞重量限制(起飞机场)，商载=起飞重量−使用空重−加油量；

着陆重量限制(含目的地机场和备降机场)，商载=着陆重量−使用空重−备份油量。

在实际运行中，飞机的最大结构商载取三种计算结果中的较小值。

最大容积商载是全部旅客(含行李)与最大货舱容积限制的载货重量之和。

航程是飞机在平静大气中沿给定方向耗尽可用燃油所飞过的水平距离，以海里或公里计算。飞机的航程长短受飞机结构重量和油箱容量的制约，也受到飞机商载大小的影响。

飞机结构重量对于商载与航程的限制，以及商载与航程之间的相互影响，都反映在商载-航程图上。

商载-航程图是通过计算每种机型不同航程距离下的商载，并将其作为航程的函数而得出的图表。图 4-4 所示，是一个商载航程图的实例，其横轴是航程，纵轴是飞机的商载，在横轴的起点，飞机的商载受到最大零油重量的制约，随着航程的增加，飞机的商载受到最大着陆重量的制约。到 $A$ 点处，飞机的商载开始受到最大起飞重量的限制，这时如果要增加航程，就必须减少商载（通常是首先减少航班载货量），来增加航班载油量，进而增加航程。到 $B$ 点处，由于受到飞机油箱容量限制，只能通过减少商载来减少航油消耗，才能增加航程。

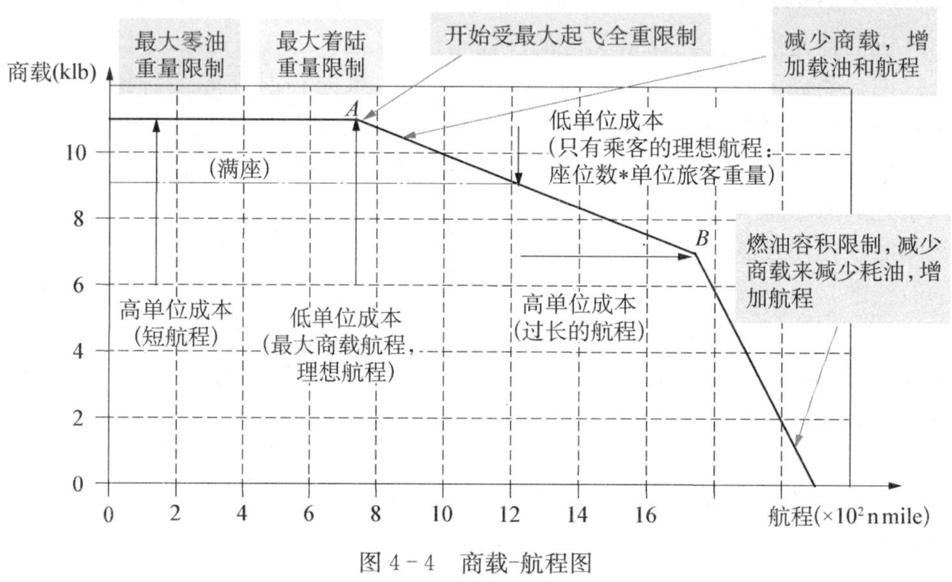


图 4-4　商载-航程图

设计航程（即满座航程）：涉及飞机市场适应性的重要性能指标。

满油航程：公务机等优先考虑航程能力，再考虑商载。

转场航程（即无商载航程）：仅用于飞机交付转场或大修转场等场合。

满载航程：满载航程和满座航程之间的商载差量代表了飞机的货邮能力。

商载与航程也是航空公司最为关注的性能指标，它反映了飞机的完成航班任务的能力，影响着航空公司的运营收入。了解一架飞机在性能上到底会有什么样的表现，最简单的方法是参考民机制造商提供的商载-航程图。人们一眼就可以看出在特定航程下商载是否不足，或在一定商载下航程是否不足。

## 4.3　机场适应性

飞机飞行手册中标示的重量、油耗、商载和航程等性能指标大多是根据标准条件（如标准的备降场剖面图与无风航路等）计算的，而飞机在某一特定机场起飞或降落时，跑道的长度、标高、载荷极限、周围净空条件，备降场的距离等，都可能影响到飞机的起飞和降落重量、油耗、商载和航程。因此，为了说明飞机在具体机场起降的安全性和经济性,飞机销售支援人员还要向销售对象提供有关飞机在特定机场的起飞、着陆性能和环境适应性能等分析。

机场适应性评估,是要确定出在预期的机场条件(跑道长度、标高、环境温度、道面 PCN 值和障碍物)下、飞机能否在该机场运行。如果运行受限制,则要确定出起飞/着陆限重,以便于对飞机的商载和载油量作出判断。机场适应性分析的基本项目包括内容如表 4-2 所示。

**表 4-2 机场适应性分析基本项目及要求**

| 飞机性能 | 机场特性 | 要 求 |
|---|---|---|
| 起飞距离 | 可用起飞距离 | 起飞距离≤可用起飞距离 |
| 起飞滑跑距离 | 可用起飞滑跑距离 | 起飞滑跑距离≤可用起飞滑跑距离 |
| 加速-停止距离 | 可用加速-停止距离 | 加速停止距离≤可用加速-停止距离 |
| 起飞爬升Ⅰ阶段爬升梯度 | | ≥0 |
| 起飞爬升Ⅱ阶段爬升梯度 | | ≥2.4%(双发飞机) |
| 起飞爬升最终阶段爬升梯度 | | ≥1.2%(双发飞机) |
| 越障高度(含单发离场及单发复飞) | 存在障碍物 | 越障高度≥障碍物的高度 |
| 着陆距离 | 可用着陆距离 | 着陆距离≤可用着陆距离 |
| 单发停车进场复飞爬升梯度 | | ≥2.1%(双发飞机) |
| 全发工作着陆爬升梯度 | | ≥3.2% |
| *ACN* 值 | *PCN* 值 | $ACN \leqslant PCN$ |

### 4.3.1 起飞性能

起飞性能分析是根据运行合格审定关于起飞的技术要求,分析飞机在具体机场起飞时,跑道长度、坡度、障碍物等机场条件,以及飞机结构强度、发动机推力等自身条件对于起飞重量的限制,得出飞机在具体机场可达到的最大起飞重量,以及对应实际起飞重量的起飞速度。

起飞性能分析主要包括以下内容:

(1) 收集起飞性能分析所需要的技术资料,包括适航管理部门的相关规定、飞机的技术资料,以及机场的具体条件等。

(2) 分析起飞的需要跑道和可用跑道,确定受到机场场地长度限制的最大起飞重量。

(3) 分析起飞飞行航迹的爬升梯度要求和爬升梯度对最大起飞重量的限制。

(4) 分析超越障碍物对最大起飞重量的限制。

(5) 分析刹车能量和轮胎速度对于最大起飞重量的限制。

(6) 确定具体机型在具体机场可达到的最大起飞重量,以及对应实际起飞重量的起飞速度 $V_1$、$V_R$、$V_2$ 值,明确飞机起飞的安全性(符合起飞速度要求)与经济性(保证较大的商载)。其中 $V_1$ 也称起飞决断速度,是在主要发动机出现停车之后,飞行员可以安全做出继续起飞或中断起飞的决定时的速度，它是安全完成中断起飞的最大速度，也是安全完成继续起飞的最小速度。$V_R$ 是在起飞滑跑中飞行员开始抬起起落架前轮的瞬间速度；$V_2$ 也称起飞安全速度，是飞机在一发失效时离地 35 ft 时应达到的最小爬升速度。图 4-5 是各种起飞速度与起飞距离的示意图。对于湿跑道、污染跑道则需要特殊分析，一般湿跑道起飞距离增加 15%。另外，在实际运营中还可以根据运营环境进行改进 $V_2$ 起飞，或减推力/假设温度起飞等方式调整起飞性能的适应性，进而提升起飞重量或降低发动机维修成本。

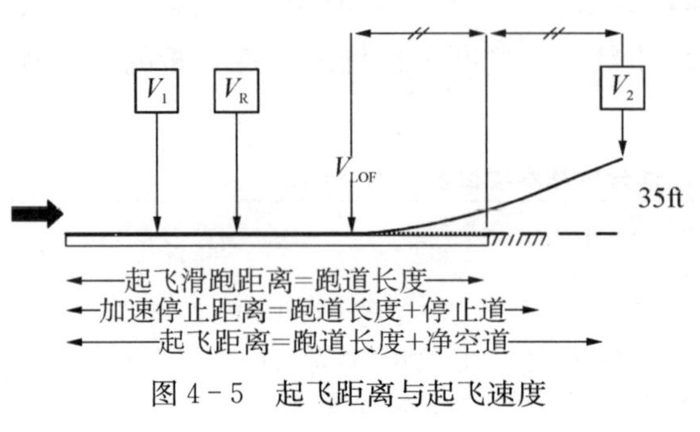


图 4-5 起飞距离与起飞速度

起飞飞行航迹（单发）各阶段的定义和构型如图 4-6 所示。

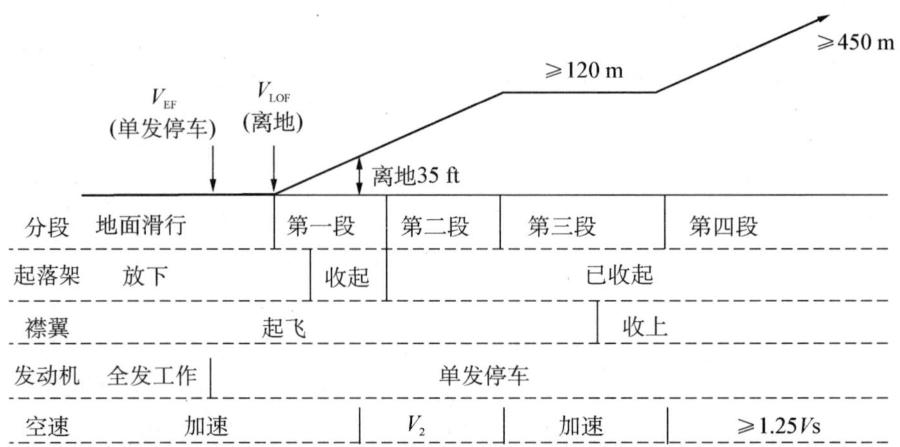


| 飞行阶段 | 第一阶段 | 第二阶段 | 最终阶段 |
| --- | --- | --- | --- |
| 起落架 | 放下 | 收上 | 收上 |
| 襟/缝翼 | 起飞 | 起飞 | 航路 |
| 空速 | $V_{LOF}$ | $V_2$ | ≥1.25$V_S$ |
| 发动机状态 | 单发，起飞推力 | 单发，起飞推力 | 单发，起飞推力 |
| 离地高度 | 0 至起落架收上高度 | 24～120 m | 120～450 m |
| 爬升梯度（双发飞机） | ≥0 | ≥2.4% | ≥1.2% |

图 4-6 起飞各阶段定义和构型

对于起飞阶段越障的运行要求是：越障高度≥净起飞飞行航迹范围内的所有障碍物的高度，如图 4-7 所示。其中越障高度为净飞行航迹减去 35 ft。净起飞飞行

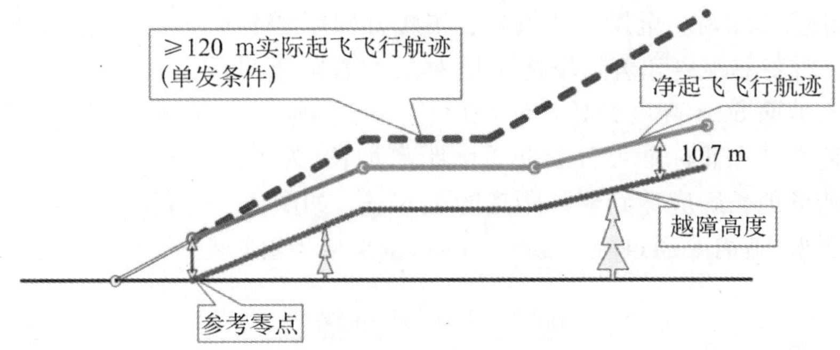


图 4-7 起飞越障要求

航迹为临界发动机停车条件下的实际起飞飞行航迹在每一点上扣除0.8%爬升梯度（对于平飞加速段，扣除平飞加速度）（该要求对应双发飞机）。值得注意的是，障碍物的地理位置是固定的，但参考零点和飞行航迹随起飞重量、环境温度和风及机场标高而变化，使得越障能力的分析变得较为复杂。

如果不满足起飞飞行航迹各阶段的爬升梯度，必须降低起飞重量直至满足。爬升梯度要求限制的起飞重量与环境温度和机场高度有关，一般采用起飞限重图来描述。第二阶段爬升梯度通常是临界要求。

起飞重量必须满足下述限制（实际上包含了有关起飞的所有要求）：

(1) 起飞重量≤起飞结构限重（即最大设计起飞重量）。

(2) 起飞滑跑距离≤跑道长度。

(3) 起飞距离≤跑道长度＋净空道。

(4) 加速-停止距离≤跑道长度＋安全道。

(5) 起飞中各爬升阶段的爬升梯度≥CCAR25 部规定的相应要求（对于双发飞机，第一段为0%，第二段为2.4%，最终段为1.2%）；起飞第二阶段爬升梯度要求常常是临界要求。

(6) 越障高度≥净起飞飞行航迹范围内的所有障碍物的高度。

### 4.3.2 着陆性能

着陆性能分析是根据适航条例关于着陆的技术规定，分析飞机在具体机场进场着陆时，进场爬升和着陆爬升梯度、着陆距离和着陆场地长度对于最大着陆重量的限制，得出飞机在具体机场可达到的最大着陆重量，以及对应实际着陆重量的着陆速度。

(1) 分析进场爬升和着陆爬升对最大着陆重量的限制。由于机场原因或飞机本身发生故障，正在进场着陆的飞机终止着陆并转入爬升过程，即复飞，以便再次着陆。为了确保复飞安全，要求达到一定的爬升梯度，这就会对最大着陆重量产生制约。

单发停车进场复飞爬升梯度要求为：进场襟/缝翼，起落架收上，$1.3V_S$，单发停车，爬升梯度≥2.1%。进场复飞爬升梯度要求限制的着陆重量与环境温度和机场高度有关，一般使用着陆限重图来描述。

全发工作着陆复飞爬升梯度要求为：着陆襟/缝翼，起落架放下，$1.3V_S$，全发工作，爬升梯度≥3.2%。全发工作着陆复飞爬升梯度要求通常不会成为临界要求。

(2) 分析着陆距离和着陆场地长度对最大着陆重量的限制。着陆距离是从机场入口处离地面 50 ft 高度开始，经过直线下滑、接地、减速滑跑到完全停下的距离。考虑到跑道坡度和非标准大气会使着陆距离加长，为了保证着陆安全，试航审定部门要求着陆场地长度应达到着陆距离的 1.67 倍，如图 4-8 所示。如果着陆场地长度达不到要求，就需要通过降低最大着陆重量来减少着陆距离。

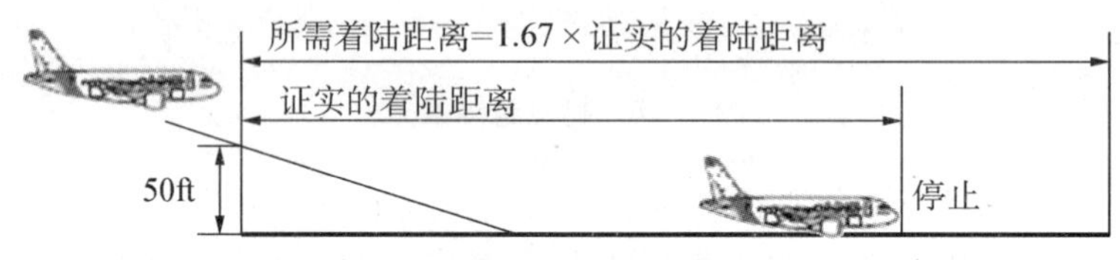


图 4-8 要求的着陆场地长度

着陆场长定义是：飞机以不小于 $1.3V_S$ 的最终进场速度，从高于着陆表面 15 m (50 ft)到飞机接地并完全停止的水平距离为着陆距离。其中，对于涡桨飞机目的地机场着陆需用场长(着陆距离/0.6，即 1.67 倍着陆距离)≤跑道长度；备降机场着陆需用场长(着陆距离/0.7，即 1.43 倍着陆距离)≤跑道长度；对于涡扇飞机则统一使用着陆距离/0.6。着陆时使用飞行/地面慢车推力，环境温度影响较小。湿跑道和污染跑道仍需要分析，湿跑道着陆场长比干跑道增加 15%。

着陆重量必须满足下述限制(实际上包含了有关着陆的所有要求)：

(1) 着陆重量≤着陆结构限重。

(2) 着陆距离/0.6≤目的地机场跑道长度。

(3) 着陆距离/0.7≤备降机场跑道长度。

(4) 着陆重量≤单发停车进场爬升梯度要求(仅涡桨飞机)(2.1%)所限制的着陆重量；由单发停车进场爬升梯度要求所限制的着陆重量常是临界要求。

(5) 着陆重量≤全发工作着陆爬升梯度要求(3.2%)限制的着陆重量。

### 4.3.3 机场环境

机场环境适应性分析主要分析机场道面承载能力和机场海拔高度、地表温度等自然环境对于飞机性能的影响。

为了保证飞机起降重量不超过机场道面承载能力，ICAO 成员国普遍采用 ACN/PCN 分析方法。PCN 值是根据机场道面类型(硬道面或是软道面)、地基强度、轮胎压力和设计寿命等，赋予每条跑道的分类值，反映道面对于无限制操作的承受能力；ACN 值是根据飞机起落装置的表面形状(例如轮子之间的距离及轮子数量)、飞机重量、轮胎压力等，赋予每架飞机的分类值，反映飞机对于规定标准地基道面的冲击力。一般来说，ACN 值小于或等于 PCN 值，飞机才能获准正常使用跑道。如果 ACN 值大于 PCN 值，则需按照 ACN 等于 PCN 来确定道面承载能力限制的起降重量。如果该种机型飞机年度飞行次数不超过机场年度总飞行次数的 5%，则飞机的 ACN 值可以大于 PCN 值，对于刚性道面，ACN 值最大可比 PCN 值大 5%；对于柔性道面，ACN 值最大可比 PCN 值大 10%。刚性道面由混凝土筑成，中国几乎所有民用机场跑道均是刚性道面。非刚性道面有草坪、碎石、沥青等各类道面。低的 ACN 值能够提高飞机的机场适应性，但要求较大的轮胎尺寸，导致飞机阻力和重量的增加。支线机通常要求较低的 ACN 值。在中国，随着航空运输业的发展，机场越修越好，低等级道面机场不多见。在欠发达国家，机场道面 PCN 值是值得注意的。

机场的海拔高度和温度也对飞机性能产生影响。因为飞机的效率是空气密度的函数，空气密度越小，飞机的效率越低。而空气的密度随海拔高度和温度的增加而减少，因此，在高温高海拔机场，飞机起飞时需要更长距离的跑道。在分析飞机对具体机场环境的适应性时，需要按照冬、夏季 85%可靠性温度和压力高度计算飞机起降重量。

当跑道长度限制时，或爬升梯度限制时，或 PCN 值限制时，不是简单地判定为“不满足”，应该确定出满足条件的起飞重量。当着陆重量受限时，同样是要限制起飞重量。

有效载荷＝起飞重量－使用空重，确定了起飞重量，经营者就能确定出载客数或航程能力。

## 4.4 航线适应性

飞机的航线适应性分析是根据运行合格审定关于航路飞行的技术要求，针对具体的航路条件，分析飞机飞行的安全性，并寻求降低油耗、提高商载的有效途径。分析的最终结果，是在符合安全运行要求和提高经济效益的前提下，测算出航线飞行的燃油消耗与商载，为使用飞机的航空公司通过运行资格审定提供支撑数据，也为飞机的经济分析提供依据。

飞机的飞行重量（使用空重＋商载＋载油量）越大，耗油越大，将不利于航程和单发升限，从而影响航线适应性。

### 4.4.1 安全性

(1) 了解具体航线的飞行高度、纬度和温度数据，对照飞机飞行手册有关航路飞行高度、纬度和温度的限制，确认飞机是在符合上述限制条件的航路上飞行。

(2) 合理选择备降机场。飞机飞行中发生意外情况（如目的地机场天气条件恶劣或发生拥堵）时，需要使用备降机场。备用机场过远，增加备份油量，影响商载；备用机场太近，有可能与目的地机场处于同一天气。飞机的航线适应性分析，需要在上述两个方面权衡，确定合适的备降机场。备降场包括三类：起飞备降场、着陆备降场和航路备降场。一般来说，短航程时航路备降场考虑不太多，着陆备降场是商载、航程的重要影响因素。长航程时，尤其是跨洋运行航线，航路备降场将有可能影响航路走向，进而影响商载和航程。飞机备降场一般不是约束条件。

(3) 分析单发停车飘降的要求及其对航线商载的影响。飞行过程中一台发动机停车时,需要下降到一个较低的高度和较小的速度巡航,这一过程称为飘降。飘降需要采用合理的速度以减小下滑角,安全越过航线左右各 25 km 范围内的高山等地形障碍,达到一个安全的平飞高度。运行合格审定文件中规定了飘降的具体技术要求,如果由于航路上的温度、风向与障碍物等使得飞机不能满足这些规定,必须考虑放掉部分燃油和减少商载来减轻飞机重量,以保证飞行安全。单发升限与飞行重量有关。在航线适应性分析中,单发升限所对应的飞行重量准则通常是:飞行重量 = *OEW* + 商载 + 轮挡耗油 + 备份油 − 起飞至 5 000 ft(或初始航高度)耗油。航程一般为典型航段距离。

(4) 分析座舱释压供氧的要求及其对航线商载的影响。一旦高空客舱发生释压,应当立即对旅客供氧,并且飞机应当立即下降到低高度以减小缺氧的影响。此外,对于山区航线,飞机下降过程中应满足航路越障要求即飞机下降过程中应超过航路两侧各 25 km 范围内所有障碍物 600 m(2 000 ft),制定处置方案。要求飞机高空客舱释压后下降飞行剖面不高于供氧剖面。飞机重量、温度、气压高度、飞机速度和风速均影响供氧和下降剖面的制订。

### 4.4.2 油耗

1) 计算航线耗油

如前所述,飞机耗油是航空公司非常关注的性能指标,因为它是航班运营成本的重要组成部分。飞机耗油包括滑行耗油、APU 油耗、起降耗油和航线耗油,其中航线耗油是最主要的部分,如图 4-9 所示。滑行耗油率一般是巡航耗油率的 25%~

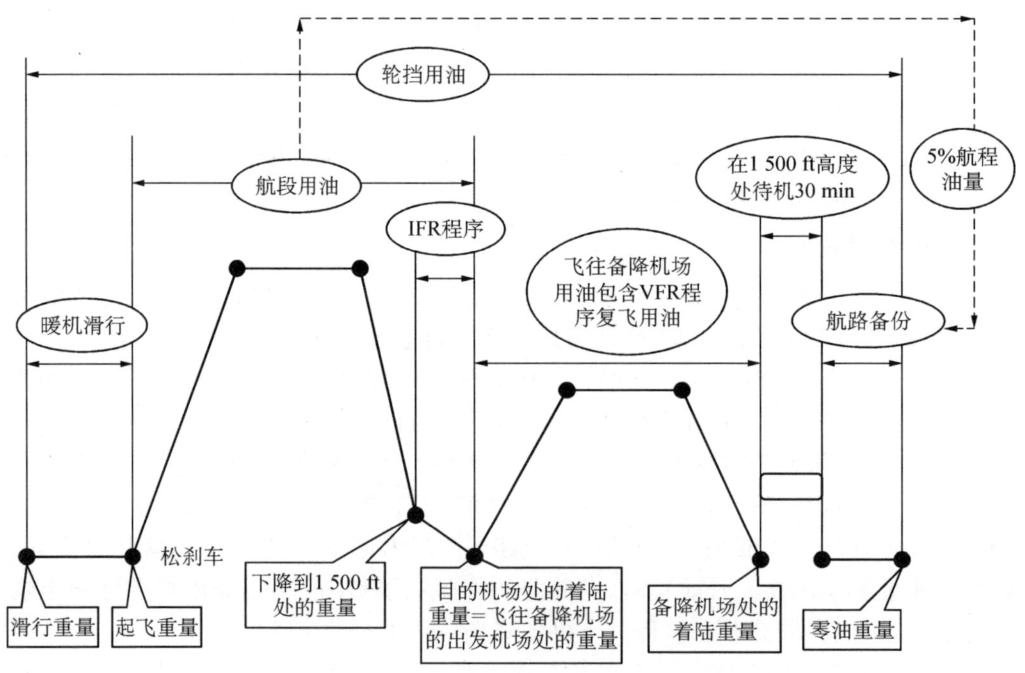


图 4-9 窄体机典型飞行剖面

30%。不同机型地面 APU 耗油率不相同，但一般低于发动机耗油率。航线耗油受到飞机重量、航程、航速、飞行高度、风向和温度等多种因素的影响，分析飞机的航线适应性，重要内容之一就是根据上述因素之间的相互影响关系、具体航路上的风向和温度条件，以及备降机场的位置，选择安全、经济的巡航高度和巡航速度，最终测算出航线飞行的耗油量。实际开航分析时一般通过飞行计划完成分析。

商载的变化对于油耗影响较小，例如波音飞机每增加 1 000 lb 的零油重量(ZFW)轮挡油耗降低 0.2%～0.7%，取决于飞机大小，越是大飞机影响越小。同时，根据国际民航组织的统计每 1 kg 重量带来油耗的影响在 2%～7%之间。这也是飞机运营商边际成本低的一个重要原因。

不同的速度对油耗和航程的影响较大，长航程巡航(long range cruise, LRC)基础上每增加 0.01 马赫，油耗约增加 2%。因此，对于长航程运营时采用 LRC 或成本指数(cost index, CI)运营。

飞行高度对于油耗的影响也较大。顺风时飞得越高越省油，逆风时则需要合理计算当量风选择飞行高度。长航程时采用阶梯巡航方式，即因为耗油后飞行重量降低选择更高的高度层来飞行，以此降低油耗。

不同的飞机构型也会对油耗产生影响，例如襟翼位置、起落架收放、扰流板等。当飞机阻力每增加 1%，轮挡油耗约增加 0.7%～1%。

有时航空公司还会考虑燃油差价，在飞行过程中多带油以获得更高的经济效益。

2) 分析备份油量与二次放行

当航线上发生恶劣天气或拥堵等意外情况导致航班不能正常降落时，飞机会出现绕航、空中等待和备降其他机场的情况。备份油量就是为应对这些特殊情况，超出航线耗油多携带的油量。按照我国适航管理部门的规定，备份油量包括航线时间 10%的油量、由目的地机场飞往备降机场的油量，以及在备降机场上空标准大气温度等待 30 min 的油量。

备份油量是影响飞行安全与经济效益的“双刃剑”，备份油量低，不足以应对恶劣天气等特殊情况，威胁飞行安全；备份油量高，在正常飞行情况下，不仅反复占用飞机起飞和降落重量，影响商载，而且存在“油耗油”的现象，以 B747 飞行时间超过 9 h 为例，每多加 3 t 燃油，飞行中至少多耗 1 t 油。为了解决这一问题，在远程国际航线上需要采用二次放行的方法来减少航路备份油量。

成功实现二次放行的关键是合理选择二次放行点。如图 4-10 描述了二次放行点的重要性：实际飞行计划是从 $A$ 到 $B$，为了在保证安全的前提下减少备份油量，预先选择合适地点 $C$ 作为二次放行点，并在其周边选择 $C_1$ 作为备降机场。航班从 $A$ 点起飞时，航线耗油与备份油量按照 $A$ 至 $C$ 再备降 $C_1$ 考虑。当飞行至 $C$ 点上空时，根据所剩燃油数量多少决定是继续飞到 $B$ 点，还是在 $C$ 点降落，加油后再飞至 $B$ 点。只有当 $C$ 点位置适当时，才能够有效减少备份油量和航线耗油，增加商载。根据经验数据，二次放行点一般在航线距离的 89%处比较适宜。

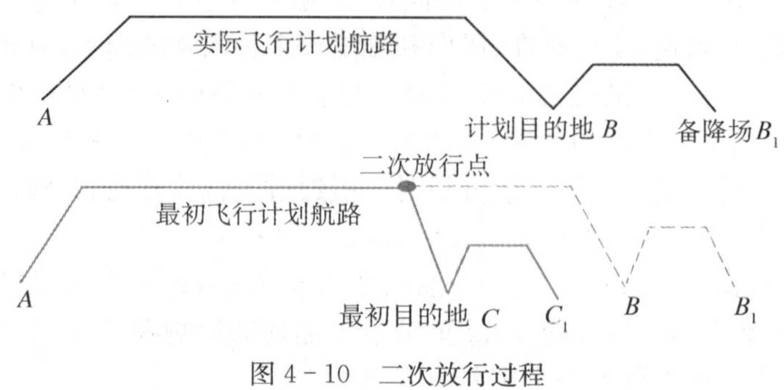

图 4－10　二次放行过程

## 4.5　适应性影响因素

机场和航线适应性分析包括机场和航线适应范围、机场道面承载能力、机场使用等级及保障能力、起飞着陆性能分析、起飞应急程序、航线油量及商载评估、航线安全性分析、ETOPS 以及需考虑的其他因素等，详细内容可参考中国民航制订的 AC－121FS－006《飞机航线运营应进行的飞机性能分析》咨询通告。其中性能分析内容会根据机场和航线的不同产生较大变化，而其他内容在飞机设计完成后变化不大，例如消防等级、飞行区等级等。

另外通过调研可知，航空公司日常运营时，最为关注的性能数据是起降场长和航程商载。

因此，本书重点分析影响机场和航线适应性中的性能分析的影响因素，并更多关注于起飞场长和航程。其关系如图 4－11 所示，通过起飞重量即可计算出商载和航程。

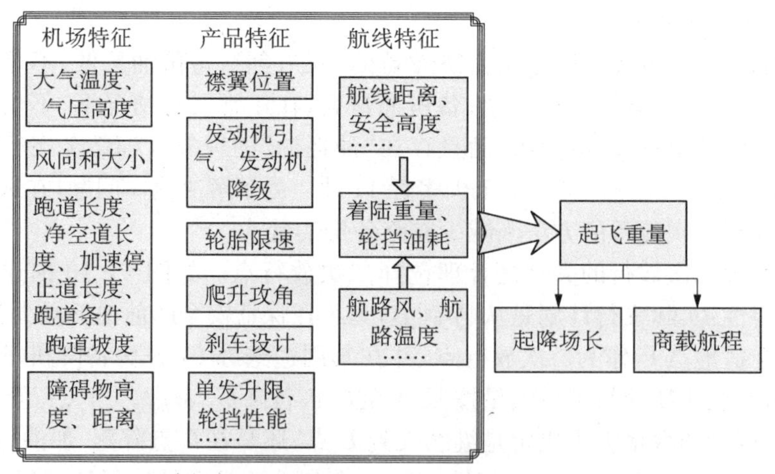

图 4－11　机场和航线适应性输入与输出关系

### 4.5.1 起飞重量

一般来说,影响起飞重量的因素包括:

(1) 大气温度、气压高度。

大气温度上升,大气密度下降,使得升力减小进而降低起飞重量。同时大气密度下降也降低了发动机引气质量,从而降低发动机推力,最终降低起飞重量。反之,则起飞重量可提高。

气压高度上升,大气密度下降,对起飞重量的影响与大气温度相同。

(2) 风向和大小。

顺风使得起飞场长增加,因而限制起飞重量;逆风使得起飞场长减小,进而可增加起飞重量。侧风对起飞重量无影响,仅影响飞机操纵。

(3) 跑道长度、净空道长度、加速停止道长度、跑道条件、跑道坡度。

跑道长度、净空道长度和加速停止道长度越长,起飞重量受限制越小。

跑道条件一般分干跑道、湿跑道和污染跑道等。干跑道起飞重量最优,湿跑道和污染跑道则较差。

上坡使得起飞距离增加,下坡反之,进而影响起飞重量。但对于加速停止距离则不同。

(4) 襟翼位置。

襟翼位置影响升力、阻力和升阻比,进而影响起飞重量。表 4-3 给出了波音某双发飞机不同襟翼位置的升阻比变化样例。襟翼位置增加,升阻比下降。

**表 4-3 波音某双发飞机不同襟翼位置升阻比**

| 襟翼位置 | 1 | 5 | 15 | 20 |
|---|---|---|---|---|
| $\frac{C_D}{C_L}$ | 0.075 | 0.083 | 0.089 | 0.101 |

(5) 障碍物高度、距离。

障碍物高度和距离,影响爬升梯度进而影响起飞速度和起飞重量。

(6) 发动机引气、发动机降级。

发动机引气、发动机降级则影响动力大小,进而影响起飞重量。

(7) 轮胎限速。

轮胎限速影响起飞速度,进而影响起飞重量。

(8) 爬升攻角。

爬升攻角影响飞行速度进而影响起飞重量。同时爬升梯度也会影响起飞重量,全发的爬升梯度如式(4-9)所示。

$$\sin(c\lim bangle) = \left(\frac{thrust}{weight} - \frac{drag}{lift}\right) = \left(\frac{T}{W} - \frac{C_D}{C_L}\right) \tag{4-9}$$

式中：$T$是发动机推力；

$W$是起飞重量；

$C_D$是阻力系数；

$C_L$是升力系数。

单发失效的爬升梯度如式(4-10)所示。

$$\sin(c\lim bangle)=\left(\frac{thrust-windmillingdrag}{weight}-\frac{drag+controldrag}{lift}\right)$$
$$=\left(\frac{T-D_{\mathrm{WM}}}{W}-\frac{C_D+\Delta C_{D_{\mathrm{control}}}}{C_L}\right) \tag{4-10}$$

式中：$D_{\mathrm{WM}}$是风阻力；

$\Delta C_{D_{\mathrm{control}}}$是偏航控制阻力系数。

(9) 着陆重量、轮挡油耗。

着陆重量和轮挡油耗决定起飞重量大小。

(10) 刹车设计。

刹车设计影响刹车能量，进而影响快速过站等来影响起飞重量。

其中，最常见的影响是大气温度和气压高度。

### 4.5.2 全发起飞跑道

通常由于起飞空中段距离相对较短，因此影响全发起飞距离的因素主要考虑的是对地面距离的影响，包括飞机重量、襟翼偏度、机场标高和温度、跑道坡度、风等。

(1) 飞机起飞重量的影响。

飞机的起飞重量越大，起飞滑跑距离越长。由于飞机起飞时受限于擦尾角，因此飞机的离地姿态(迎角)基本保持不变，由式(4-11)可知飞机的起飞重量越大则离地速度$V_{\mathrm{LOF}}$越大，同时飞机的起飞重量越大则地面滑跑时的加速度将减小，因此地面滑跑距离随重量的增大而增加。如式(4-12)所示：

$$W=L=\frac{1}{2}\rho V_{\mathrm{LOF}}^2 SC_{L_{\mathrm{LOF}}} \tag{4-11}$$

式中：$W$是起飞重量；

$L$是升力；

$\rho$是空气密度；

$V_{\mathrm{LOF}}$是离地速度；

$S$是机翼面积；

$C_{\mathrm{LOF}}$是离地升力系数。

$$R_G=\frac{V_{\mathrm{LOF}}^2}{2g(T/W-\mu')}=\frac{W}{g\rho C_{L_{\mathrm{LOF}}}(T/W-\mu')} \tag{4-12}$$

式中：$R_G$是飞机地面滑跑距离；

$g$是重力加速度。

通常 $T/W$ 远大于$\mu'$，其中$\mu'$为换算摩擦系数，$\mu'=\mu+\frac{\rho V^2 S_W}{2W}(C_D-\mu C_L)$，可得

$$\frac{\mathrm{d}R_G}{R_G}=2\frac{\mathrm{d}W}{W} \tag{4-13}$$

式中：$\mu$是跑道摩擦系数；

$S_W$ 是机翼投影面积。

可见起飞重量增加 1%，则地面滑跑距离将增加 2%。

(2) 飞机的起飞襟翼的影响。

飞行员在起飞时需要放一定角度的襟翼，目的在于提高升力系数 $C_{L_{\mathrm{LOF}}}$，从而可以使飞机的离地速度减小，进而可以缩短起飞距离。但是通常对于同一架飞机襟翼偏度大，在增加升力系数的同时其阻力系数会增加得更多，即其升阻比会减小，因此大的起飞襟翼偏度在缩短起飞距离的同时，会使飞机离地后的爬升梯度减小。在确定起飞襟翼时需要根据具体情况选择。

(3) 机场标高和温度的影响。

起飞机场的标高越高、温度越高，则飞机的需用起飞(滑跑)距离越长。机场标高较高和温度较高时，空气的密度将减小，这既会使得发动机的推力降低因而使飞机滑跑的加速度减小，同时又使得相同起飞重量飞机的离地速度增加，因此需用起飞(滑跑)距离会增加。

空气密度减小使升力减小，为增大升力需要增大速度，导致起飞距离增加。

(4) 机场跑道坡度的影响。

跑道坡度 $\varphi$ 通常用跑道两端的落差除以跑道长度的百分比表示。如式(4-14)所示，当飞机下坡起飞滑跑时，重力的分量与速度方向相同，因此飞机的加速度会更大，因此起飞距离会减小；反之上坡起飞则会增加起飞距离。但加速停止距离则不同。

$$R_G=\frac{(V_{\mathrm{LOF}}-V_W)^2}{2g(T/W-\mu'-\varphi)} \tag{4-14}$$

式中：$V_W$ 是风速，顺风取负值，逆风取正值；

$\varphi$是跑道的坡度，当飞机沿坡度向下滑跑时取负值，沿跑道坡度向上滑跑时取正值。

例如，如果坡度为零时的起飞滑跑距离为 8 000 ft，那么坡度 2%使起飞滑跑距离增加 950 ft，坡度−2%使起飞滑跑距离减少 500 ft。一般机型的坡度使用限制范围为±2%。

(5) 风的影响。

飞机起飞地面滑跑距离取决于地速 $V_G$，且 $V_G=V_{CAS}-V_W$ (其中 $V_{CAS}$是用校正

空速表示的表速)，由此可见当保持表速 $V_{CAS}$一定时，逆风滑跑情况下飞机离地的地速小，所以起飞(滑跑)距离比无风或顺风时短，因此飞行起飞方向应尽量选择逆风方向进行。为了保证起飞安全和足够的安全裕度，局方要求在计算地面性能时，要以保守的观点进行风修正，即用逆风分量的 50%或顺风分量的 150%作为修正来计算起飞和着陆性能。手册中的图标都是按照这个要求来制订的。

### 4.5.3 航程

根据燃油里程的定义可知，巡航飞行时合理地选择高度和温度，当燃油里程最大时，则意味着消耗相同的燃油能获得最远的航程。因此影响航程的因素可以归结为影响燃油里程的因素。根据巡航飞行时 $W=L$ 可得巡航速度为 $V=\sqrt{\dfrac{2W}{\rho SC_L}}$，则

$$S_R=\frac{V}{T\cdot C_{TSFC}}=\frac{\alpha_0\sqrt{\theta}}{C_{TSFC}}\cdot\left(M\frac{L}{D}\right)\cdot\frac{1}{W}=\frac{1}{C_{TSFC}}\cdot\sqrt{\frac{2W}{\rho SC_L}}\cdot\frac{1}{T}\cdot\frac{W}{W}$$
$$=\frac{1}{C_{TSFC}}\cdot\sqrt{\frac{2W}{\rho SC_L}}\cdot\frac{1}{T}\cdot\frac{L}{W}$$

(4-15)

再将 $W=L$，$T=D=0.5\rho V^2C_D$，代入上式则得

$$S_R=\sqrt{\frac{2}{S}}\cdot\frac{1}{\sqrt{W}}\cdot\frac{\sqrt{C_L}}{C_D}\cdot\frac{1}{C_{TSFC}}\cdot\frac{1}{\sqrt{\rho}}\qquad(4-16)$$

航程计算公式如下

$$R=\frac{1}{g}\left(\frac{\alpha_0\sqrt{\theta}}{C_{TSFC}}\right)\cdot(MK)\cdot\ln\frac{W_1}{W_2}=\frac{2\sqrt{2}}{g\sqrt{\rho S}}\cdot\frac{1}{C_{TSFC}}\cdot\frac{\sqrt{C_L}}{C_D}\cdot(\sqrt{W_1}-\sqrt{W_2})$$

(4-17)

式中：$C_{TSFC}$是燃油消耗率，是指发动机产生单位推力在单位时间所耗油量；

$Ma$ 是马赫数；

$D$是阻力；

$S_R$ 是比航程，指消耗单位燃油所飞过的水平距离，也成为航程燃油比；

$\alpha_0$ 是标准大气海平面的声速；

$\theta$是巡航高度上的温度比。

由式(4-16)和式(4-17)可知，影响航程的因素包括飞机的重量、速度、高度和发动机的燃油消耗率，在相同条件下，各因素的影响特性如下。

1) 飞机的重量

巡航重量增加，燃油里程会降低，因此航程会减小。

2) 巡航速度

选择与其动力参数($\sqrt{C_L}/C_D$)取最大值时对应的速度(即最大航程 $V_{MRC}$)，此时

的航程最大。

3）巡航高度

巡航高度越高密度($\rho$)越小，燃油里程越大，因此航程越远。

4）燃油消耗率

一般燃油消耗率越小，航程越大。

5）最大航程与航程因子的关系

通过前面的公式，可得

$$WS_R = \alpha_0 \cdot \frac{1}{C_{TSFC}/\sqrt{\theta}} \cdot \left(M\frac{L}{D}\right) = \alpha_0 \cdot \frac{1}{C_{TSFC}/\sqrt{\theta}} \cdot (MK) \qquad (4-18)$$

通常称式(4－18)中的 $WS_R$ 或 $\alpha_0 \cdot \frac{1}{C_{TSFC}/\sqrt{\theta}} \cdot (MK)$ 为航程因子，它是一个综合反映飞机气动效率、发动机特性的参数，特别对于现代大多数民航客机的巡航高度均在平流层，因此温度保持不变($\theta=$ const)、发动机的燃油消耗率也近似为常数，航程因子主要取决于 $MK$(称之为巡航因子)。因此在平流层保持等高巡航时，可以通过寻找与最大的$(MK)_{max}$对应的速度飞行，以获得最大的航程。

6）风对巡航时间和高度的影响

无风巡航时，地速等于真空速；有风巡航时地速等于真空速加风速。当航线距离一定时，顺风省时，逆风费时。

最佳巡航高度是按无风条件确定的。在有风条件下，适当改变巡航高度可以改善巡航性能。风速在不同高度是不同的。当逆风速度随高度的降低而减小或顺风速度随高度的降低而增大时，从风的影响考虑，降低飞行高度有利于增大航程。但偏离最佳巡航高度又会减小航程，所以改变飞行高度是否真的有利于增大航程需要考虑风的影响和偏离最佳巡航高度的影响。波音飞机用风速因子来判断改变飞行高度是否有利于增大航程。

7）大气温度对巡航性能的影响

在一定气压高度保持等马赫数飞行，若气温高于标准气温，一方面气温升高导致声速增大，飞行真空速相应增大；另一方面气温升高使发动机效率降低，飞机真空速增大和发动机效率降低导致发动机耗油率增大。由式(4－15)可知，声速 $\alpha_0$ 增大使航程增大，耗油率 $C_{TSFC}$ 增大使航程减小。气温升高时，由于耗油率 $C_{TSFC}$ 增大的百分数远大于声速 $\alpha_0$ 增大的百分数，所以气温升高使航程减小。

### 4.5.4　升限

绝对升限：当在某一高度飞行时，发动机可能输出的最大功率仅能维持飞机平飞，即爬升率为零时对应的高度。

使用升限：为保障飞机具有足够的机动能力实现安全飞行，通常规定飞机当最大爬升率为某一值(如 100 ft/min)时的高度，称之为使用升限或有效升限。

初始巡航高度：是指飞机以最大起飞重量起飞后立即进行爬升所达到的具备规定机动能力的最高巡航高度。此高度能力是飞机按规定飞行剖面飞行及进行飞行管理(包括航迹管理)所必需的。同时对空中交通繁忙或周围有高山的起飞机场表征了一种生存能力。影响飞机初始高度能力的因素除飞机的升阻特性外，主要取决于飞机的推重比及发动机的高空特性。推力随高度衰减快的发动机(例如涵道比高的发动机)，初始巡航高度能力相对要差。

一发不工作升限：即单发停车巡航高度，是飞机在一台发动机停车后所能达到的且具有规定机动能力的高度。它也是飞机生存能力的一部分，尤其对多山航线。此种高度能力取决于当地的剩余推重比和飞机升阻特性。主要影响如下：

(1) 发动机剩余推重比，剩余推重比越大则单发升限越高。

(2) 飞机升阻特性，升阻比越大则单发升限越高。

在飞机设计已完成的情况下，即发动机推力、飞机特征重量和飞机升阻特性确定的情况下，航空公司运营过程中影响单发升限的主要因素如下：

(1) 飞机重量，与单发升限成反比，重量越高单发升限越低。

(2) 大气温度，与单发升限成反比，大气温度越高单发升限越低。

### 4.5.5 发动机性能

(1) 大气温度对发动机性能的影响。

大气温度下降使空气密度增大，在发动机转速一定时进入压气机的空气就增多，这使驱动压气机所需的功率增大，燃油控制系统会自动增加燃油流量，导致发动机推力增大。当大气温度降低到某个值之后，燃油流量达到最大，燃油控制系统可保持最大供油流量不变，以防止发动机压气机出口压力或压气机增压比超过规定值，因此发动机转速下降；但由于空气密度增加而保持了空气质量流量基本不变，使发动机推力保持基本不变。

图 4-12 所示为大气温度和气压高度对最大起飞推力的影响。在给定的气压高度上，当大气温度低于基准温度($T_{ref}$)时，发动机推力不随温度变化；当大气温度

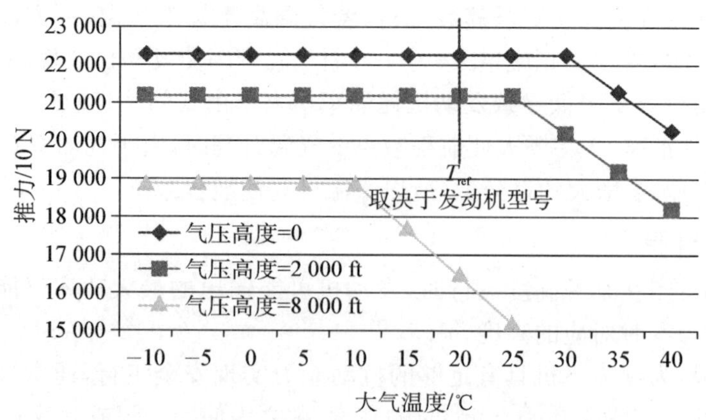


图 4-12　发动机推力与大气温度和气压高度的关系

高于基准温度时，发动机的推力受到排气温度(EGT)的限制，推力随大气温度的上升而减小。

(2) 飞行高度对发动机性能的影响。

随飞行高度的增加，空气密度减小，在发动机转速一定时，进入发动机的空气质量流量减小，燃油控制系统自动调节供油流量使之与空气质量流量相匹配，燃油流量的减小导致发动机推力减小。从图 4-12 可看出，在给定的大气温度下，气压高度的增加导致可用推力降低。由于发动机推力和燃油流量都随着飞行高度的增大而减小，所以发动机单位推力耗油率几乎不随高度变化。

(3) 大气湿度对发动机性能的影响。

一般进行性能分析时假设空气是完全干燥的。实际上，它从来不是完全干燥的。在大气中悬浮的少量水蒸气在某些情况下几乎可以忽略不计，但是在其他情况下，湿度可能变成飞机性能的一个重要因素。水蒸气比空气轻，进而，潮湿的空气比干燥的空气轻。因此，空气中的水分增加时，空气密度会降低，降低了性能。

湿度，也称为“相对湿度”，是指大气中的水蒸气含量，用空气可以包含的最多水蒸气的百分比来表示。这个含量随着温度而变化，暖空气可以含有更多的水蒸气，而冷空气包含的更少。完全干燥的空气不包含水蒸气，其相对湿度为 0%，而饱和的空气则不能再吸收更多的水蒸气，其相对湿度为 100%。在计算密度高度和飞机性能时，单独的湿度不被看作一个重要因素；然而，它确实有影响。

温度越高，空气就可以含有更多的水蒸气。当比较两个独立的空气团时，第一个是温暖且潮湿的(这两个属性都使空气趋向变轻)，第二个空气团冷且干燥(两个属性让它变得更重)，第一个空气团必定没有第二个稠密。压力，温度和湿度对飞机性能有很大影响，因为它们对密度有影响。没有简单规则或者图标来计算湿度对密度高度的影响，因此可以这样考虑，高湿度条件下总体性能会预期下降。

另外，大气湿度增加同样会减少大气中空气所含质量，进而影响发动机引起量，从而降低发动机推力。因此，一般需要考虑对发动机推力进行修正。

在机场和航线适应性的分析中，其主要环境输入包括机场标高、大气温度、跑道坡度、机场近场障碍物、航线距离(含走向)、航路障碍物和风等，其主要输出包括机场起降性能、航路安全性、商载和油耗等。这些输入条件均对结果产生不同影响，相比较而言大气温度、机场标高、风、近场障碍物等影响更为显著。航空公司更关注起飞重量，飞机设计则关注起飞场长，但实际关注问题是相同的，只是从不同角度来看。

## 4.6 性能分析成果案例

飞机性能分析的成果，是得到不同机型在具体航线上的结构商载(也称最大商载)、航程、燃油消耗等主要性能指标，为航空公司合理选择机型提供参考。图 4-13 是波音公司在考虑了中国国际航空公司关于货邮集装设备重量、航线 10%备份油量及二次放行等航线运营规则的基础上，得出的 B787 和 A330 的商载航程图。表 4－4 是 B787 和 A330 在国航主要国际航线上的结构商载对比分析。图表中的数据表明，在 7000 km 以下的航线上，A330 的商载大于 B787；在 8000 km（约飞行 10 h）以上的航线上，B787 的商载大于 A330，而且 B787 的货运能力较 A330 强。

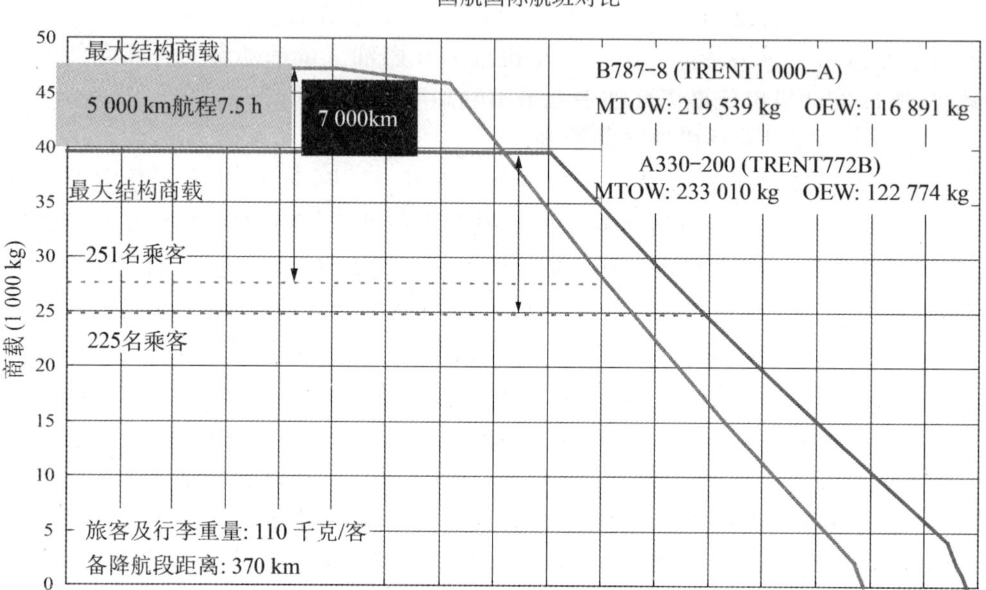


图 4－13　国际航线上 B787 和 A330 的比较

**表 4－4　国际航线上 B787 和 A330 的结构商载比较**

| 航线 | B787－PAX | A330－PAX | B787－CARGO | A330－CARGO |
|---|---|---|---|---|
| SVO—PEK | 225 | 251 | 12866 | 12639 |
| PEK—SVO | 225 | 251 | 12866 | 12638 |
| WAW—PEK | 225 | 251 | 12866 | 12640 |
| PEK—WAW | 225 | 251 | 12866 | 12639 |
| ZRH—PEK | 225 | 251 | 12866 | 10059 |
| FRA—PEK | 225 | 251 | 12866 | 9470 |
| FCO—PEK | 225 | 251 | 12866 | 9611 |
| PEK—FRA | 225 | 251 | 12866 | 9265 |
| CDG—PEK | 225 | 251 | 12866 | 7035 |
| PEK—ZRH | 225 | 251 | 12866 | 7825 |
| LHR—PEK | 225 | 251 | 12866 | 6519 |

(续表)

| 航线 | B787 - PAX | A330 - PAX | B787 - CARGO | A330 - CARGO |
|---|---|---|---|---|
| PEK—LHR | 225 | 251 | 12866 | 7050 |
| PEK—CDG | 225 | 251 | 12865 | 6988 |
| PEK—FCO | 225 | 251 | 12866 | 6205 |
| FRA—PVG | 225 | 251 | 12866 | 6955 |
| CDG—PVG | 225 | 251 | 12866 | 4684 |
| MAD—PEK | 225 | 251 | 11078 | 2172 |
| PVG—FRA | 225 | 251 | 10711 | 1730 |
| MXP—PVG | 225 | 251 | 11883 | 3107 |
| PEK—SYD | 225 | 250 | 9205 | 0 |
| SYD—PEK | 225 | 247 | 8785 | 0 |
| PEK—MAD | 225 | 247 | 8900 | 0 |
| PVG—CDG | 225 | 244 | 8546 | 0 |
| PVG—MXP | 225 | 229 | 7136 | 0 |

## 4.7 航空公司开航性能分析

机场航线适应性分析的相关规章和依据文件主要有：

(1) CCAR - 121FS 部《公共航空运输承运人运行合格审定规则》的 E 分部对航路批准的基本要求的具体规定。

(2) CCAR - 121FS 部《公共航空运输承运人运行合格审定规则》的 I 分部“飞机性能使用限制”对飞机在机场和航线运行的使用性能要求的更具体的规定。

(3)《航空承运人的运行规范》B 分部“航路批准、限制和程序”中对飞机性能使用限制的规定。

在上述文件的基础上，中国民航制订了 AC - 121FS - 006《飞机航线运营应进行的飞机性能分析》咨询通告，为飞机的性能分析提供指导。

### 4.7.1 机场

(1) 机场标高检查：起飞机场的标高不得超过该机型飞行手册规定的起降机场气压高度的最大值。

(2) 跑道坡度检查：跑道坡度不得超出飞行手册对跑道坡度的限制。

(3) 温度限制检查：起飞机场的大气温度不得超出飞机环境包线的限制。

(4) 纬度限制检查：起飞机场的纬度不得高于飞机飞行手册规定的最大纬度值。

(5) 跑道滑行道联络道道面强度检查：飞机的最大使用重量应该小于机场道面强度限制的重量。

(6) 跑道、滑行道、联络道及其道肩宽度检查。如无滑行道,飞机应能在回转坪转弯。

(7) 机场的保障能力检查:航空燃油型号、加油车、客梯车(或廊桥)集装箱装卸车、平台车、拖车、给排水、垃圾处理、维修能力消防、救护、电源车、气源车、空调车及保障车辆的接口、插头(寒冷地区机场,机场的扫雪除、冰能力及对飞机的防冰、除冰能力)应满足使用要求。

(8) 对飞机噪声等级的特殊要求检查:机场是否有噪声等级限制如有限制飞机应满足要求。

(9) 起飞分析检查:场地长度、爬升、轮胎速度、刹车能量、越障能力、地面及空中最小操纵速度($V_{mcg}$, $V_{mca}$)、结构强度和最低离地速度($V_{mu}$)。

(10) 着陆分析计算的着陆重量应考虑下列因素:场地长度进近爬升和着陆爬升、结构强度限制等。

(11) 单向着陆机场检查:如飞机的单发性能达不到程序要求的复飞梯度可能需要制定合适的一发失效的 DA/DH 或 MDA/MDH。

备降机场适应性检查同上。

### 4.7.2 航线

(1) 适应性。

a. 飞行高度检查:飞机航路飞行的最大高度不得高于飞机飞行手册规定的最大值。

b. 纬度限制检查:航线的纬度不得高于飞机飞行手册规定的最大纬度值。

c. 航线油量检查:一般分冬夏两季评估。要考虑如下因素:最大允许起飞重量、着陆重量、机场冬夏季 85%可靠性气温飞机所飞航线距离、巡航高度、备降场情况、85%可靠性风(地面风一般取 0)等。

d. 备降机场检查:备降机场的选择必须满足该机型的起降性、能保障能力的要求,同时也要考虑目的地机场与备降机场的距离及天气情况,尽量避免目的地机场与备降机场处于同一天气系统。

(2) 安全性。

a. 飘降分析:根据航路上地形和障碍物的标高以及飞机飞到某点的实际重量,以航路 85%可靠性温度确定飞机飘降的净改平高度,航路 85%可靠性风检查飞机是否能以规定的余度超越地形或障碍物。如存在飘降问题,则需地形图。

b. 供氧与紧急下降:飞机在巡航高度飞行遇到飞机释压时,应满足供氧的要求。

c. 检查是否满足水上飞行的要求。

d. 检查是否对老龄飞机进行了性能监控(对于油耗明显增大的飞机需重新核定燃油政策和油量标准)。

e. 是否考虑燃油差价。

其他特殊要求(航线要求具备 RVSM 能力、区域导航 RNAV 能力、RNP 限制；增加/改装特殊设备等)。综合考虑如表 4-5 所示。

**表 4-5　机场和航线适应性分析内容**

<table>
<tr><th colspan="3">机场航线适应性分析内容</th></tr>
<tr><td rowspan="5">机场和航线适应范围</td><td colspan="2">机场高度限制</td></tr>
<tr><td colspan="2">跑道坡度</td></tr>
<tr><td colspan="2">飞行高度限制</td></tr>
<tr><td colspan="2">温度限制</td></tr>
<tr><td colspan="2">纬度限制</td></tr>
<tr><td>机场道面承载能力</td><td colspan="2">起飞机场、起飞备降场、航路备降场、目的地机场、目的地备降场跑道/滑行道、停机坪的长、宽、坡度、道面等级号(PCN 值)等</td></tr>
<tr><td rowspan="3">机场使用等级及保障能力</td><td colspan="2">所用各机场的跑道、滑行道、联络道及道肩的宽度</td></tr>
<tr><td colspan="2">机场的使用等级</td></tr>
<tr><td colspan="2">机场有无对飞机噪声等级等的特殊要求</td></tr>
<tr><td rowspan="14">起飞着陆性能分析</td><td rowspan="10">起飞性能分析</td><td>场地限制</td></tr>
<tr><td>起飞一阶段爬升梯度</td></tr>
<tr><td>起飞二阶段爬升梯度</td></tr>
<tr><td>最后起飞阶段爬升梯度</td></tr>
<tr><td>轮胎速度限制</td></tr>
<tr><td>刹车能量限制</td></tr>
<tr><td>越障能力限制</td></tr>
<tr><td>$V_{mcg}$，$V_{mca}$ 限制</td></tr>
<tr><td>结构强度限制</td></tr>
<tr><td>最低离地速度限制</td></tr>
<tr><td rowspan="4">着陆重量计算</td><td>跑道长度限制</td></tr>
<tr><td>进近爬升、着陆爬升梯度限制</td></tr>
<tr><td>飞机结构强度限制</td></tr>
<tr><td>PCN</td></tr>
</table>

（续表）

| 机场航线适应性分析内容 | |
|---|---|
| 起飞应急程序 | |
| 航线油量及商载评估 | 航线油量 |
| | 备降场选择 |
| | 起飞商载分析 |
| | 无加油能力机场分析 |
| | 二次放行分析 |
| 航线安全性分析 | 飘降分析 |
| | 供氧分析 |
| | 紧急下降分析 |
| ETOPS | |
| 需考虑的其他因素 | 交通管制 |
| | 老龄化飞机性能监控 |
| | 水上飞行要求 |
| | 高原机场过站时间等 |
| | 特殊航线导航能力 |
| | 特殊航线改装要求 |
| | 燃油差价 |
| | 国际航线特殊要求 |

### 4.7.3 样例

航空公司开航性能分析样例如下：

1）概述

| 机型/单发额定推力：<br>A319－115/27KLBS | 航线：成都—兰州 |
|---|---|
| 起飞机场：成都 | 着陆机场：兰州 |
| 成都机场，备降机场选择重庆、贵阳、绵阳<br>兰州机场，备降机场选择银川、格尔木、西安、成都、西宁<br>本次需要分析的机场：重庆、贵阳、绵阳、银川、西安、成都、西宁、兰州前面已经分析过了，本次只分析格尔木 | |

2）起飞机场、着陆机场适应性

<table>
<tr><th colspan="3">起飞着陆机场适应性</th></tr>
<tr><td colspan="3">资料来源:《NAIP》格尔木机场</td></tr>
<tr><td>使用跑道号:ZLGN 09/27</td><td colspan="2">符合性检查及说明</td></tr>
<tr><td rowspan="2">机场标高检查(单位:m):<br>着陆机场的标高不得超过该机型飞行手册规定的起降机场气压高度的最大值。<br>机场标高:2841.5 m</td><td>公司认为符合要求 ☑<br>公司认为不符合要求 □<br>机型限制:<br>飞机起飞/着陆气压高度:−2000～14500 ft</td><td rowspan="2">局方审查:<br>符合要求 □<br>不符合要求□<br>备注:</td></tr>
<tr><td>备注:</td></tr>
<tr><td rowspan="2">跑道坡度检查(单位:°):<br>跑道坡度不得超出飞行手册对跑道坡度的限制。<br>跑道坡度:±0.04%</td><td>公司认为符合要求 ☑<br>公司认为不符合要求 □<br>机型限制:±2%</td><td rowspan="2">局方审查:<br>符合要求 □<br>不符合要求□</td></tr>
<tr><td>备注:</td></tr>
<tr><td rowspan="2">温度限制检查(单位:℃):<br>着陆机场的大气温度不得超出飞机环境包线的限制。<br>机场温度范围:NAIP 提供的参考温度为(−14.5℃～25.9℃)</td><td>公司认为符合要求 ☑<br>公司认为不符合要求 □<br>机型限制:起降温度范围(典型情况下:海平面 0 m)<br>MSN:4766 −45℃～55℃</td><td rowspan="2">局方审查:<br>符合要求 □<br>不符合要求□<br>备注:</td></tr>
<tr><td>备注:</td></tr>
<tr><td rowspan="2">纬度限制检查(单位:°):<br>着陆机场的纬度不得高于飞机飞行手册规定的最大纬度值。<br>机场纬度:N362400<br>E0944711</td><td>公司认为符合要求 ☑<br>公司认为不符合要求 □<br>机型限制:<br>IRS 地面校准可一直到纬度 82°<br>在 NAV 方式下,以下情况 IRS 不提供有效的磁航向:<br>• 北纬 82°以北<br>• 西经 90°和 120°之间的北纬 73°以北(磁极地区)<br>• 南纬 60°以南<br>禁止在上述限制以外飞行</td><td rowspan="2">局方审查:<br>符合要求 □<br>不符合要求□<br>备注:</td></tr>
<tr><td>备注:</td></tr>
</table>

（续表）

| | | |
|---|---|---|
| 跑道、滑行道、联络道道面强度检查：<br>飞机的最大使用重量应该小于机场道面强度限制的重量。<br>跑道强度：<br>48/R/B/W/T<br>滑行道强度：<br>PCN 48/R/B/W/T<br>停机坪强度：<br>PCN 48/R/B/W/T | 公司认为符合要求 ☑<br>公司认为不符合要求 □<br>机型数据：<br>刚性道面/土基强度：中强度 B<br>A319－115：ACN：41（按在该机场的最大起飞重量 70000 kg）<br>备注：<br>1. 跑道强度限制的最大重量：无限制<br>2. 如满足年度总飞行次数限制，刚性道面可增大 5%（柔性道面增大 10%）所允许的最大重量：<br>3. 不可使用的滑行道、联络道编号：无 | 局方审查：<br>符合要求 □<br>不符合要求□<br>备注： |
| 跑道、滑行道、联络道及其道肩宽度检查（单位：m）；如无滑行道，飞机应能在回转坪转弯。<br>跑道宽度：50 m<br>滑行道宽度：3 号、8 号宽 23 m | 公司认为符合要求 ☑<br>公司认为不符合要求 □<br>机型要求：<br>滑行转弯宽度：A319－115/22.86 m<br>主轮距：A319－115 7.59 m<br>备注： | 局方审查：<br>符合要求 □<br>不符合要求□<br>备注： |
| 机场的保障能力检查：<br>航空燃油型号、加油车、客梯车（或廊桥）、集装箱装卸车、平台车、拖车、给排水、垃圾处理、维修能力、消防、救护，电源车、气源车、空调车及保障车辆的接口、插头（寒冷地区机场，机场的扫雪、除冰能力及对飞机的防冰、除冰能力）应满足使用要求 | 公司认为符合要求 ☑<br>公司认为不符合要求 □<br>（请在下面备注中说明）<br>备注： | 局方审查：<br>符合要求 □<br>不符合要求□<br>备注： |
| 对飞机噪声等级的特殊要求<br>机场是否有噪声等级限制，如有限制，飞机应满足要求。<br>机场要求：没有对该机型的限制 | 公司认为符合要求 ☑<br>公司认为不符合要求 □<br>（请在下面备注中说明）<br>备注： | 局方审查：<br>符合要求 □<br>不符合要求□<br>备注： |
| 起飞分析检查：<br>计算的起飞重量应考虑下列因素：场地长度、爬升、轮胎速度、刹车能量、越障能力、地面及空中最小操作速度（$V_{mcg}$，$V_{mca}$）、结构强度和最低离地速度（$V_{mu}$） | 公司已经考虑 ☑<br>公司没有考虑 □<br>（请在下面备注中说明）<br>备注：<br>使用资料或软件：空客 PEP 性能软件 4.5.0 | 局方审查：<br>符合要求 □<br>不符合要求□<br>备注： |

(续表)

| | | |
|---|---|---|
| 起飞应急程序检查：<br>该机场是否需要制作起飞一发失效应急程序。如需要，应为该机型制作相应的程序 | 公司认为不需要制作 ☑<br>公司认为需要制作 □<br>（请在下面备注中说明）<br>备注：<br>1. 已经制作并获得批准； □<br>2. 未制作，但限制起飞重量 □ | 局方审查：<br>符合要求 □<br>不符合要求□<br>备注： |
| 着陆分析：<br>计算的着陆重量应考虑下列因素：场地长度、进近爬升和着陆爬升、结构强度限制等 | 公司已经考虑 ☑<br>公司没有考虑 □<br>（请在下面备注中说明）<br>备注：已制作着陆分析表 | 局方审查：<br>符合要求 □<br>不符合要求□<br>备注： |
| 单向着陆机场检查：<br>如飞机的单发性能达不到程序要求的复飞梯度，可能需要制定合适的一发失效的 DA/DH 或 MDA/MDH | 公司认为不需要考虑 ☑<br>公司认为需要考虑 □<br>（请在下面备注中说明）<br>备注：<br>1. 已经提高标准并获得批准； □<br>2. 未提高，但限制着陆重量。 □ | 局方审查：<br>符合要求 □<br>不符合要求□<br>备注： |
| 备注：<br>应将着陆重量表作为附件附在文件后。该分析表应至少包含跑道长度等飞机性能计算所使用的机场数据。<br>如需制定合适的一发失效的 DA/DH 或 MDA/MDH，应单独报批。可将批准的文件作为附件附在后面。 | | |

3）航线适应性、安全性

| 航线适应性 | | |
|---|---|---|
| 资料来源：《NAIP》《JEPPESEN》 | | |
| 航线大致走向：<br>ZUUU—ZLLL：ZUUU CTU W527 JTG B330 XIXAN H14 ZGC ZLLL<br>总距离 382 n mile/708 km，高度 98(104/92)，最低安全高度 5 230 m。<br>ZLLL—ZUUU：ZLLL ZGC H14 XIXAN B330 WFX W528 ZW ZUUU<br>总距离 400 n mile/ 741 km，高度 101(107/95)，最低安全高度 5 230 m。 | | |
| 公司航路代号：ZUUU＝ZLLL | 符合性检查及说明 | |
| 飞行高度检查(单位：m)：<br>飞机航路飞行的最大高度不得高于飞机飞行手册规定的最大值。 | 公司认为符合要求 ☑<br>公司认为不符合要求 □<br>机型限制：39 800 m<br>（请在下面备注中说明） | 局方审查：<br>符合要求 □<br>不符合要求□ |

（续表）

<table>
<tr><td>申请高度：10700 m</td><td>备注：<br>符合《一号规定》的要求</td><td>备注：</td></tr>
<tr><td rowspan="2">纬度限制检查：<br>航线的纬度不得高于飞机飞行手册规定的最大纬度值。<br>申请航线的纬度范围：<br>N3034.7—N3630.9</td><td>公司认为符合要求 ☑<br>公司认为不符合要求 □<br>机型限制：<br>IRS 地面校准可一直到纬度 82°<br>在 NAV 方式下，以下情况 IRS 不提供有效的磁航向：<br>· 北纬 82°以北<br>· 西经 90°和 120°之间的北纬 73°以北（磁极地区）<br>· 南纬 60°以南<br>禁止在上述限制以外飞行</td><td rowspan="2">局方审查：<br>符合要求 □<br>不符合要求□<br>备注：</td></tr>
<tr><td>备注：</td></tr>
<tr><td rowspan="2">航线油量检查：<br>一般分冬夏两季评估。要考虑如下因素：最大允许起飞重量、着陆重量、机场冬夏季 85%可靠性气温、飞机所飞航线距离、巡航高度、备降场情况、85%可靠性风（地面风一般取 0）等</td><td>公司已经全面考虑 ☑<br>公司没有全面考虑 □<br>（请在下面备注中说明）</td><td rowspan="2">局方审查：<br>符合要求 □<br>不符合要求□<br>备注：</td></tr>
<tr><td>备注：<br>1. 使用已批准方式做计算机飞行计划 ☑<br>2. 使用估算平均温度、航线风 □<br>3. 其他说明</td></tr>
<tr><td rowspan="2">备降机场检查：<br>备降机场的选择必须满足该机型的起降性能、保障能力的要求，同时也要考虑目的地机场与备降机场的距离及天气情况，尽量避免目的地机场与备降机场处于同一天气系统</td><td>公司已经全面考虑 ☑<br>公司没有全面考虑 □<br>（请在下面备注中说明）</td><td rowspan="2">局方审查：<br>符合要求 □<br>不符合要求□<br>备注：</td></tr>
<tr><td>备注：</td></tr>
<tr><td colspan="3">备注：请将飞行计划或航线分析表作为附件附在后面，至少应包括以下内容：航线距离、巡航高度、航路风、温度、巡航方式、起飞油量、航程油量、航程时间、备降机场名称、备份燃油、计算的参考业载、参考的起飞重量或着陆重量。特别要注意为无加油能力的机场携带燃油</td></tr>
</table>

<table>
<tr><td colspan="4">航线的安全性</td></tr>
<tr><td>飘降分析<br>根据航路上地形和障碍</td><td>公司认为存在飘降□</td><td>公司认为不存在飘降☑</td><td>局方审查：</td></tr>
</table>

（续表）

| | | | |
|---|---|---|---|
| 物的标高以及飞机飞到某点的实际重量，以航路85%可靠性温度确定飞机飘降的净改平高度，航路85%可靠性风检查飞机是否能以规定的余度超越地形或障碍物。如存在飘降问题，则需地图作业，确定决断点 | 1. 申请较高高度飞行 □<br>2. 航路偏航 □<br>3. 减少飞机的起飞重量 □<br>注： | 典型条件下，A319单发升限大于6500m，机型单发升限均高于航线最低安全高度5230m | 符合要求 □<br>不符合要求□<br>备注： |
| 供氧与紧急下降<br>飞机在巡航高度飞行遇到飞机释压时，应满足供氧的要求。详见《民机运行的仪表和设备要求》(AR93001R2) | 公司认为需要考虑☑<br>1. 需计算供氧时间 □<br>2. 增加供氧设备 □<br>3. 偏航 □<br>4. 改航 □<br>5. 选择航路备降场 □<br>注： | 公司认为不需要考虑 □<br>航线最低安全高度是5 230 m，低于4600m，本公司飞机上的氧气瓶发生满足要求 | 局方审查：<br>符合要求 □<br>不符合要求□<br>备注： |

需考虑的其他因素

| | | |
|---|---|---|
| 是否满足水上飞行的要求？<br>（参见AR93001R2第5.24、5.25节，满足应急救生设备的要求） | 公司认为符合要求 ☑<br>公司认为不符合要求 □<br>（请在下面备注中说明）<br>备注： | 局方审查：<br>符合要求 □<br>不符合要求□<br>备注： |
| 是否对老龄飞机进行了性能监控？<br>（对于油耗明显增大的飞机需重新核定燃油政策和油量标准）<br>飞机使用年限： | 公司认为非老龄飞机 ☑<br>公司认为老龄飞机参取得了措施 □<br>（请在下面备注中说明）<br>备注：<br>2011年新购3架新飞机分别于2011年7月、8月、9月开始营运 | 局方审查：<br>符合要求 □<br>不符合要求□<br>备注： |
| 其他特殊要求<br>（航线要求具备RVSM能力、区域导航RNAV能力、RNP限制；增加/改装特殊设备等） | 公司认为符合要求 ☑<br>公司认为不符合要求 □<br>（请在下面备注中说明）<br>备注： | 局方审查：<br>符合要求 □<br>不符合要求□<br>备注： |

备注：

填写说明：选择项用“√”在□内填写，例：☑。采取措施和说明项内容太多，可另加附页单独明。

4）机场保障能力检查

格尔木/ZLGN。

| 保障内容 | 符合要求内容 | |
|---|---|---|
| 航空燃油型号 | 符合要求√ | 不符合要求□(备注说明) |
| | 备注：<br>签字： | |
| 加油车 | 符合要求√ | 不符合要求□(备注说明) |
| | 备注：<br>签字： | |
| 客梯车(或廊桥) | 符合要求√ | 不符合要求□(备注说明) |
| | 备注：<br>签字： | |
| 集装箱装卸车 | 符合要求√ | 不符合要求□(备注说明) |
| | 备注：<br>签字： | |
| 平台车 | 符合要求√ | 不符合要求□(备注说明) |
| | 备注：<br>签字： | |
| 拖车 | 符合要求√ | 不符合要求□(备注说明) |
| | 备注：<br>签字： | |
| 给排水 | 符合要求√ | 不符合要求□(备注说明) |
| | 备注：<br>签字： | |
| 垃圾处理 | 符合要求√ | 不符合要求□(备注说明) |
| | 备注：<br>签字： | |
| 消防 | 符合要求√ | 不符合要求□(备注说明) |
| | 备注：<br>签字： | |
| 维修能力 | 符合要求√ | 不符合要求□(备注说明) |
| | 备注：<br>签字： | |

（续表）

| 保障内容 | 符合要求内容 | |
|---|---|---|
| 救护 | 符合要求√ | 不符合要求□(备注说明) |
| | 备注： | 签字： |
| 电源车 | 符合要求√ | 不符合要求□(备注说明) |
| | 备注： | 签字： |
| 气源车 | 符合要求√ | 不符合要求□(备注说明) |
| | 备注： | 签字： |
| 空调车 | 符合要求√ | 不符合要求□(备注说明) |
| | 备注： | 签字： |
| 保障车辆的接口 | 符合要求√ | 不符合要求□(备注说明) |
| | 备注： | 签字： |
| 扫雪能力 | 符合要求√ | 不符合要求□(备注说明) |
| | 备注：无扫雪 | 签字： |
| 防冰/除冰能力 | 符合要求√ | 不符合要求□(备注说明) |
| | 备注： | 签字： |
| 插头 | 符合要求√ | 不符合要求□(备注说明) |
| | 备注： | 签字： |
| 其他 | 符合要求√ | 不符合要求□(备注说明) |
| | 备注： | 签字： |

## 4.8 飞行计划

飞行计划最基本的内容是针对每一航班算出允许的最大商载、轮挡油量、备份油量、起飞总油量、轮挡时间等各项数据，详细的飞行计划还应算出到达各航路点的时间，所消耗油量（或剩余油量），在各航路点的速度，航向等。

为了安全有效地使用飞机并得到更高的经济性效益，应该事先做出飞行计划，这样可以避免多加不必要的油量和因此造成的减载。在空中交通管制允许的情况下，做飞行计划时可以选择合适的巡航高度，对较长航线可以采用阶梯巡航来充分发挥飞机的性能，以减少燃油消耗，提高经济效益。由于各机场的油价可能不同，做飞行计划时可以考虑如何最好地利用这种差价来节省燃油费用。在知道成本指数的情况下可以做最小成本飞行计划，有效地减少航班成本。

做飞行计划之前应先做机场分析，算出在起飞机场的最大允许起飞重量、目标机场和备降场的最大允许着陆重量。还要知道航线的情况（航程、各航路点的位置、航段的距离、航向等）和航路的气象情况（航路上的风向、风速及气温）。飞行计划中计算油量的方法应该符合条例中的规定及公司的燃油政策。

### 4.8.1　基本模型

根据 CCAR121R4 版与航空公司实际运行要求，飞行计划计算模型，如图 4－14 所示。

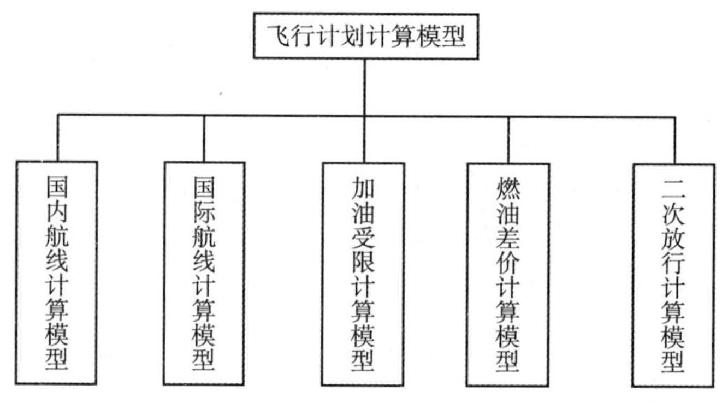


图 4－14　飞行计划计算模型

1）国内航线计算模型

根据 CCAR121R4 版第 121.657 条国内定期载客运行的燃油量要求，结合飞机性能数据优化处理模型中的起飞、爬升、巡航、下降、等待和进近着陆等计算，如图 4－15所示，国内航线飞行剖面计算起飞油量及计算航路各点经纬度、速度、航向、剩余油量等状态参数。

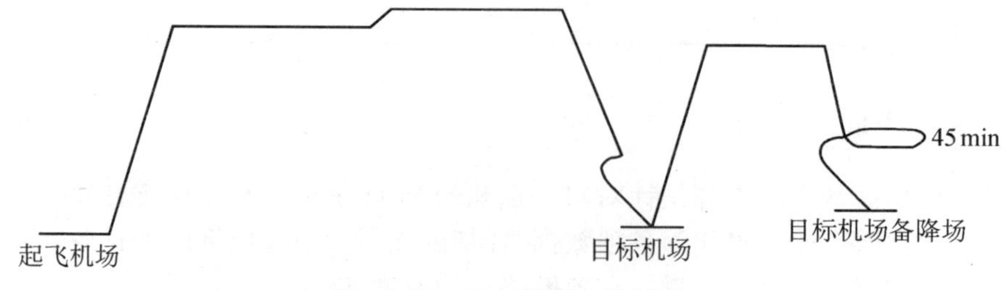


图 4－15　国内航线飞行剖面

2）国际航线计算模型

根据 CCAR121 R4 版第 121.661 条除涡轮螺旋桨发动机飞机之外的涡轮发动机飞机国际定期载客运行的燃油量要求，结合飞机性能数据优化处理模型中的起飞、爬升、巡航、下降、等待和进近着陆等计算，如图 4－16 所示，除涡轮螺旋桨发动机飞机之外的涡轮发动机飞机国际航线飞行剖面计算起飞油量及计算航路各点经纬度、速度、航向、剩余油量等状态参数。

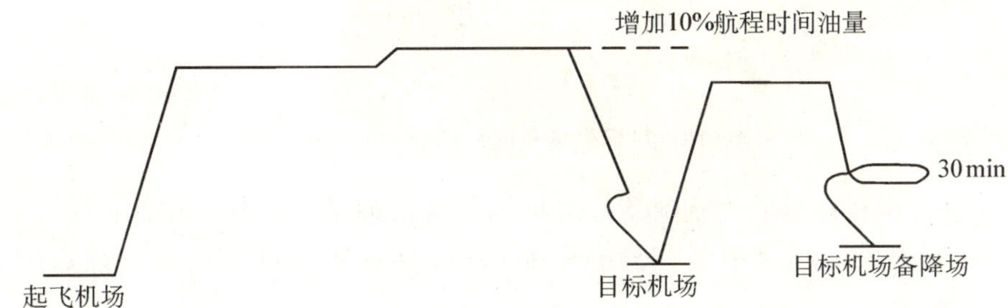


图 4－16　除涡轮螺旋桨发动机飞机之外的涡轮发动机飞机国际航线飞行剖面

3）加油受限计算模型

（1）目标机场不能加油的飞行计划。

在我国国内个别机场如西藏部分机场由于特殊原因在一些情况下，不能为飞机加油，飞到这样机场去的飞机必须带上回程所所需的油量，如图 4－17 所示，目标机场不能加油的飞行剖面。在此极端条件下通过最优化模型算法确定最低起飞加油量，并计算航路各航路点与位置关键点的状态参数和商载限制。

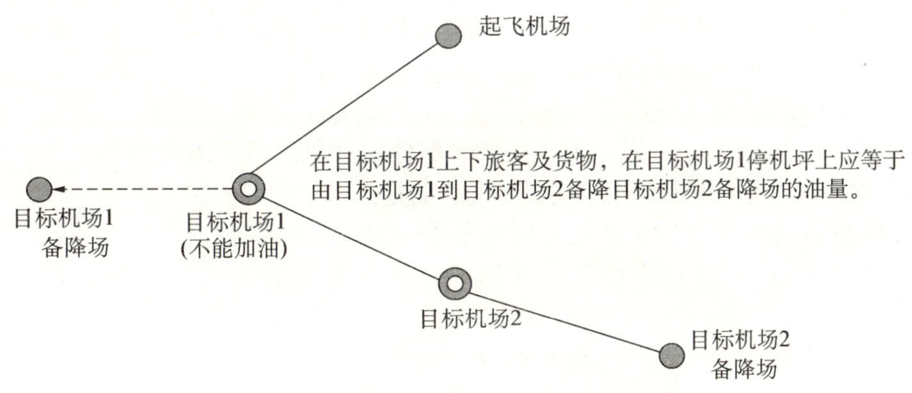


图 4－17　目标机场不能加油的飞行剖面

（2）目标机场只能部分加油的飞行计划。

目前在一些燃油紧张的机场对在该机场着陆的飞机只能补充少量燃油、不能提供所需的全部燃油，如图 4－18 所示目标机场不能加油的飞行剖面。对这种目标机场只能部分加油的情况，飞行计划算法并不能简单套用目标机场不能加油的飞行计

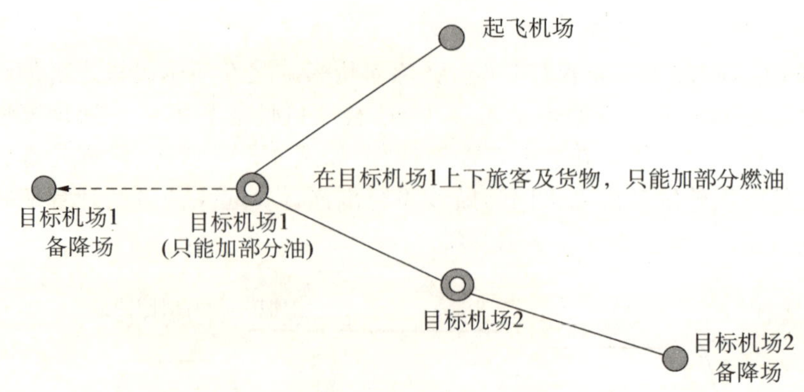


图 4-18 目标机场只能加部分油的飞行剖面

划，还需进行由目标机场改航到其备降机场的备份油量的检查。在此情况下，满足所有条件下的最低起飞油量和商载限制，并计算各航路点与位置关键点的状态参数。

4) 燃油差价计算模型

目前世界各地，甚至国内各机场的燃油价格都不一样。当航班从油价低的机场飞往油价高的机场时，如果能够多带油使得在目标机场不加油或少加油，则能节省燃油费用，当两地油价相差很大时，会带来巨大的经济效益。为了利用燃油差价获得经济效益，通过燃油差价飞行计划模型的研究，重点研究解决以下 3 个方面：

(1) 对一个具体航班是否能多带油。

(2) 如果一个航班能多带油，确定多带油量。

(3) 通过计算保本油价，确定多带油是否合算，获取的经济效益。

此外，还进一步研究最佳多带油量(即多带多少油量最合算、节省的燃油费最多)，为满足下一航班的需要应该多带油量等问题。

5) 二次放行计算模型

根据 CCAR121R4 版第 121.659 条非涡轮发动机飞机和涡轮螺旋桨发动机飞机国际定期载客运行的燃油量要求，起飞总油量由以下四部分组成：

(1) 从起飞机场到目标机场的油量(包括进近、着陆用油)。

(2) 按主航段 TOD 点的重量和燃油流量计算的能再飞行 10%航程时间的油量。

(3) 从目标机场到备降场的油量。

(4) 在备降场上空 1500 ft 标准大气温度等待 30 min 的油量。

上述(2)项(航线应急油)主要是为应付领航误差、航路天气预报误差和空中交通延误等情况而加的，随着领航技术、天气预报技术的改进、空中管制设备及技术的推广的航线应急油被大量剩余。因此远程飞行的飞机在到达目的地机场后就会剩下大量燃油[其中(3)、(4)两项油量是不可缺少的]。航线应急油数量巨大，如MD-11 由上海飞往洛杉矶，航程时间约 11 h，航线应急油相当于 1 h 的巡航油量 7 t 多，这部分油如能尽量少加，则可大大增加商载，每吨商载相当于10名旅客，可带来巨大经济效益，如没有旅客或货物可加，有效减少飞机重量，巡航所耗油量也可减少。利用二次放行可以通过选择初始目标机场和二次放行点，有效地减少起飞油量，提高经济效益。二次放行的飞行剖面如图4-19所示。

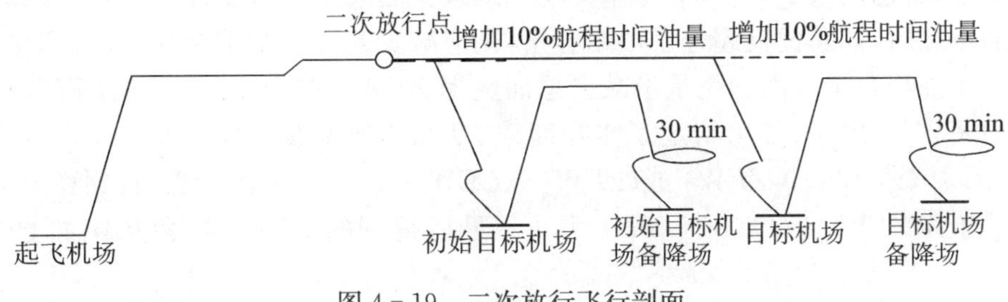


图4-19 二次放行飞行剖面

在多个备选初始目标机场的前提下的，各初始目标机场的二次放行点的最优化位置计算，并确定各方案下的起飞油量，综合各种限制条件选取最佳初始目标机场和二次放行点、确定起飞商载和各航路点与关键位置的状态参数。

### 4.8.2 方法

(1) 由备降场停机坪开始往回推算

如果知道实际商载重量PL(旅客加货物重)，则在备降场停机坪 $ZFW = OEW + PL$，飞机重量 $W = ZFW +$ 公司备份油(＋国际航线的航线应急油)。如果想算一下最大允许商载是多少，则设在备降场停机坪 $ZFW = MZFW$，于是飞机重 $W = MZFW +$ 公司备份油，最大商载 $MPL = MZFW - OEW$。然后由此 $W$ 开始往回推算，加上各阶段消耗油量，一直算到起飞机场停机坪，在计算中

$$ZFW \leqslant MZFW$$
$$LWA \leqslant MLWA$$
$$LWD \leqslant MLWD$$
$$TOW \leqslant MTOW$$
$$TW \leqslant MTW$$
$$\text{总油量} \leqslant \text{油箱容量}$$

式中：$MLWA$ 是备降场最大允许着陆重量；

$MLWD$ 是目标机场最大允许着陆重量；

$MTOW$ 是起飞机场最大允许起飞重量；

$MTW$ 是起飞最大滑行重量；

$LWA$、$LWD$、$TOW$、$TW$ 是做飞行计划中计算出的在备降场、目标机场的着陆重量、起飞机场的起飞重量和起飞机场的滑行重量。

如有一个条件不满足应减少商载重重新计算直到满足条件为止，计算结束就得

到了所允许的商载(有可能实际商载被减少了)及起飞总重量等数据。

(2) 由最大允许起飞重量往后算

在计算之前应加油量不知道,所以实际起飞重量是未知的,只能由最大允许起飞重量 $MTOW$ 开始计算,向后逐步推算出各阶段的耗油量及到达目标机场及备降场之重量,若它们大于 $MLWD$ 或 $MLWA$ 则减少起飞重量重新计算,当全部算完得出总油量之后,如总优良超过了油箱容量,则应减少起飞重量重新计算,直到总油量刚好等于油箱容量。由起飞重量减去总油量得 $ZFW$,它应小于等于 $MFZE$ 或小于等于 $(OEW + PL)$(如果给定了实际商载 $PL$),否则减少 $TOW$ 重新计算,可以从 $TOW$ 减去 $(ZFW - MZFW)$ 或 $(ZFW - (OEW + PL))$。再次计算,直到算出 $ZFW$ 近似等于 $MZFW$ 或 $(OEW + PL)$ 为止。最后得到的 $ZFW$ 减去 $OEW$ 即能带的商载。

对于较短的航线采用第一种方法较好,一般计算出来的起飞重量不会超过最大允许起飞重量,可以避免迭代计算,使用手册上所给出的做简化飞行计划的图标适合于从后向前计算这种做法。对于长航线则采用第二种方法较好,计算出来的着陆重量一般不会超过最大允许着陆重量,可以避免迭代计算,手册上所给出的阶梯巡航的简化飞行计划图标就适合于从前向后这种做法。如果编制计算机飞行计划程序,可以只按一种方法来编制程序,一般说来第一种方法较为方便。

如人工手算做飞行计划,由后向前做时算出的起飞重量超过最大允许起飞重量,可改为由前向后计算;反之,如由前向后做算出的着陆重量超过最大允许着陆重量,可改为由后向前计算,以避免迭代计算。

# 5　机队和航线网络规划

机队和航线网络规划的难点在于真实的数据、合适的模型。主要解决方法应该是与航空公司一起完成。一头一尾，航空公司提供数据来源并对最终结果的可行性进行校核。合适的模型既要能反映相应关系，又不能过于细节，否则复杂度会极大增加。同时机队和航线网络规划应每年滚动做，持续关注未来发展。

航空公司需要制造商提供机队规划的原因在于：①获得不同视角的看法；②没有足够的人力资源。对于大型航空公司，通常是为了实现在平等地位下对话，实现价值沟通，故制造商提供的机队规划方案对大型航空公司做机队规划战略时起到参考作用。对中小型航空公司，通常是为了实现价值指导，进行价值传递，制造商提供的机队规划方案往往会被中小型航空公司直接使用。

航空公司的规划可分为战略、战术和操作 3 个层次，分别完成机队和航线规划，航班计划和运控及收益管理等，如图 5－1 所示。而民机制造商作为航空公司机队

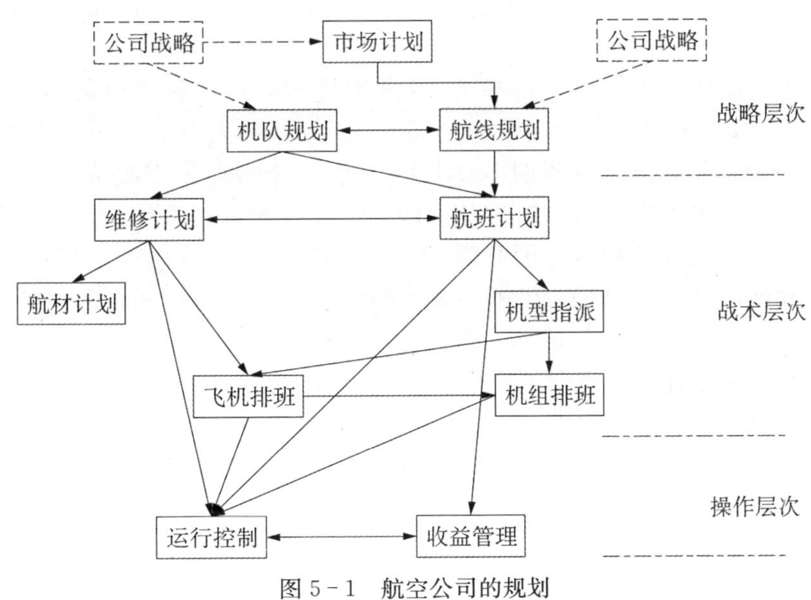


图 5－1　航空公司的规划

引进决策的影响者，并不切实运营飞机，因此一般以战略层次的支持为主，战术和操作层次的支持为辅。本书重点讨论机队规划、航线网络规划和航班排班优化等内容。

## 5.1 国内机队规划

### 5.1.1 现状

机队规划有宏观方法和微观方法之分。宏观机队规划是建立在宏观运量的预测基础之上，根据宏观预测结果，得到航空运输量和周转量，进而得出总的飞机需求量。微观机队规划是从 O 和 D(origin-destination)流角度出发，对已开航或拟开航的各航线逐条进行预测，获得各个座级飞机的需求量。在此基础上，将各航线需求量进行综合累加，得到公司飞机需求总量。由于数据量需求大和复杂度高等原因，一般规模较小的航空公司采用宏观方法，具有一定规模的航空公司多采用宏观和微观相结合的方法，宏观机队规划建立中长期预测方案，而微观机队规划进行短期预测。国内航空公司现多采用宏观方法。

对于国内航空公司，特别是国航、东航和南航这三大骨干航空公司，其飞机机型过于繁多，虽然一定程度上可增加产品的灵活性，但却大大增加了航空公司的运营成本。另外由于某些历史原因和航空公司战略选择，部分支线机型，如 CRJ、ERJ 等，对于上述航空公司来说几乎不纳入机队规划范畴中。同时，国内航空公司的机队基本被波音和空客所瓜分和把持。

飞行人力资源方面，不同于国际，尤其是美欧等国广泛的飞行员储备池，国内的飞行人力普遍呈现大量缺口。而三大航空公司和其他较小航空公司对于人力资源的缺乏又有着一定区别，三大航空公司较欠缺副驾，而其他小航空公司则奇缺机长。

在不考虑航线准入和时刻影响下，各航空公司均可进行理想化的机队规划。但实际情况是，在中国民航近二十年的飞速发展下，各大航空公司已基本覆盖了国内所有预期收益好甚至仅预期不亏本的市场，就连可以依靠政策补贴而获取利润的城市对也已被占据。剩余有空隙的国内市场一般都是客流量、货流量不足以盈利或需要长期培养的航线。因此，抢占黄金航线的准入和黄金航班时刻就成了机队规划和航线网络规划的上游和瓶颈。航空公司为了这一目的不择手段，也就滋生了航线准入和航班时刻管理的腐败。

由于我国军管航空使得空域受限，空中管制能力落后和高安全性裕度的要求等，使得空域利用率进一步下降，航线因此成为有限的紧缺资源。同时，由于繁忙机场的饱和，航班时刻尤为紧张。特别是北京、上海、广州等机场，已经呈现连续几年航班时刻的零增长，更为突出的是北京机场等，由于航班时刻紧张，现仅准入宽体机。

航线准入和航班时刻的稀缺和航空公司对其的大量需求形成了必然的矛盾，这也是航空公司机队规划和航线网络规划的瓶颈所在。

### 5.1.2　约束条件

在特定市场环境下，机队规划约束条件具有一定的地域特点，因此，充分了解中国航空运输市场环境下机队规划的约束条件显得尤为重要。

1）一般约束条件

依前所述，机队规划对于飞机本身的要求包括飞机技术性能和经济性能。这两方面是放之四海而皆准的考量因素。

飞机技术性能无外乎告诉航空公司该飞机可面向的市场有哪些。这里需要注意的是，飞机作为一个产品来迎合航空公司的机队规划需求，除了上述的飞机性能外，还必须具备对市场的广泛适应性和产品的灵活性。适应性是指该飞机必须能够大规模地覆盖航空公司的市场范围。灵活性指的是飞机可以适应市场的快速或突发性变化，主要可通过产品系列化来实现。这些都与机队密不可分。

另外，对于飞机本身还有维护、培训、客户支援等全方面的需求。由于篇幅限制，这里就不一一展开。

此外，飞行人力对飞机也有着一定要求。航空公司在引进一个新机型时，必然会涉及飞行员和机组的改进或引进。这就会对民机制造商提出至少两点要求：①改装时间和费用应在航空公司可控和可承担的范围以内；②飞行员和机组最好可与某一现有机型实现混飞，提高运营通用性和灵活性。

2）瓶颈约束条件

正如上文所提到的，约束机队规划的瓶颈条件是航线准入和航班时刻。而这也是中国市场环境下最为突出的机队规划约束条件。

航空公司在考虑引进飞机时不单考虑一般约束条件的影响，即飞机、飞行人力、市场等因素，还希望能改善机队规划的短板，即适度突破航线准入和航班时刻的限制。在这一点上，国内航空公司的需求显得尤为突出。

从国内来看，每家航空公司能够分配到的航线资源（包括航班频率份额、航班时刻）极其有限。目前全国有十多个机场已经达到容量饱和，如首都机场从每天早 7 点到晚上 12 点的时刻全面饱和，已无法再增加一个航班；2010 年两会期间，二十多个省市负责人找到民航局，要求增加航线和时刻；“十三五”期间，全国平均每年要引进 200 多架飞机，因此，可以预见航线时刻资源的紧张将更加突出。

对此，国内航空公司普遍希望通过国家政策扶持国产民机产业链建设的契机，在引进国产飞机时获得航线准入和稀缺航班时刻的优惠政策支持。这对于帮助国产飞机进入成熟市场并站稳脚跟，继而使客户实现盈利运营，乃至日后实现民机的市场成功从而带动起中国民机产业链的发展壮大来说，都无可厚非。

3）约束条件应对方式

上述中国市场环境下机队规划的约束条件可以分为两种，其一为民机制造商直面的问题，其二为航空公司直面的问题。

对于飞机本身所提的需求，是民机制造商直面的问题，例如航程的覆盖，商载的提升，维护性的改善等，解决方式即是将市场需求反映到飞机设计过程中去。而对于航线准入和航班时刻的需求，则是航空公司需要直面的问题。但民机制造商同时也希望与自己合作的航空公司一同壮大，实现双赢，因此需要在其中找到一个合理的平衡点。例如，民机制造商可考虑争取合理有效的政府激励政策，如将补贴与飞行时间挂钩，以保证每架飞机的日利用率。这对于国产飞机来说尤为重要，可以获得宝贵的运营和支持经验。

## 5.2 机队规划

### 5.2.1 概述

机队规划是根据对航空运输市场研究的结果，按照一定的原则和方法，对规划期内航空公司的飞机数量和结构所做的系统的动态安排。对于航空公司来说，机队规划是航空公司战略层次的决策，它不仅影响或左右着其他的决策，而且涉及航空公司的资产和收益等问题，涉及成百上千亿元的投资，影响到航空公司今后的生存和发展。对于民机制造商来说，航空公司的机队规划决定了民机市场的规模与结构，影响着民机市场的生产与销售。民机制造商机队规划的主要目的是通过分析特定航空公司的市场，论证为了满足这个市场所须拥有的机队及其发展规划，以说服该航空公司购买一定数量本制造商的飞机。

机队规划的核心任务是对公司未来机队运力的结构、规模进行管理，以使运力与运量相匹配，其基本依据是公司的航线规划、对规划期内航空运输市场需求的预测，其中运力结构主要指机型的座级，运力规模是指各座级的飞机数量。

机队规划一般划分为短期规划(1～2 年)、中期规划(3～5 年)和长期规划(5～15 年)，规划期不同，所能获得的信息量不同，信息的准确程度不同。规划期越长，信息越少，信息越不准确。因此对于长期规划，一般采用宏观规划方法；对于中短期规划，可采用微观规划方法。

机队规划有两种方法：宏观机队规划与微观机队规划。宏观机队规划是按“自上而下(即从宏观到微观)”的顺序进行分析预测。微观机队规划是在微观航班、航线机型选择的基础上，按“自下而上(即局部到整体)”的顺序进行分析，得出航空公司机队中短期规划结果。

宏观机队规划是在宏观运量预测(即航空总运量预测)的基础上，确定各座级飞机应提供的运力比例和年生产率，然后测算出规划期内各座级飞机的需要量。流程如图 5－2 所示。

微观机队规划是在微观运量预测(即每条航线运量预测)的基础上，确定每条航线需要的飞机座级(或机型)和数量，加总后得到整个机队的飞机数量和构成。流程如图 5－3 所示。

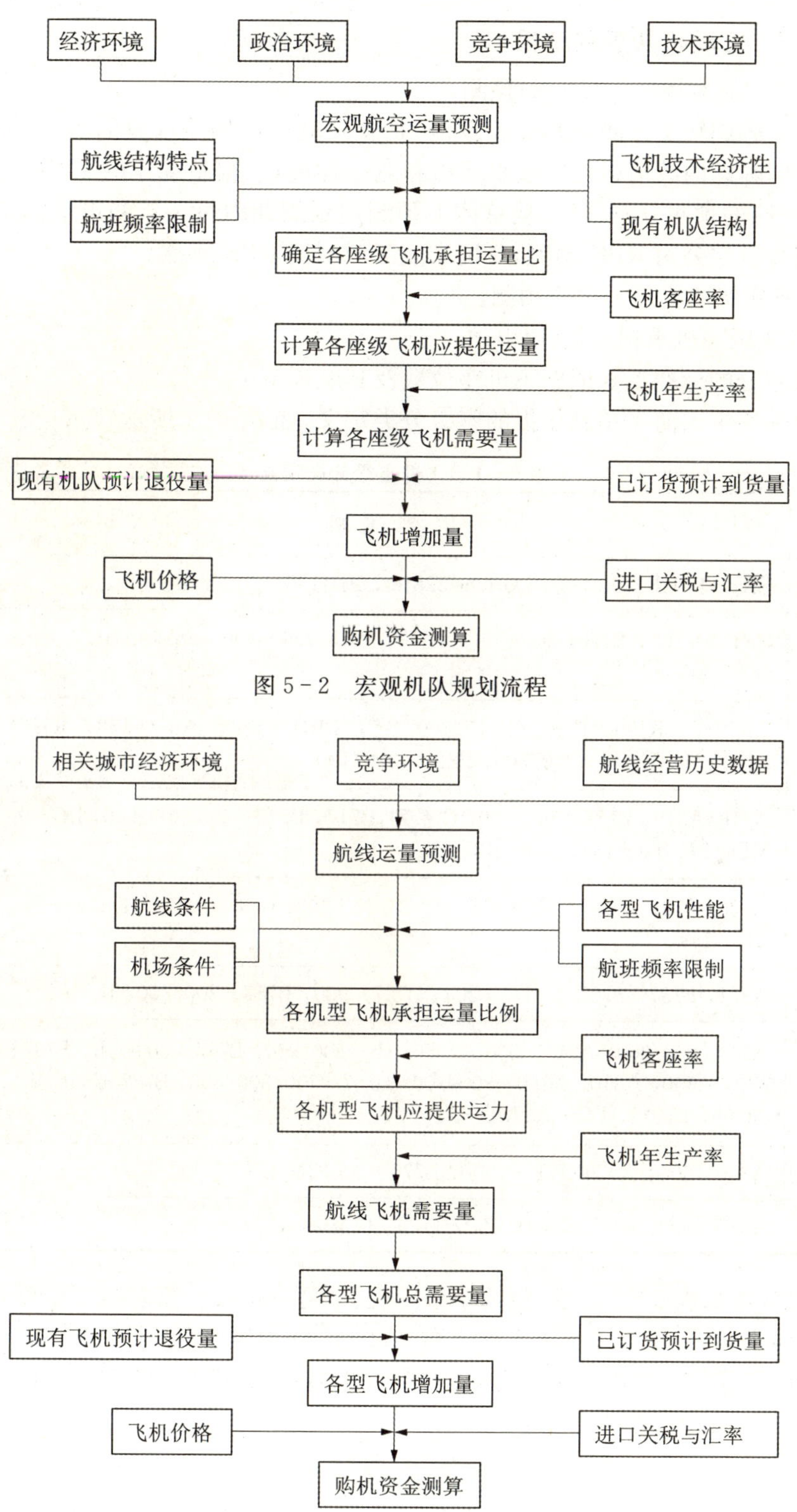


图 5-2　宏观机队规划流程



图 5-3　微观机队规划流程

### 5.2.2 宏观机队规划流程

(1) 宏观旅客周转量(RPK)预测。

宏观旅客周转量预测,即 RPK 预测,是反映航空市场需求量的一个重要指标。主要根据国际国内政治、经济、技术环境和竞争环境,依据基准年的 RPK,以及对规划期内 RPK 的预测分析,可以从总体上预测规划周期内每一年的市场需求量。本书主要进行航空公司 RPK 预测,非国家或区域市场 RPK 预测。

(2) 各座级飞机运力供应预测。

a. 各座级飞机承担运量比例($r$)。

座级划分的标准主要依据飞机座位数及其航程范围。

这里采用中国商飞预测年报的座级分类定义,如表 5-1 所示。

**表 5-1 飞机座级分类定义**

| 座级 | 主要飞机 | 类型 |
| --- | --- | --- |
| 50 座级 | ERJ145, CRJ100/200, Dornier 328Jet, ERJ135/140, Yak-40 | 涡扇支线客机 |
| 70 座级 | CRJ700/705, E170, An-148, RJ70, BAE 146-100, Fokker 70, Fokker 28-1000 | |
| 90 座级 | ARJ21, CRJ900/1000, E175/190/195, MRJ, SSJ, An-158, RJ85/RJ100, BAE 146-200/300, F28-4000/100 | |
| 120 座级 | A318/A319, B737-600/700, C 系列, B717, B737-200/300/500, DC-9/MD-87, Tu-134, Yak-42 | 单通道喷气客机 |
| 160 座级 | A320, B737-800, C919, MS-21, B727-200, B737-400, MD-80/-90, TU-154 | |
| 200 座级 | A321, B737-900ER, TU-204, B737-900, B757-200/300, IL-62 | |
| 250 座级 | A330-200/300, A340-500, A350xwb-800/900, B767-300er/lr, B787-8/9, A300, A310, A340-200/300, B767-200/300/400, B777-200, IL-86/96, L1011, DC-10/MD-11 | 双通道喷气客机 |
| 350 座级 | A340-600, A350XWB-1000, B777-300ER, B777-300 | |
| 400 座级 | A380-800, B747-8, B747-400, B747 Classics | |

货机分类如表 5-2 所示,包括小型货机、中型货机及大型货机。小型货机包括 B737F、B757F 等,均为窄体机,商载在 30 t 以下;中型货机包括 A300F、A330F、B767F 等,商载集中在 45~70 t 之间;大型货机包括 B747F, B777F, MD11F 等,商载集中在 80~120 t 之间。

表 5-2　货机分类及平均商载估算

| 类型 | 平均商载/t | 商载范围/t | 机　　型 |
| --- | --- | --- | --- |
| 小型货机 | 18 | 30 以下 | B737F，B757F |
| 中型货机 | 60 | 45～70 | A300F，A330F，B767F |
| 大型货机 | 115 | 80～120 | B747-400F，B747-200F，B777F，MD-11F |

根据航线结构特点和运营环境限制，并考虑各座级（或机型）飞机的技术性能、经济性能、现有机队构成及其变动趋势，即可确定各座级（或机型）飞机承担该航空公司 RPK 的比例。

b. 客座率（LF）变化预测。

客座率在机队规划中是一个重要指标，因为当客座率上升到一定水平时，就会发生溢出，客座率越高，需求的溢出就会越大，此时就应该考虑增加运力；反之，当客座率偏低时，就说明航空公司运力浪费严重，应当减少运力的投入量。因此，设定合适的目标客座率至关重要。通过基准年的客座率，分析规划周期内市场需求的变化情况以及竞争公司的运力投放情况，设定一个能符合未来市场供需水平的客座率，即目标客座率。

在不同性质、不同结构的航线上，客座率也有所不同。一般来说，国际、地区航线的客座率要低于国内干线和支线航空的客座率；新增飞机（增加频次或增大座级）的客座率要低于现有机队的客座率；旅游热点航线、枢纽城市之间航线的客座率要高于一般城市之间航线的客座率。

研究表明，客座率与旅客溢出呈正态分布的函数关系。当客座率达到 60%以上，已经开始有旅客溢出，当客座率达 70%，旅客溢出 5%，客座率达 90%，旅客溢出 33%。如表 5-3 所示。

表 5-3　平均客座率与旅客溢出对照表

| 平均客座率/% | 62 | 65 | 70 | 80 | 90 |
| --- | --- | --- | --- | --- | --- |
| 旅客溢出/% | 1 | 2 | 5 | 15 | 33 |

目标客座率的范围约为：62%～80%，对于发达国家来说，可以取小一些，对于发展中国家可以取大一些。发达国家航空公司的年均客座率一般为 60%～70%，这样的客座率是在经济效益和服务水平之间取的一个合适的折中值。因此客座率基本稳定在这个范围内。

另外，还有一个盈亏平衡客座率的概念，盈亏平衡客座率＝座公里成本/客公里收入。

c. 计算各座级飞机应提供的运力。

各座级飞机应提供的运力，反映了各座级飞机的运力需求，用 *ASK* 表示。由于本书针对航空公司客运进行机队规划方法研究，因此只考虑座公里。计算公式如公式(5－1)所示。

$$ASK = \frac{RPK \times r}{LF} \tag{5-1}$$

式中：$ASK$ 是某座级飞机应提供的运力，用座公里表示；

$RPK$ 是航空公司旅客周转量；

$r$ 是该座级飞机承担 $RPK$ 的比例；

$LF$ 是该座级飞机预计客座率。

各座级飞机应提供的运力，在实际工程应用中也可直接使用 $ASK$ 值取代 $RPK/LF$ 的计算方式。即仅需要应提供的总运力和各座级飞机承担运量比例。

(3) 各座级飞机需求量。

a. 各座级飞机平均可用座位数

根据各座级飞机(或不同机型)的航线距离及使用频率，确定各座级飞机(或不同机型)的平均可用座位数，并预测规划期内飞机平均可用座位数。平均座位数和加权平均座位数的计算公式如式(5－2)和式(5－3)所示。

平均座位数计算公式：

$$\overline{S} = \frac{\sum_{i=1}^{n} S_i}{n} \tag{5-2}$$

式中：$\overline{S}$是平均座位数；

$S_i$ 是飞机座位数；

$i$ 是各架飞机，值为 1，2，…，$n$。

加权平均座位数计算公式：

$$\overline{S}_W = \sum_{j=1}^{m}(S_j \times R_j \times f_j) \Big/ \sum_{j=1}^{m}(R_j \times f_j) \tag{5-3}$$

式中：$\overline{S}_W$ 是加权平均座位数；

$S_j$ 是某航班飞机座位数；

$R_j$ 是某航班航段距离；

$f_j$ 是航班频率，如周频率、月频率、季频率、年频率等；

$j$ 是各航班，为 1，2，…，$m$。

b. 各座级飞机轮挡速度(VB)

飞机的轮挡时间是指每次飞行从飞机在停机坪上移去轮挡开始、滑出、起飞、巡航至着陆，滑入停机坪插上轮挡的整个间隔时间。

飞机的轮挡速度是指每次飞行按单位轮挡时间计算的速度。飞机轮挡速度计算公式如式(5－4)所示。

$$V_B = D/t_B \tag{5-4}$$

式中：$V_B$是飞机轮挡速度；

$D$是每次飞行的航段距离；

$t_B$是每次飞行的轮挡时间。

飞机每次飞行的轮挡时间与轮挡速度随飞机机型的不同，性能的不同而变化，也与航线的结构和飞行环境有关。例如，轮挡速度会随着航段平均距离的增长或缩短而增大或减小，也会随着飞机性能的提高而增大。一般来说支线机平均轮挡速度在400～600 km/h之间，窄体机平均轮挡速度在600～800 km/h之间，宽体机平均轮挡速度在800～1 000 km/h之间。

c. 各座级飞机利用率($U$)

通过基准年的飞机平均利用率，预测规划周期内每一年的飞机利用率。对于宏观机队规划而言，飞机利用率显然是可以逐年提高的。但飞机利用率也有上限，不能无限制增加。如果飞机最高利用率比当前实际的利用率高，就说明目前的运力有一定的富裕，可以在不增加额外运力的情况下满足需求的增长。反之，则说明需要考虑引进新的飞机。

d. 计算各座级飞机需求量

各座级飞机需求量计算公式如式(5-5)所示。

$$N = ASK/ASK_i \tag{5-5}$$

式中：$N$是某座级飞机需求量；

$ASK$是该座级飞机应提供运力；

$ASK_i$是该座级飞机平均年生产率，指一架飞机一年所能提供的可用座公里，它取决于飞机的平均可用座位数、平均轮挡速度和平均年利用率。

飞机年生产率计算公式如式(5-6)所示。

$$ASK_i = \overline{S} \times \overline{V}_B \times U_y \tag{5-6}$$

式中：$\overline{S}$是平均座位数；

$\overline{V}_B$是飞机平均轮挡速度；

$U_y$是飞机平均年利用率，表示该座级飞机一年所能够提供的平均飞行小时数。

鉴于平均轮档速度在工程实践中较少有统计，飞机年生产率计算工程实际可采用另一种计算方法，如式(5-7)所示。其中平均航程和平均座位数可通过计划航班数据计算获取，日平均飞行循环数据可通过运营指标数据计算获取。

$$\begin{aligned}\text{平均年生产率} = &\ \text{日平均飞行循环(或日利用率 / 平均航段时间)} \times \\ &\ \text{平均航程} \times \text{平均座位数} \times 365\end{aligned} \tag{5-7}$$

平均航程和平均座位数均采用加权平均计算。

加权平均航程的计算如式(5-8)所示。

$$\overline{R}_W = \sum_{j=1}^{m}(R_j \times f_j) \Big/ \sum_{j=1}^{m} f_j$$

$$\text{或}\overline{R}_W = \sum_{j=1}^{m}(S_j \times R_j \times f_j) \Big/ \sum_{j=1}^{m}(S_j \times f_j) \tag{5-8}$$

式中：$\overline{R}_W$ 是加权平均航程。

自起飞离地到着陆接地所经历的时间(h)，通常称为飞行长度。波音公司早年对干线飞机航线进行统计，获得了飞行长度与飞行次数的拟合关系，如图 5-4 所示，并以此确定最小设计服役目标(minimum design service objective, MDSO)。

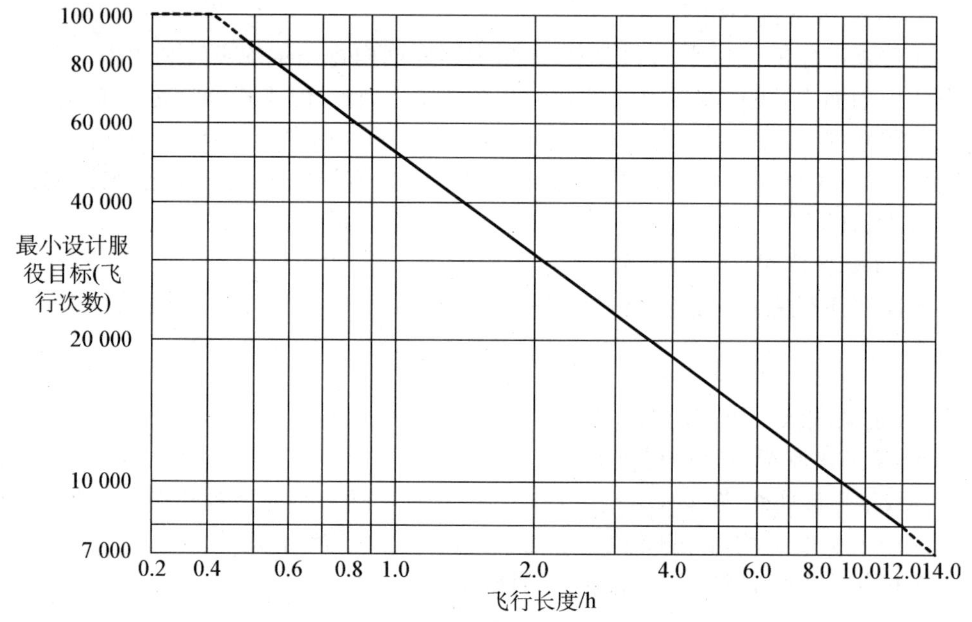


图 5-4 最小设计服役目标(数据来源：波音)

图 5-4 斜段的拟合方程为

$$MDSO = 10^{(4.7-0.74\lg h)} \tag{5-9}$$

对于年飞行次数拟合方程为

$$FC = 10^{(3.4-0.74\lg h)} \tag{5-10}$$

但 2000—2014 年市场发生了较大变化，即日利用率较波音早年统计数据已增加，但飞行次数却略有下降，如图 5-5 所示。

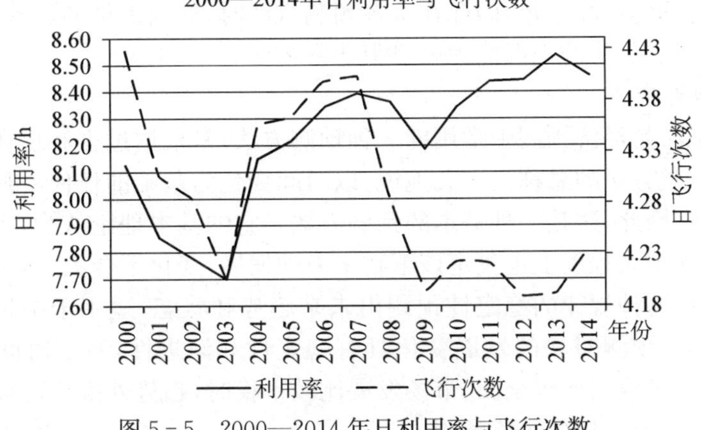


图 5-5 2000—2014 年日利用率与飞行次数

机队规划时需计算飞机年生产率,有些时候可能存在日利用率,飞行长度或轮挡速度等参数不易获取的情况,当仅知道航程、日利用率等其中的一个时,可通过式(5-11)完成飞机年生产率拟合计算。

$$
\begin{aligned}
\text{年生产率} &= \text{座位数} \times \text{轮挡速度} \times \text{利用率} \\
&= \text{座位数} \times (\text{利用率} \div \text{飞行长度}) \times \text{航程} \\
&= \text{座位数} \times \text{飞行次数} \times \text{航程}
\end{aligned}
\tag{5-11}
$$

(4) 各座级飞机增加量。

a. 各座级飞机退役量。

通过各座级飞机机龄、飞机服役期限等,预测在规划期内飞机退役量。

b. 计算各座级飞机增加量。

退役年限一般来源于以下两个方面:

1) 全球机队退役统计。单通道客机(包含支线喷气机)的平均使用寿命较长,约为 24~28 年。双通道客机的平均使用寿命最短,约 22~24 年。货机的平均使用寿命最长,约 30~35 年。

2) 航空公司战略输入。包括类似机型订单数量、航空公司发展战略以及客户实际需求等。

各座级飞机增加量计算公式如式(5-12)所示。

$$
\text{飞机增加量} = \text{飞机需要量} - \text{在册飞机数量} + \text{预计退役量} - \text{已订货预计到货量} \tag{5-12}
$$

### 5.2.3 预测方法

宏观机队规划需要对市场(或航线)的运输需求、运能供给、客座率、飞机利用率水平和航线结构特征(如平均航段长度)等生产指标进行预测,这是所有规划的基础，也是最困难的一项工作。可用于交通运输领域内的预测方法不胜枚举，各种方法都有其自身的优点和不足，因此在选择预测方法时，规划人员的经验、所掌握的数据量、对市场发展趋势的把握能力就显得非常重要。

（1）趋势外推法。

趋势外推法是经济预测中常用的一种预测方法，是根据过去和现在的发展趋势推断未来的一类方法的总称。广义地说，以时间变化为基础的任何一种预测方法都是趋势外推法，因此，这是一种基本的预测方法。它的基本理论认为，决定事物过去发展的因素，在很大程度上也决定该事物未来的发展，变化不会太大，掌握事物的发展规律，并利用这种规律的稳定性预测出未来趋势和状态，适用于中长期预测。此法的假设前提是预测对象的发展变化具有稳定性和渐进性，对于时间变化有规律性。因此，当历史数据比较全面、市场发展比较平稳时，趋势外推法可以提供稳定的预测结果。广义上也包括灰色预测。

（2）计量经济法。

航空运输业与经济发展水平有着很强的相关性。考虑到GDP是衡量经济增长的重要指标，因此在进行宏观的运输需求、运能增长预测时可采用GDP相关的计量经济法。可根据GDP的指数和旅客周转量之间建立回归模型。一般较长期预测或数据不多时，则参考使用该方法。广义上也包括因果白盒预测。

（3）最近年法。

最近年法是在时间序列数据预测中，样本数据按时间顺序排列，把这些顺序排列的数据中的最后一个数据直接作为预测数据的一种方法。这种方法通常用于中短期预测，或经过定性分析适用的情况。在对客座率、平均航段程度等指标进行预测时，最近年法不失为一种简便的处理方式。

### 5.2.4 决策树

决策树(decision tree)是在已知各种情况发生概率的基础上，通过构成决策树来求取净现值的期望值大于等于零的概率，评价项目风险，判断其可行性的决策分析方法，是直观运用概率分析的一种图解法。由于这种决策分支画成图形很像一棵树的枝干，故称决策树。

决策论中(如风险管理)，决策树由一个决策图和可能的结果(包括资源成本和风险)组成，用来创建到达目标的规划。决策树建立并用来辅助决策，是一种特殊的树结构。决策树是一个利用像树一样的图形或决策模型的决策支持工具，包括随机事件结果，资源代价和实用性。它是一个算法显示的方法。决策树经常在运筹学中使用，特别是在决策分析中，它帮助确定一个能最可能达到目标的策略。如果在实际中，决策不得不在没有完备知识的情况下被在线采用，一个决策树应该以平行概率模型作为最佳的选择模型或在线选择模型算法。决策树的另一个使用是作为计算条件概率的描述性手段。

□——决策点，是对几种可能方案的选择，即最后选择的最佳方案。如果决策属于多级决策，则决策树的中间可以有多个决策点，以决策树根部的决策点为最终决策方案。

○——状态节点，代表备选方案的经济效果（期望值），通过各状态节点的经济效果的对比，按照一定的决策标准就可以选出最佳方案。由状态节点引出的分支称为概率枝，概率枝的数目表示可能出现的自然状态数目，每个分枝上要注明该状态出现的概率。

△——结果节点，将每个方案在各种自然状态下取得的损益值标注于结果节点的右端。

如图 5－6 所示。

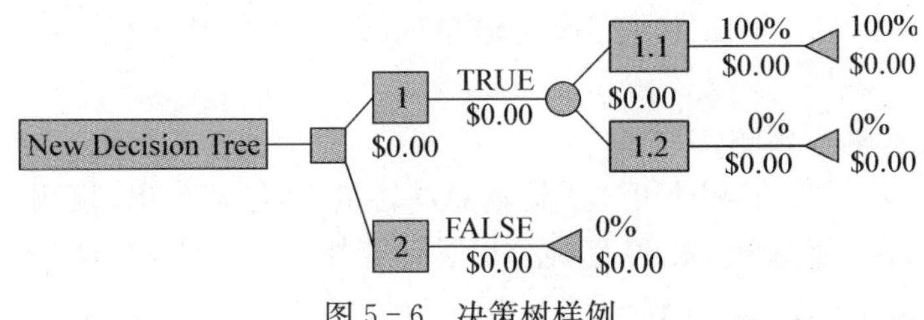

图 5－6　决策树样例

在机队规划中可以引进决策树的理论和方法。首先，假设某航空公司引进飞机计划分三种情况，如表 5－4 所示。

**表 5－4　某航空公司飞机引进方案（单位：架）**

| 机型 | 宽体机 | 窄体机 | 支线机 |
| --- | --- | --- | --- |
| 乐观 | 10 | 20 | 5 |
| 正常 | 8 | 15 | 3 |
| 悲观 | 5 | 10 | 2 |

未来该航空公司各类机型盈利的概率如表 5－5 所示。

**表 5－5　某航空公司各类机型盈利概率**

| | 好 | 不好 | | 好 | 不好 |
| --- | --- | --- | --- | --- | --- |
| 概率 | 0.6 | 0.4 | 概率 | 0.5 | 0.5 |
| 宽体机利润率（单机 1.2 亿美元） | 8% | －5% | 支线机利润率（单机 0.25 亿美元） | 2% | －3% |
| 概率 | 0.8 | 0.2 | | | |
| 窄体机利润率（单机 0.5 亿美元） | 10% | －2% | | | |

通过分析计算，三种情况下期望收益如表 5－6 所示。

表 5-6　期望收益

| | "好"的利润/亿美元 | 利润率/% | "不好"的利润/亿美元 | 利润率/% |
|---|---|---|---|---|
| 乐观 | 1.3885 | 5.972 | −0.29875 | −1.285 |
| 正常 | 1.0683 | 5.985 | −0.23325 | −1.307 |
| 悲观 | 0.693 | 6.026 | −0.1475 | −1.283 |

在不同决策方式下，将选择三种不同情况。例如利润最高，则选择正常情况，亏损概率最小则选择悲观情况，期望利润最高则选择乐观情况。

### 5.2.5　案例分析

某航空公司 2000 年预计可完成运输总周转量 10 亿吨公里，现试规划其 2005 年机队。

(1) 宏观运输量预测。

某航空公司 2000 年预计可完成运输总周转量 10 亿吨公里，预测今后五年内每年递增 8%，2005 年达到 14.69 亿吨公里。计算如式(5-13)所示。

$$2005\text{年运输量} = 10 \times (1 + 8\%)^{2\,005-2\,000} = 14.69(\text{亿吨公里}) \quad (5-13)$$

(2) 各座级飞机运力供应预测。

根据航线结构和现有机队结构与使用情况，确定规划期内 150 座级飞机应承担运量的 65%，200 座级飞机承担 35%。

两种座级飞机的客座率目前均为 68%，预计今后每年提高一个百分点，则 2005 年客座率为 73%。

2005 年 150 座级飞机应提供运力 13.08 亿吨公里，200 座级飞机应提供运力 7.04亿吨公里。计算如式(5-14)和式(5-15)所示。

$$2005\text{年 150 座级飞机应提供运力} = 14.69 \times 65\% \div 73\% = 13.08(\text{亿吨公里}) \quad (5-14)$$

$$2005\text{年 200 座级飞机应提供运力} = 14.69 \times 35\% \div 73\% = 7.04(\text{亿吨公里}) \quad (5-15)$$

(3) 各座级飞机需求量。

150 座级飞机平均最大商载 14 t，平均航速 700 km/h，年利用率 2 190 h。200 座级飞机平均最大商载 22 t，平均航速 720 km/h，年利用率 2 482 h。

150 座级飞机年生产率为 0.214 62 亿吨公里，200 座级飞机年生产率为 0.393 15 亿吨公里。计算如式(5-16)和式(5-17)所示。

$$2005\text{年 150 座级飞机年生产率} = 14 \times 700 \times 2190 = 0.21462(\text{亿吨公里}) \quad (5-16)$$

2005 年 200 座级飞机年生产率 = 22 × 720 × 2482 = 0.39315(亿吨公里)　(5 - 17)

2005 年 150 座级飞机需求量为 60.9 架，200 座级飞机需求量为 17.9 架。计算如式(5 - 18)和式(5 - 19)所示。

2005 年 150 座级飞机需求量 = 13.08 ÷ 0.21462 = 60.9(架)　(5 - 18)

2005 年 200 座级飞机需求量 = 7.04 ÷ 0.39315 = 17.9(架)　(5 - 19)

(4) 各座级飞机增加量。

该公司现有 150 座级飞机 41 架，200 座级飞机 14 架。

该公司已订购 6 架 150 座级飞机和 2 架 200 座级飞机，分别将于 2001 和 2002 年交付使用。同时预计现有 150 座级飞机中从 2003 年起，每年将有 1 架飞机退役。

2005 年 150 座级飞机增加量为 16.9 架，200 座级飞机增加量为 1.9 架。计算如式(5 - 20)和式(5 - 21)所示。

2005 年 150 座级飞机增加量 = 60.9 − 41 − 6 + 3 = 16.9(架)　(5 - 20)

2005 年 200 座级飞机增加量 = 17.9 − 14 − 2 = 1.9(架)　(5 - 21)

2001 年到 2005 年详细机队规划数据如表 5 - 7 所示。

**表 5 - 7　宏观机队规划算例**

| 年　份 | 2000 | 2001 | 2002 | 2003 | 2004 | 2005 |
|---|---|---|---|---|---|---|
| 总周转量增长率/% | 8 | 8 | 8 | 8 | 8 | 8 |
| 总周转量/亿吨公里 | 10 | 10.8 | 11.66 | 12.60 | 13.61 | 14.69 |
| 150 座级飞机承担运量比例/% | 65 | 65 | 65 | 65 | 65 | 65 |
| 200 座级飞机承担运量比例/% | 35 | 35 | 35 | 35 | 35 | 35 |
| 150 座级飞机承担运量/亿吨公里 | 6.5 | 7.02 | 7.58 | 8.19 | 8.85 | 9.55 |
| 200 座级飞机承担运量/亿吨公里 | 3.5 | 3.78 | 4.08 | 4.41 | 4.76 | 5.14 |
| 150 座级飞机客座率/% | 68 | 69 | 70 | 71 | 72 | 73 |
| 200 座级飞机客座率/% | 68 | 69 | 70 | 71 | 72 | 73 |
| 150 座级飞机应提供运力/亿吨公里 | | 10.17 | 10.83 | 11.54 | 12.29 | 13.08 |
| 200 座级飞机应提供运力/亿吨公里 | | 5.48 | 5.83 | 6.21 | 6.61 | 7.04 |
| 150 座级飞机年生产率/亿吨公里 | | 0.2146 | 0.2146 | 0.2146 | 0.2146 | 0.2146 |
| 200 座级飞机年生产率/亿吨公里 | | 0.3931 | 0.3931 | 0.3931 | 0.3931 | 0.3931 |
| 150 座级飞机需求量/架 | | 47.4 | 50.47 | 53.77 | 57.27 | 60.95 |
| 200 座级飞机需求量/架 | | 13.94 | 14.83 | 15.80 | 16.82 | 17.91 |
| 150 座级飞机增减变动/架 | | 6 | | −1 | −1 | −1 |
| 200 座级飞机增减变动/架 | | | 2 | | | |
| 150 座级飞机增加量/架 | | 0.4 | 3.47 | 7.77 | 12.27 | 16.95 |
| 200 座级飞机增加量/架 | | −0.06 | −1.17 | −0.2 | 0.82 | 1.91 |

最后，对宏观机队规划方法进行总结：首先，通过航空公司历史RPK预测未来一段时间内的RPK；其次，通过预测的客座率$LF$和各座级飞机承担RPK比例$r$，将RPK转换为ASK；进而，通过各座级飞机平均年生产率$ASK_i$，将各座级飞机$ASK$转换为各座级飞机需求量；最后，综合考虑现役飞机数量、预计退役量和确认订单量，获得各座级飞机增加量。

宏观机队规划方法虽然未将航空公司航线结构对于飞机性能的具体要求反映到规划流程中，只反映了航空公司日常运营对飞机的需求的其中一部分，只能用于对较长时期内的机队变化情况进行粗略的估算，但对于中长期机队规划却非常适用。因此，对于飞机销售支援有着较大的辅助作用，有利于发掘客户潜力。

### 5.2.6 微观机队规划

(1) 微观机队规划方法。

宏观机队规划是从机队规模预测的角度进行分析研究。分析预测企业宏观运输生产指标，如平均客座率、运量、航段平均长度等，确定不同机型的运能需求，然后，再根据运营市场的具体需求规模和特征、机型的技术经济性能指标确定具体机型。这种规划方法的优点是简单易操作，决策依据是几项宏观运输生产指标，预测结果相对稳定可靠；其缺点是很难准确地反映拟运营的生产运营环境对机队规划的影响，如特殊航线运行对机型的适航限制、特定市场的需求环境对机型的特殊要求等。

微观机队规划是从O～D流角度出发，对已开航或拟开航的各航线逐条进行O～D流需求预测，再计算求得每条航线各个座级飞机数量。汇总各航线飞机数量，得到飞机总数。微观机队规划的优点是，可以直接给出机队的结构和在各航线上的分布，对航空公司的机型选择、航班计划安排具有实际意义；缺点是，由于预测所需的信息量大，预测结果的精度不易把握，适用于中短期的规划。

微观规划方法涉及的主要影响因素如下：

a. 各航线客货流量、流向；

b. 各航线不同机型的经济性；

c. 飞机的使用及其调配方法；

d. 航班时刻及飞行路线计划。

微观机队规划的结果需得到：需购买和退役飞机的数量、机型的调整方案、运营成本和效益预测。

确定机型的单航线飞机架数计算的基本思想是航线运力与航线需求量相匹配，多应用在可获得输入数据信息较少、不考虑机型选择的情况。考虑航空公司M在航线$j$的机队规划问题，首先需计算出在规划年单架机型$i$所执飞航线$j$的年旅客量$Y_{ij}$，假设航线$j$的旅客需求是双向对称的，计算如式(5-22)所示。

$$Y_{ij} = LF_{ij} \times S_i \times T_i \times 365/t_{ij} \tag{5-22}$$

式中，$LF_{ij}$为规划年机型 $i$ 飞行航线 $j$ 的客座率；$S_i$ 为规划年机型 $i$ 飞行航线 $j$ 的客座率；$T_i$ 为规划年单架机型 $i$ 的飞机的日利用率，$T_i \times 365$ 即为单架机型 $i$ 的飞机的年利用率；$t_{ij}$为机型 $i$ 的飞机飞行航线 $j$ 的轮挡时间。

$T_i \times 365/t_{ij}$ 即为机型 $i$ 在航线 $j$ 上的年航班频率(往返)。设航空公司 M 在规划年航线 $j$ 的旅客需求量为 $P_j$，则机型 $i$ 在规划年执飞航线 $j$ 需要的数量为 $x_{ij} = P_j/Y_{ij}$。

通过上述计算方法求得各航线各机型的飞机架数后，将每种机型对各航线求和即可得到各种机型的飞机总架数。

(2) 微观机队规划流程。

微观机队规划的主要分析方案和流程与宏观机队规划相近。

a. 旅客运输量预测。

根据各航线历史数据，采用以时序为主的预测方案完成各航线规划年旅客运输量预测。同时可采用其他预测方案对预测值进行优化。

另，预测值还包括航线距离、日利用率、航班频率等参数。

b. 飞机年生产率预测。

根据飞机平均座位数、日利用率、平均航段时间、客座率等输入，完成飞机年生产率预测。这些参数可以是预测值，也可以是设定的假设值。计算式如下：

某航线单机年可承运人数＝客座率×单机座位数×飞机年利用率÷平均航段时间

c. 单航线飞机架数。

根据规划年各航线旅客运输量，飞机年生产率，可计算出各航线飞机架数需求。汇总各航线飞机数量计算结果，可得航空公司机队规划结果。

(3) 宏观运力配置与微观运力配置关系。

宏观运力配置：结合国内航空公司实际工程需求，以线性回归理论为基础，配合市场常用数据库，完成从总运力到机队的自上而下的宏观运力配置方法研究。宏观运力配置一般可通过宏观机队规划、微观机队规划等来实现。

微观运力配置：以整数线性规划理论为基础，在假设机队数量已知的情况下，将运力配置到航线级市场上，完成从各航线到机队的自下而上的微观运力配置。同时考虑机队运力、预期市场环境和航班频率等约束，并以机队的运营利润或边际贡献最大化为优化目标。微观运力配置则一般可通过航线网络规划、航班排班等来实现。

在综合考虑航空公司发展趋势、战略选择和竞争环境等前提下，宏观与微观运力配置能够根据设定的条件，以运力和运营数据为基础，完成不同类型飞机的宏观运力配置，并结合航线优选和收益评估，考虑了航空公司实际应用需求、发展趋势、战略选择、竞争环境和航空公司预期运营利润等因素，将宏观运力以航空公司预期运营利润最大化为目标配置到各航线上，最终实现完整运力配置方案。通过咨询式营销为航空公司提供完整解决方案，尤其是运力配置方案是民机制造商必备的能力，其关系如图 5－7 所示。

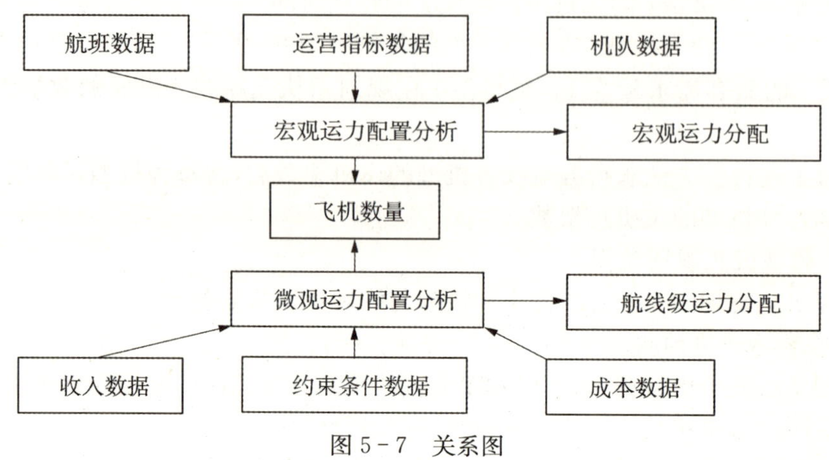


图 5－7　关系图

通过宏观与微观运力配置的结合，可以将影响航空公司重大决策的机队规划问题进行充分分析，保证战略、战术层面的一致性。

## 5.3　航线效益评估

航线是航空公司运营的基础，对航线的合理管理关系到航空公司的收益和利润。同时协助航空公司进行航线规划和管理，已成为民机制造商在飞机销售过程中必不可少的环节。航空公司对于航线效益的评估是非常慎重的，进入和退出航线并不仅仅考虑航线是否盈利，因此需要从不同角度分析航线效益，例如网络贡献即中转支持、固定成本分担即日利用率支持等。但现在航线的效益评估仍采用直接的收益评估方法，包括收入、利润、边际贡献和边际贡献率等。本书引入波士顿矩阵分析航线效益，使航空公司可以更有效地管理航线。

### 5.3.1　评估方法

(1) 增长率/占有率分析。

航线经营效益评价目的是：分析每条航线效益优劣的主要原因；为每条航线的运力安排和市场营销提出建议；为网络缺陷评估和确认网络弥补的优先顺序提供依据，借此贯彻航空公司战略规划。

航线增长率与占有率分析，对象是每条航线或航线对，波士顿矩阵要做出适当调整，主要分析要素如下：

a. 纵坐标是航线的市场增长率，即运量增速，以市场运量的平均增长率或设定值(如 10%)为临界值划分为高低两部分。

b. 横坐标是航线运量相对于最大竞争者的相对市场占有率，以 1.0 为临界值划分为高低两部分。当航线的运量与最大竞争者相当时为 1.0，运量小于最大竞争者时值小于 1.0,运量大于最大竞争者时值大于 1.0。

c. 圆圈的大小代表航线的运量大小(按需标识)。

另外,结合航空市场特征,分析时仍需注意以下几点:

a. 所分析航空公司的独飞航线不在分析范畴内。因为独飞航线不存在相对市场占有率,则将都是金牛或明星业务,需通过其他方法分析。

b. 新开辟航线不在分析范畴内。因为新开辟航线不存在市场增长率,需通过其他方法分析。

c. 市场增长率超过平均增长率或设定值(如 10%)10 倍以上的航线不需要分析。因为这类航线一定是蓬勃发展的航线,航空公司很容易明确对其的应对策略。

d. 若分析点落于纵坐标轴上,说明航空公司没有进入该航线。若分析点落于横坐标上,说明该航线运量保持不变。

"问题"类航线的整体市场需求增长迅速,但航空公司的市场份额很少。对待"问题"类航线航空公司需要耐心和持续投资,因为短期内这些航线也许不盈利,但如果市场具有足够的增长空间,航空公司应坚持,特别是在很多竞争以及时刻受管制的市场上。在国际航线上,如果航空公司退出,就可能丧失指定承运人的资格,并将时刻让给其他航空公司,重返市场几乎不可能。

"明星"类航线的整体市场需求增长较快,同时航空公司具有较高的市场份额。"明星"类航线是航空公司的强项。但这类航线需要航空公司花费较大的力气和较高的成本去管理,因为市场的快速增长将不断刺激新的竞争对手进入,现有航空公司的最佳策略就是投资以保持其竞争地位。这种投资既包括对航线产品的继续完善,也包括加大航线宣传和促销力度。随着销售价格的下降,航线利润将变低。总之,"明星"类航线常常在航空公司的销售中占很大比重,但航空公司从中得到的利润却很低。

"现金牛"类航线具有较高的市场占有率,但整个市场的增长趋于停顿。与"明星"类航线最根本的不同在于,"现金牛"类市场对于新进入者不再具有吸引力,现有航空公司可以继续增加投资以巩固市场地位并继续开拓市场。新进入者如果想挑战现有航空公司的地位将需要巨大的投入,因为他们需要通过攫取现有航空公司的市场份额来发展自己。由于市场份额高且不需要对新进入者加以防范,"现金牛"是航空公司利润的主要来源。这类航线利润很高,但由于市场增长停滞,有奶可挤的时间恐怕不多了。

"瘦狗"类航线整体市场不再增长,同时航空公司的市场份额也很小。一旦成为"瘦狗"类航线,航空公司就应立即停止这种航线,将资源投入更加有利可图的"问题"类航线上。几乎所有航空公司都有市场前景暗淡、市场占有率很低、经营出现亏损的航线,应尽快处理。

(2) 盈利与相关因素分析。

市场增长率/占有率分析不适用于该航空公司独飞航线和新开辟航线,同时由于航线效益评估的谨慎性，还需通过盈利及相关因素分析航线效益。

以航线是否有边际贡献率为主，即航线收入大于边际成本。影响的相关指标包括：对运城市人均 GDP、城市对市场运量规模、航班日频、客座率、平均票价折扣率、经营同一航线的航空公司数量、运量份额、座公里收入水平、座公里成本水平等。选取影响航线经营效益水平的相关指标，用波士顿矩阵逐一分析每一指标与各航线盈利水平的相关性，结合行业经验确定每项指标对航线经营效益的影响力的评价标准。根据评价标准对每一项指标对每一条航线盈利情况的影响力进行评估，综合各项指标的评估情况对航线的发展提出建议。

基于波士顿矩阵的一般航线评估标准如下：

a. 对运城市经济越发达，航空运输需求越高，盈利的可能性越大；

b. 市场规模越大，航线品质越好，盈利的可能性越大；

c. 航班密度越高，旅客选择越多，高收益旅客越多，盈利的可能性越大；

d. 参与经营的航空公司数量越多的航线，竞争越激烈，盈利的可能性越小；

e. 市场占有率高越高的航线，对市场的控制力越高，盈利的可能性越大；

f. 运量运力份额之差为正的航线，应与竞争对手相比，产出大于投入，盈利的可能性越大；

g. 客座率越高的航线，盈利的可能性越大；

h. 平均票价越高的航线，盈利的可能性越大。

在这些盈利与相关因素的分析中，一般优良航线应出现在“明星类”，需要调整的航线则出现在其他类。盈利与相关因素是正相关或负相关，应出现在相应区域，若不是则该航线效益存在一定问题，如图 5-8 所示。

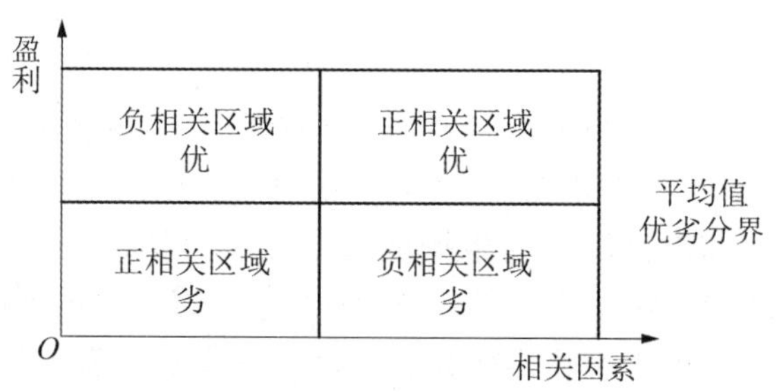


图 5-8 盈利与相关因素分析

另外，航空运输还有以下经验总结：

a. 座公里收益水平随着航段距离变长而下降；

b. 在成本环境相似的国内市场，不同航线的航段距离和座公里成本呈现递远递减的关系。

### 5.3.2 航线调整方法

通过上述基于波士顿矩阵的航线效益评估方法完成航线综合评估，初步划分出好的航线和差的航线，再进行航线调整。航班频率高、运量大，且边际贡献率为正的航线一般属优质航线。边际贡献为负的航线，需谨慎对待，而不是一味地决定退出。如果该航线尽管边际贡献为负，但对整体网络中转衔接有贡献时仍需保留，如大韩航空天津—首尔航线。航线边际贡献为负，且对网络没有贡献时，可考虑换机型运营，而不是轻易决定退出，以保留宝贵的时刻与航线经营权。依据上述分析，构建了航线调整路径图，如图 5-9 所示。

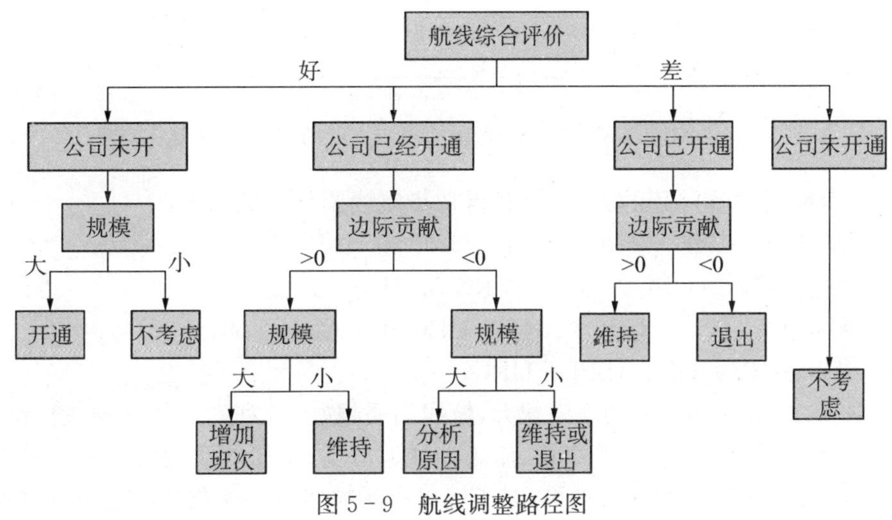

图 5-9 航线调整路径图

### 5.3.3 案例分析

以某航空公司 2012 年新疆疆内航线市场为分析对象，进行基于波士顿矩阵的航线效益评估。首先进行增长率/市场占有率分析。

疆内现有乌鲁木齐/地窝铺 URC、喀什 KHG、库尔勒 KRL、伊宁 YIN、阿克苏/温宿 AKU、和田 HTN、阿勒泰 AAT、库车 KCA、布尔津/喀纳斯 KJI、哈密 HMI、新源/那拉提 NLT、克拉玛依 KRY、塔城 TCG、博乐/阿拉山口 BPL、吐鲁番/交河 TLQ 和且末 IQM 等 16 个机场。AAT—URC、AAT—YIN、AKU—URC、BPL—URC、HMI—URC、HTN—URC、KCA—URC、KHG—URC、KHG—YIN、KJI—URC、KJI—YIN、KRL—URC、KRY—URC、NLT—URC、TCG—URC 和 YIN—URC 等 16 条往返航线。根据前文的描述理由，去除该航空公司独飞航线和市场增速超过 100%(即设定市场增速 10%的 10 倍)的航线，分析结果如图 5-10 所示。

其中显著的瘦狗类航线是 KRY—URC、BPL—URC，尤其是 KRY—URC 市场严重萎缩，需要考虑是否采用放弃策略。而对于明星类 KRL—URC、AAT—URC 和 HMI—URC 等则应采用发展策略，对于 HTN—URC、KHG—URC 和 YIN—URC 等金牛类则应采用维持或发展策略，对于 TCG—URC、AKU—URC 和 AAT—YIN 等问题类则需详细分析，考虑策略。

图 5-10 2012 年某航空公司新疆疆内航线市场增长率/市场占有率

再结合航线调整路径的方法，可获得初步航线调整方案如下：

a. 增加班次：KRL—URC、AAT—URC 和 HMI—URC；

b. 维持：HTN—URC、KHG—URC 和 YIN—URC；

c. 继续分析：TCG—URC、AKU—URC 和 AAT—YIN；

d. 退出：KRY—URC、BPL—URC。

根据 2.2 节的标准：市场规模越大，航线品质越好，盈利的可能性越大。民航市场一般分为快线、大运量、中等运量、瘦薄和缝隙市场，上述航线的对应划分如表 5-8 所示。结合图 5-11 的分析结果，对于运量小的航线且是瘦狗或问题类，则应考虑缩减运力。

**表 5-8 细分市场**

| 市场细分 | 日单向旅客数 | 航线 |
|---|---|---|
| 快线 | ≥1000 | URC—KHG、KRL—URC |
| 大运量 | 400～1000 | YIN—URC、AKU—URC、HTN—URC |
| 中等运量 | 200～400 | AAT—URC |
| 瘦薄 | 50～200 | HMI—URC、KRY—URC、BPL—URC、TCG—URC |
| 缝隙 | <50 | AAT—YIN |

但由于该航空公司在疆内航线网络处于构建期，基于枢纽轮辐式航线和枢纽机场对于大量节点和足够的航班频率的需求等因素考虑，在决定退出航线前还应慎重考虑。例如对于希望退出的航线，则可采用更换小机型或消减班次等方式来缩减运力。当然更换小机型有助于保持航线频率，有利于整个航线网络。

在航空公司市场营销中，运用波士顿矩阵分析航线效益具有非常大的意义。基于波士顿矩阵的航线效益综合评估避免了以前航线效益评估仅以盈利为唯一标准的弊端，充分借鉴其他产品分析的增长率/占有率分析方法，发掘航线潜在效益。通过这种方法，航空公司可以更加有效地管理航线。分析方法简单易用，具有较好的实用性。

## 5.4 航线网络规划

航线网络规划是航空公司的核心产品航线航班的基础。其本质是实现航空公司有限资源的最优利用,可以是资源利用最大化,也可以是收益最大化。无论哪种都是对航空公司战略的实现,因此航线网络规划需保持与航空公司战略的匹配。现有航线网络规划的研究将注意力更多放在最终的运筹学模型等细节问题上,忽略了与战略的匹配,且无法考虑政策、社会环境等定性因素。另外,复杂的模型并不适用于所有航空公司,尤其是中小航空公司,应适当淡化规模经济产成前的诸多因素,例如中转和溢出等。但航线网络规划与战略匹配的原则所有航空公司都要遵循。

### 5.4.1 指导思想

航线网络规划是寻求市场机会与航空公司资源的有效匹配并与公司战略匹配。不同公司有不同的战略,例如短期盈利还是市场占有和竞争力提升;成本领先还是差异化或专一化等。

第一步是市场分析,即通过对当前及未来市场的分析,识别市场机会,确定航空公司目标市场。随后依据日标市场,确定航线网络重要节点,即规划基地布局。随着基地布局的确定和航线网络整体架构的选定,航线网络拓展与优化方案逐步形成。最后,将航线网络与机队结合,完成航线网络规划。即由四个模块组成的"市场—基地—网络—机队"航空公司航线网络规划模型,如图 5-11 所示。

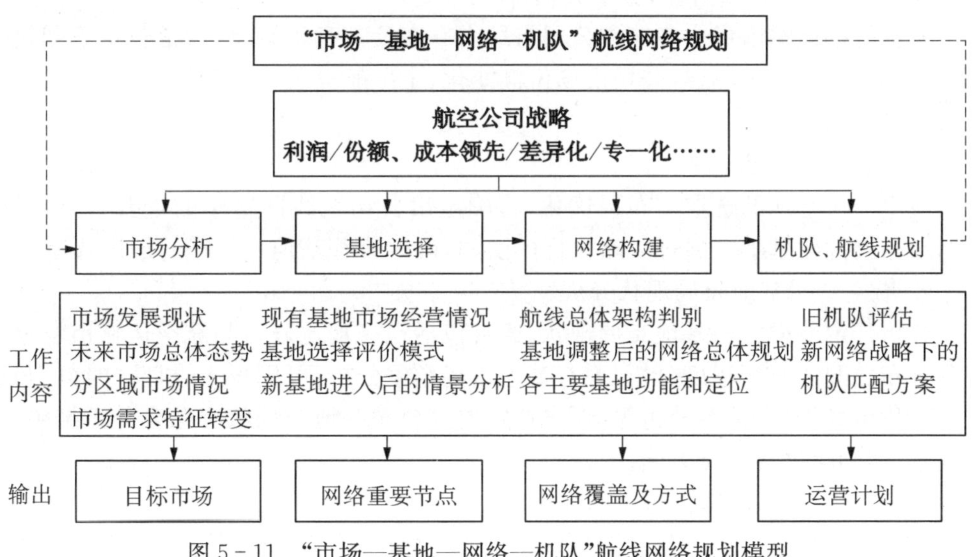

图 5-11 "市场—基地—网络—机队"航线网络规划模型

逐步细化和落实约束条件,尤其是那些无法用数学语言描述的定性约束条件,将主要落实在市场分析、基地选择和网络构建等模块中,使基于网络的机队规划与公司战略良好匹配。例如建设国际化规模网络型航空公司,则目标市场重点在国际市场，基地应选择垄断一个或多个国际枢纽机场，网络则以枢纽-轮辐式为主，机队要远程、中程和短程飞机相结合，同时还要考虑中转旅客衔接和 O&D 旅客市场需求等。

（1）市场分析。

航空运输市场分析是规划的起点和基础，这与公司战略规划很相似，也是公司制定战略的重要分析内容之一。分析时应引入公司战略目标，协助确定目标市场，例如公商务或休闲，国内或国际市场等。

a. 航空运输市场环境分析。

分析影响航空运输市场发展的宏观环境与行业环境。宏观环境，通常采用 PEST 模型，分析影响市场发展的经济、政策、社会文化、科技等环境因素及其趋势，涉及国家及区域经济发展走势、居民购买力与消费水平、产业结构调整、国家各项方针及政策法规、人口分布、行业科技动态及其影响等多个领域。行业环境分析则是对影响民航运输业，特别是分析航空公司业发展的重大事件、关键性问题等，紧密结合行业特色，揭示变化趋势及其中事关航空公司发展的有利与不利因素。

b. 航空运输市场规模、布局与增长分析。

分析航空运输市场整体规模、需求量、市场增长、市场布局、市场集中度等现状及其趋势，常用定性与定量分析相结合的方法。重点在于科学选取和使用预测方法，并结合现状，对航空运输市场需求与增长准确预测。

c. 航空运输市场结构与竞争分析。

分析航空运输市场中各航空公司市场占有率及其竞争策略，通常包括不同航空公司市场占有率、主导航空公司市场份额变化、主导航空公司竞争策略、主导航空公司航线网络现状等。

（2）基地选择与布局。

航空公司基地的选取与布局优化，将确定出公司航线网络中的重要节点，是航线网络拓展优化基础。通过战略目标的引领，确定哪些基地是战略的最优选择。

a. 航空公司基地布局现状分析。

分析选定航空公司基地布局现状，通常包括现有基地分布与航空运输市场整体资源分布之间的匹配程度分析，现有基地市场竞争分析，可用投入（机队、时刻）与产出（客、货市场份额）关系分析等，形成选定航空公司基地布局状况综合分析结果，揭示问题，明确改进与优化方向。

b. 航空公司基地选择与布局优化。

使用通用的航空公司基地选择评价模型，并结合特定市场特征，分析选定航空公司基地的选择，并由此得出选定航空公司未来基地选择与布局优化方案。影响基地选择的因素包括市场规模、市场增速、航线网络规模、区域经济环境、航空运输环境和机场运营保障能力等，这里给出一般基地选择评价模型，如表 5－9 所示，根据不同环境或不同航空公司对指标采用专家打分法等方法进行权重赋值。

**表 5－9　航空公司基地选择评价指标**

| 一级指标 | 二级指标 | 一级指标 | 二级指标 |
|---|---|---|---|
| 市场状况 | 市场规模 |  | 基地选址对公司总体网络战略的支撑 |
|  | 市场增长 |  | 基地拓展计划与公司资源规划的协调度 |
|  | 中转市场规模 | 机场条件 | 候选机场地理位置与公司既有基地的平均航距 |
|  | 中转市场增长潜力 |  | 机场容量状况 |
|  | 高端旅客市场 |  | 机场管理水平 |
| 竞争水平 | 基地主要航空公司对该市场的控制能力 |  | 机场基础设施建设规划 |
|  | 该基地主要航线竞争水平 | 政策导向 | 民航主管单位的政策影响 |
|  | 该基地航线平均票价水平 |  | 国家对该区域的政策影响 |
| 战略匹配 | 目前本公司在候选机场的份额 |  | 当地政府对公司建立基地的支持力度 |

(3) 航线网络构建。

航线网络构建包括三部分:一是分析选定航空公司航线网络整体架构。航线网络整体结构与航空公司所选择的商业模式相关,应以公司战略及商业模式选择为依据。二是结合选定航空公司航线网络中各基地的实际情况,确定各基地在航线网络及航空公司运营中的定位。三是根据各基地的定位,分析航空公司整体网络结构的拓展与优化方向。现有三种航线网络模式,如表 5－10 所示。航线网络模式的选择受公司战略、内外环境和网络模式自身特点三者决定,具体包括公司定位、市场模式、飞机移动成本、旅客时间价值和公司市场资源等。

**表 5－10　航线网络模式**

|  | 点对点航线网络 | 枢纽航线网络 | 混合航线网络 |
|---|---|---|---|
| 定义 | 又称全连通航线网络,通航点之间开辟直达航线,网络中基本没有通过枢纽中转连接的通航点 | 又称枢纽轮辐式航线网络,在适当地点建立中心枢纽站,周边客流量较小的城市不直接通航,通过在枢纽站衔接航班方式加以连接 | 又称蛛网式航线网络,枢纽航线网络与点对点航线并存互补,相互结合而成的一种航线网络 |
| 优点 | 易于航空公司管理,排班相对容易,航班延误可能性小,旅途时间较少 | 明显的规模经济性、范围经济性以及良好的社会效益通过航线网络的通达性和覆盖面,增加航班密度,提高飞机利用率,同时提升客座率 | 发挥点对点航线和枢纽轮辐式航线各自的优点,避免单一的点对点航线或单一的枢纽航线的缺陷 |

（续表）

| | 点对点航线网络 | 枢纽航线网络 | 混合航线网络 |
|---|---|---|---|
| 缺点 | 限制了客座率，航班频率较低；无网络经济（幅员经济与密度经济）效应 | 中途转机，增长旅途时间；航班衔接导致枢纽机场和重要航路交叉点拥挤，航班延误增加；航班编排复杂，枢纽机场建设投资增加 | 中枢纽点的选择、航线网络设计和航班波设计等是难点 |
| 适用战略 | 大运量航空市场；<br>高时间价值乘客的比例较高；<br>市场容纳策略 | 市场需求较低而边际成本较高；<br>低时间价值乘客的比例较高；<br>市场遏制策略 | 按市场需求和战略调整混合航线网络中点对点与枢纽所占比例 |

(4) 机队和航线规划。

在解决了航空公司飞哪（市场选择）、怎么飞（基地选择与布局、航线网络构建）之后，则需解决用什么机型飞，也就是制订与航线网络相匹配和适应的机队规划。机队规划与航线网络的适应性主要是分析市场特征，并对备选机型进行多角度评估，使所选择的机型适合市场和航线需求，飞机性能得到最佳发挥，飞机经济性得到充分体现，并以此实现航空公司最优化的市场供给和需求适应性。主要包括飞机大小与航线适应性、飞机性能与航线网络适应性、飞机经济性与航线网络适应性等。

一般采用运筹学模型对上述资源寻找最优解，例如利润最大化或成本最小化等。

在此基础上将运力分配至航班级。

基于战略匹配的航线网络规划全局研究方法，其实质就是将航空公司战略逐级落实到航线网络规划各步骤中，将公司战略和外部环境所产生的定性和定量约束条件都体现在规划中，并求解出最优配置方案。

综合考虑中小航空公司航线网络规划需求，根据实际情况适度简化规划模型。本书给出了简单的航线网络规划算例，利用该模型获得航空公司的核心产品航线航班规划，有较强的适应性和灵活性。

### 5.4.2 方法

(1) 航线网络规划的任务。

航线网络规划是公司对未来所运营的航线和重点市场、航线的组织形式（航线结构）、航线的市场规模和生产经营指标等所做的长期系统规划，其核心任务目标可以归纳为：

a. 确定航线网络规划的战略重点。

根据对航空公司内外部环境的分析，确定目标市场及其份额、拟订网络拓展的方向、规划基地布局，制订 2～5 年航线网络发展的重点。对于大型的枢纽航空公司，网络规划还包括制订联盟战略和枢纽战略。

b. 选择航线网络结构模式。

根据航空公司的市场定位和战略目标，以及对未来市场需求水平的预测，确定航空公司的航线网络结构模式。

c. 构建既定模式下航线网络。

根据对公司基地的地理位置、各城市对航线的收益、市场规模和竞争状况分析，结合市场准入和生产能力等限制因素，规划拟运营的航线、通航点的数量、重要航线上的航班频次等生产经营指标。其中航班频次的分析是基于航线的预计客流量、基准机型的座位级。

(2) 航线网络规划的基本原则。

a. 航线网络规划的全局性原则。

航线网络规划是战略性的，它所关注的是整个航线网络结构是否合理，能否有助于公司战略目标的实现以及网络收益的最大化，因此在决定对具体航线的选择、取舍或运力调整时，必须从整个航线网络的全局着眼，力求使航线网络中各条航线之间功能互补、互相输送运力，实现整体大于部分之和的功效。

b. 市场需求导向原则。

航线网络规划将决定公司生产资源要素的投资和配置重点，因此以市场需求为依据是航线网络规划的基本准则，其最终目的就是通过合理的优化和开拓航线网络来满足市场的需求，对市场需求的掌握是航线网络规划成功的重要前提。因此，制订航线网络规划必须充分地对现有的市场情况做出评估并对未来的市场需求做出动态的预测，力争最大限度地适应和满足市场需求。

c. 以航空公司的资源条件为基础。

航线网络规划的目标是寻求市场需求与公司资源的有效匹配，经营特定的航线要求航空公司必须具备相应的资源条件，包括符合航线运营要求的机型、航线经营权、时刻资源、飞行机务签派技术队伍、同时还要求航空公司具有一定的技术和开发能力，包括开发培育航线的能力、运行管理技术手段、产品设计与管理能力，创造和保持竞争优势的能力等。因此航空公司必须以企业自身条件为基础，充分考虑航空公司现有的航线网络资源，以及规划期内可能达到的人力、物力、财力等其他各种资源条件，制订符合航空公司实际的航线网络规划。

d. 经济效益优先原则。

航空公司提供航空运输产品的根本目的在于实现公司的盈利，从长远来看需要应对激烈的市场竞争以保持竞争优势。因此，航空公司必须紧紧抓住盈利航线，同时积极开拓有潜在吸引力的航线，努力实现网络经营效益的最大化。

(3) 航线网络规划的流程。

航线网络规划流程如图 5-12 所示，具体步骤为：

a. 收集、分析市场环境。

通过收集整理市场环境数据，对整个民航市场进行总体分析，预测未来市场需

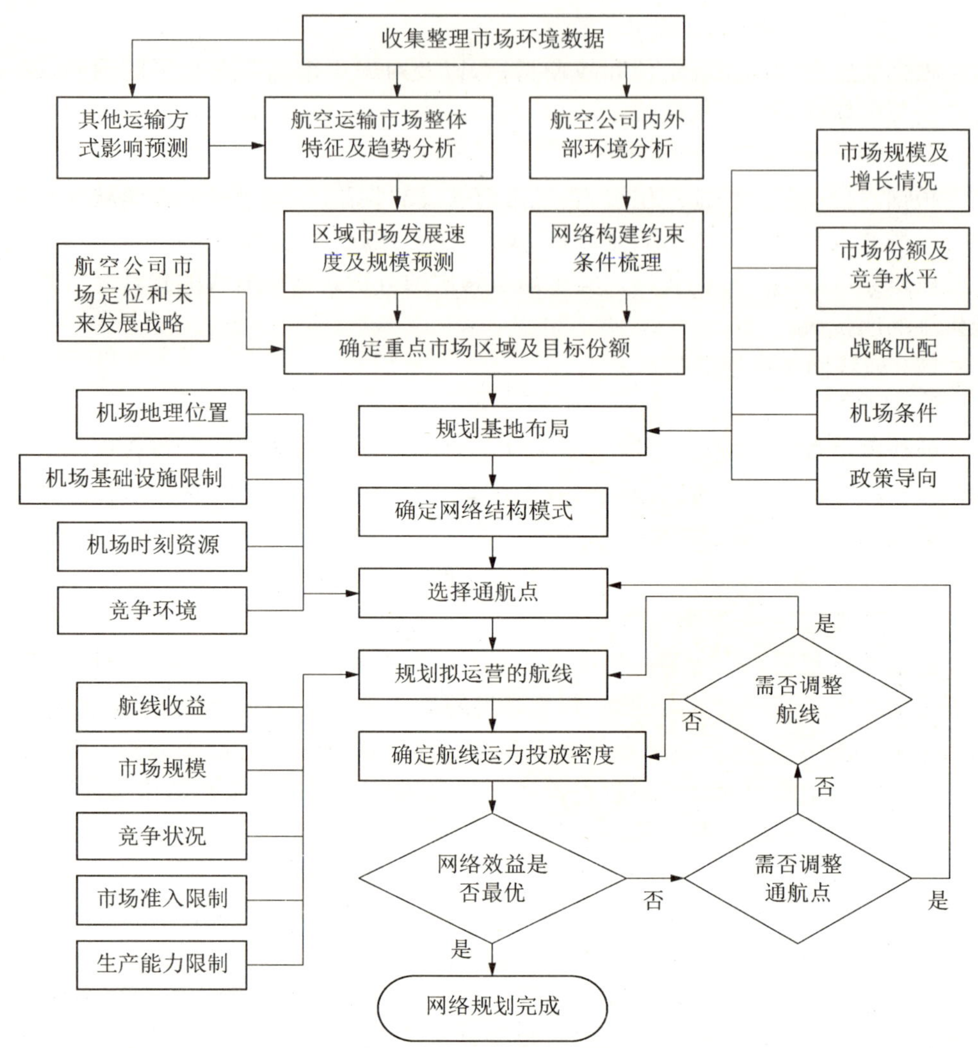


图 5-12 航线网络规划流程

求水平，并找出市场集中性的规律和需求增长最有潜力的区域。数据是航空公司非常宝贵的财富，是航空公司一切生产运营活动的基础。航线网络规划做的分析、决策都是建立在对大量数据收集、集成和分析基础之上的，其主要的数据包括国家经济发展以及相关行业信息、航空公司经营数据（航班计划、成本、收入、订座、生产、收益管理等信息）、OAG 航班时刻、各机场运营数据和增长率、政府数据、联盟伙伴数据、中航信订座信息、O&D 等数据。

b. 确定航线网络规划的重点市场区域。

依据航空公司市场定位和未来发展战略目标、对航空公司内外环境的战略分析、各区域航空市场需求增长情况以及其他运输方式对航空运输市场影响的科学预测，确定重点发展的市场区域、运力投放的主要方向以及各基地发展速度、根据拟订的增长目标确定资源配置的优先顺序。规划时要综合考虑多种生产资源要素的制约，并吸收相关部门的意见。

c. 选择通航点和航线连接方式。

首先根据航线网络规划的战略重点、机场地理位置、竞争环境、机场基础设施限制、时刻资源的可获取水平和公司内部资源等因素，在所有备选机场中选取通航点，明确通航点的类型、通航点数量(即网络的覆盖范围)。其次选择通航点之间的航线连接方式。不同的航空公司会有不同的航线网络模式，对于实力雄厚的航空公司，如果选择建设中枢辐射型网络，则需要首先确定枢纽机场的选址、定位，确保公司在枢纽机场拥有大量的、占主导地位的资源优势，并通过跟踪调查了解枢纽机场的联程旅客与本地旅客的比重、该枢纽机场对旅客的吸引力、公司在该枢纽机场拥有的资源等，评估枢纽质量。

d. 确定航线运力投放密度。

依据各航线市场历史发展速度、航线客流量的水平、航线竞争者运力投放规模、预先设定的航线市场占有率，采用理想化的航班时刻作为约束条件并以基准机型的座位级为基础，测算航线航班频次，确定航线运力投放密度。

e. 优化航线网络设计。

在完成规划方案设计后，还需要对整体网络结构进行效益评价和结构优化。航空公司从航线网络收入、利润和效率最大化角度出发，基于对各条航线的运营收益和成本的量化分析，优先选择市场需求容量较大、预期收益较高的航线，或是根据各条航线的网络贡献，保留边际贡献率为正的航线，以此来优化航线网络结构，提高整体网络收益。目前国内航空公司在评价航线收益时，只考虑客流量，而未将货邮收益计算在内。

(4) 市场环境预测方法。

a. 趋势外推法

趋势外推法以时间变化为基础，根据过去和现在的发展趋势推断未来的情况。其假设前提是预测对象的发展变化具有稳定性和渐进性，对于时间变化有规律性。当历史数据比较全面、市场发展比较平稳时，趋势外推法可以提供稳定的预测结果。

在只有为数不多的几年数据的情形下，可采用线性趋势外推。

b. GM(1, 1)灰色预测法。

灰色预测法通过鉴别系统因素之间发展趋势的相异程度，进行关联分析，并对原始数据进行生成处理来寻找系统变动的规律，生成有较强规律性的数据序列，然后建立相应的微分方程模型，从而预测事物未来发展趋势。

当被预测数据信息不完全时，可利用灰色预测法对模糊系统做长期预测。其中，一元灰色预测 GM(1, 1)适用于时间序列的数据。

c. 增长比率法。

增长比率法是根据被预测对象在过去统计期内的平均增长率，类推未来某期预测值的算法。

d. 最近年法。

最近年法是在时间序列数据预测中，将按时间顺序排列的样本数据中的最后一个数据直接作为预测数据的方法。通常用于中短期预测，或经过定性分析适用的情况。

可用在交通运输领域内的预测方法不胜枚举，各种方法都有其自身的优点和不足。首先，从客流量、航班班次、座位数、票价水平等指标的性质来看，属于经济产量预测，分析这些指标的平稳程度，航空公司的生产经营情况与国家的宏观经济运行情况联系紧密，而国家的宏观经济运行平稳，因此对这些指标的预测只需用预测方法揭示出其规律性，适时检验结果即可满足决策要求，不需要随时修正检验；其次，从预测周期来看待进行的预测属于中长期预测，一般来说，预测时间长，预测的精度也会降低；最后，分析对可知信息的利用程度，待预测的指标都是时间序列数据，而影响时间序列数据的具体影响因素难以确定且获知，难免其中有随机因素的影响，属于数据信息获知不全的情况。

基于这些考虑，对这些指标进行预测的方法就有了大致的范围，但同时，还要详细考虑各个指标的特殊性，例如：

a. 票价水平。

受机票出售当时的经济环境影响大，因此越近年的票价水平越能真实地反映市场环境情况；数值上的特点是在稳定环境下波动小。所以，预测票价水平采用最近年值预测的方法。

b. 客流量。

客流量是反映市场需求的直接指标，各种可能的影响因素最后作用的结果，数值上有部分波动较大的特点，反映了需求随各因素变动这一系统的复杂性、不可视性，考虑各种因素作用的随机性，适用趋势外推法；考虑到各个因素信息不完全，适用灰色预测法；考虑到经济增长对需求的影响，也适用增长率法进行预测。具体哪种方法更精确，在分别用这 3 种方法预测后分析确定。

c. 航班班次与座位数。

航班班次与座位数反映的是运力的变化情况，是市场需求的间接反映。大部分数据有较明显的增长趋势，但也存在波动情况，数据特点与客流量的数据特点相似，因此同样可以考虑采用趋势外推法、灰色预测法和增长率法分别预测。

### 5.4.3 模型

航空公司在进行飞机引进与机队规划、航线规划、飞行人力资源规划等战略层面的规划决策时，应当充分考虑航空公司各生产资源要素间的关联关系及对生产运行的约束，并以实现各生产资源要素的均衡配置为基本原则。以航线网络运营利润最大化为目标，构造一个生产资源要素优化配置模型，通过求解航线网络运力优化分配问题，确定最优的航线规划、机队规划方案，以及相应的航线运力投放、机型航线匹配方案。

(1) 变量定义。

已知有 $n$ 条可供运营的航线,$m$ 种可供选择的备选机型方案,根据上述分析,并以航线网络运营利润最大化为目标,可以构造出相应的航线网络运力优化分配模型。定义:

a. 机型 $i$ 的座位数为 $C_{\mathrm{ap}_i}$,月平均固定成本为 $C_{\mathrm{Fixed}_i}$(主要指所有权成本),机型 $i$ 的飞机数量为 $Z_i$。

b. 受机型 $i$ 的飞行机组实际能提供飞行实力限制的最大航班任务时间为 $t_{\mathrm{crew}}^{i}$。

c. 航线 $j$ 上最高允许安排的航班频率为 $F_j$,预计每月能够实现客流量的上限为 $D_{\max}^{j}$,客流量的下限为 $D_{\min}^{j}$,平均票价为 $P_j$。

d. 机型 $i$ 在航线 $j$ 上运行的变动成本为 $C_{\mathrm{Vari}_{ij}}$,轮挡时间为 $t_{\mathrm{eet}}^{ij}$,预测载运率为 $LF_{ij}$。

e. 定义 $\beta_{ij}$ 表示机型与航线间的适航限制,$C_{\mathrm{p}}$ 表示"罚成本",$\beta_{ij}=\begin{cases}0,\text{表示机型 } i \text{ 能在航线 } j \text{ 上运营}\\1,\text{否则}\end{cases}$。

f. 定义 $x_{ij}$ 为机型 $i$ 在航线 $j$ 上执行航班的数量,它代表了一个航线网络运力分配方案。

(2) 目标函数。

在市场经济的大环境下,航空公司运营是以利润最大化为经营目标的,因此航空公司资源要素配置的优化目标可以表述为:机队在所运营航线网络上的运营利润最大化。在建立目标函数时,需考虑机型航线运营收入 $C_{\mathrm{ap}_i}\times LF_{ij}\times P_j$、机型航线运行变动成本 $C_{\mathrm{Vari}_{ij}}$、机型航线适应性 $\beta_{ij}\times C_{\mathrm{p}}$(罚成本)和机型的月固定成本 $C_{\mathrm{Fixed}_i}$。具体的目标函数为

$$Maximum=\sum_{i=1}^{m}\left\{\sum_{j=1}^{n}\left[(C_{\mathrm{ap}_i}\times LF_{ij}\times P_j-C_{\mathrm{Vari}_{ij}}-\beta_{ij}\times C_p)\times x_{ij}\right]-Z_i\times C_{\mathrm{Fixed}_i}\right\} \tag{5-23}$$

其中,$\sum_{j=1}^{n}\left[(C_{\mathrm{ap}_i}\times LF_{ij}\times P_j-C_{\mathrm{Vari}_{ij}}-\beta_{ij}\times C_p)x_{ij}\right]$ 表示机型 $i$ 在航线 $j$ 上的边际贡献。

(3) 约束条件。

在进行航空公司生产资源优化配置时需要综合考虑以下约束条件:

a. 规划期内航线和时刻资源的制约。

由于受各机场和空域飞行容量、局方的航班计划审批管理规定的限制,每家航空公司能够分配到的航线以及在各条航线上的最高允许航班频率是有限的,这就必然影响到航空公司在各条航线上的运力分配方案。

对于每一条航线 $j$,公司所有机型执行的航班频率之和不得超过局方审批的数

量 $F_j$，定义机型 $i$ 在航线 $j$ 上执行的航班数为 $x_{ij}$，$x_{ij}$ 为整数，$\forall i=1, 2, \cdots, m$，$\forall j=1, 2, \cdots, n$，则有

$$\sum_{i=1}^{m} x_{ij} \leqslant F_j, \ \forall j=1, 2, \cdots, n \tag{5-24}$$

b. 规划期内市场需求水平的制约。

具体体现为每个航空公司在各条航线上能够分配到的预计客流量(不考虑货运的收益)，即航空公司的航线市场份额乘以航线需求量，以及各种座位级的机型在该航线上能够达到的平均客座率水平，两者决定了一个航空公司在各条航线上的运力投放水平(即座位数)。

对于每一条航线，规划期内各种机型提供的总运力 $\sum_{i=1}^{m} x_{ij} \times C_{\mathrm{ap}_i} \times LF_{ij}$ 应该在最小预计客流量 $D_{\min}^{j}$ 和最大预计客流量 $D_{\max}^{j}$ 之间，即

$$D_{\min}^{j} \leqslant \sum_{i=1}^{m} x_{ij} \times C_{\mathrm{ap}_i} \times LF_{ij} \leqslant D_{\max}^{j}, \ \forall j=1, 2, \cdots, n \tag{5-25}$$

c. 公司机组的有效飞行实力制约。

由于受民航法规对飞行员飞行、执勤、休息时间的限制，每种机型能够完成的最大航班任务时间必须受到该机型的飞行机组实际能提供的飞行实力制约。因此每种机型承担的航班总轮挡时间 $\sum_{j=1}^{n} x_{ij} \times t_{\mathrm{eet}}^{ij}$ 不超过该机型飞行机组能够提供的有效飞行时间 $t_{\mathrm{crew}}^{i}$。

$$\sum_{j=1}^{n} x_{ij} \times t_{\mathrm{eet}}^{ij} \leqslant t_{\mathrm{crew}}^{i}, \ \forall i=1, 2, \cdots, m \tag{5-26}$$

d. 飞机运力需求水平。

首先，每种机型的月可用飞行时间(以月均轮挡时间表示)是有限度的，并可以根据经验公式表示为

$$U_i = \frac{U_t}{t_i + t_{\mathrm{ramp}}^{i}} \times t_i \tag{5-27}$$

式中，$U_t$ 为月可用执勤时间，美国市场常用 350 h，其他市场常用 320 h；$t_{\mathrm{ramp}}^{i}$ 为机型 $i$ 的平均过站时间，由公司根据经验确定；$t_i$ 为机型 $i$ 的平均轮挡时间，取决于该机型所运营航线网络的结构，其表达式为

$$t_i = \frac{\sum_{j=1}^{n} (x_{ij} \times t_{\mathrm{eet}}^{ij})}{\sum_{j=1}^{n} x_{ij}}, \ \forall i=1, 2, \cdots, m \tag{5-28}$$

根据机型年均可用运力水平，可以将备选机型的飞机数量 $Z_i$ 约束表示为

$$Z_i - 1 < \frac{\sum_{j=1}^{n}(x_{ij} \times t_{\text{eet}}^{ij})}{U_i} \leqslant Z_i,\ \forall i = 1, 2, \cdots, m \tag{5-29}$$

以上的目标函数和约束条件构成了航空公司生产资源要素优化配置模型，通过该模型可以对航空公司的航线网络、机队结构进行规划，并给出相应的航线运力分配方案。

(4) 生产资源要素优化配置模型的应用。

上述模型表达的是航空公司生产资源要素匹配关系的一般形式和要求，实际运用中还需要根据所规划问题的具体特点(特别是生产资源要素构成的特点)、航空公司对生产资源要素配置的具体要求，对模型表达进行相应的调整。例如：

a. 当机队结构已经确定(或部分机型已经确定)，或者对机队利用率有明确要求时，则需要增加对相应机型机队数量或可用飞行时间的约束。

(a) 当已知机型 $i$ 的利用率有最低要求 $t_{\min}^{i}$ 时，则需增加约束：

$$\sum_{j=1}^{n} x_{ij} \times t_{\text{eet}}^{ij} \geqslant t_{\min}^{i} \times Z_i \tag{5-30}$$

(b) 当公司机队中某种机型 $i$ 的飞机数量 $Z_i$ 有最低要求 $Num_{\min}^{i}$ 时，则需增加约束：

$$\frac{\sum_{j=1}^{n} x_{ij} \times t_{\text{eet}}^{ij}}{U_i} \geqslant Num_{\min}^{i},\ \forall i = 1, 2, \cdots, m \tag{5-31}$$

b. 当某几种机型可以构成混飞机队时，对应机型的机组飞行实力约束就需要合并表达。

假如备选机型中机型 $i_1$，$i_2$，…，$i_k$ 可以构成混飞机队，其可用飞行实力分别为 $t_{\text{crew}}^{i1}$，$t_{\text{crew}}^{i2}$，…，$t_{\text{crew}}^{ik}$，则约束条件式(5-26)可调整为

$$\begin{aligned} &\sum_{j=1}^{n} x_{ij} \times t_{\text{eet}}^{ij} \leqslant t_{\text{crew}}^{i},\ \forall i \neq i_1, i_2, \cdots, i_k \\ &\sum_{j=1}^{n}\sum_{h=1}^{k} x_{i_h j} \times t_{\text{eet}}^{i_h j} \leqslant \sum_{h=1}^{k} t_{\text{crew}}^{i_h},\ \forall h = 1, 2, \cdots, k \end{aligned} \tag{5-32}$$

c. 当公司需要重点关注某条航线的市场份额时，则约束式(5-25)中最大和最小客流量 $D_{\max}^{j}$、$D_{\min}^{j}$ 的表达方式也需要相应调整。

假设已知航线 $j$ 的预计客流量为 $D_{\text{total}}^{j}$，公司对在航线 $j$ 的市场份额要求下限为 $MS_{\min}^{j}$，预计可达到的市场份额上限为 $MS_{\max}^{j}$，则约束式(5-25)调整为

$$D_{\text{total}}^{j} \times MS_{\min}^{j} \leqslant \sum_{i=1}^{m} x_{ij} \times C_{\text{ap}_i} \times LF_{ij} \leqslant D_{\text{total}}^{j} \times MS_{\max}^{j}, \ \forall j = 1, 2, \cdots, n \tag{5-33}$$

当企业需要根据机队、航线规划方案分析公司的飞行人力资源需求时，则原模型中约束式(5－26)需要取消，转而根据航线运力匹配方案推算规划方案对飞行人力资源的需求。

### 5.4.4 案例分析

(1) 运营假设条件。

根据某航空公司运营的实际情况、B737－800飞机的经济技术性能，设定B737－800飞机机队在上海运营基地的运营条件，仅规划至航线级。主要假设条件如下。

飞机：B737－800飞机；

数量：5架；

座位数：158座；

机队日利用率：7.0h，7.5h和8.0h；

主营运基地：上海虹桥或上海浦东；

航线比例：一类航线40%，二类航线60%；

通航机场类别比例：一类1级/2级为40%，二类为60%；

通航城市数量：10～15个。

财务主要假设条件如下：

油价为7045元/吨；

美元汇率为1美元＝6.42元人民币；

某航空公司间接运营成本为0.065元/座公里。

(2) B737－800机队某航空公司航线规划备选航线。

根据运营假设条件和某航空公司实际运营情况，选取以下20条备选航线，如表5－11所示。

表5－11 备选航线

| 序号 | 航线 | 三字码 | 飞行距离/km | 轮挡油耗/kg | 轮挡时间/min |
|---|---|---|---|---|---|
| 1 | 浦东—西安 | PVG—XIY | 1198 | 3792.4 | 115.3 |
| 2 | 浦东—成都 | PVG—CTU | 1833 | 5405.6 | 161 |
| 3 | 浦东—沈阳 | PVG—SHE | 1298 | 4045.4 | 122.5 |
| 4 | 浦东—大连 | PVG—DLC | 879 | 2988.6 | 92.2 |
| 5 | 浦东—武汉 | PVG—WUH | 671 | 2464.5 | 77.2 |
| 6 | 浦东—重庆 | PVG—CKG | 1409 | 4326.3 | 130.5 |
| 7 | 浦东—福州 | PVG—FOC | 629 | 2358.6 | 74.1 |
| 8 | 浦东—哈尔滨 | PVG—HRB | 1733 | 5150.7 | 153.8 |

（续表）

| 序号 | 航线 | 三字码 | 飞行距离/km | 轮挡油耗/kg | 轮挡时间/min |
|---|---|---|---|---|---|
| 9 | 浦东—海口 | PVG—HAK | 1723 | 5125.2 | 153.1 |
| 10 | 浦东—桂林 | PVG—KWL | 1350 | 4177 | 126.2 |
| 11 | 浦东—长沙 | PVG—CSX | 877 | 2983.5 | 92.1 |
| 12 | 浦东—厦门 | PVG—XMN | 874 | 2976 | 91.8 |
| 13 | 浦东—昆明 | PVG—KMG | 1840 | 5423.4 | 161.5 |
| 14 | 浦东—青岛 | PVG—TAO | 520 | 2084 | 66.2 |
| 15 | 浦东—北京 | PVG—PEK | 1023 | 3351.4 | 102.6 |
| 16 | 浦东—济南 | PVG—TNA | 752 | 2668.6 | 83 |
| 17 | 浦东—广州 | PVG—CAN | 1090 | 3520.2 | 107.5 |
| 18 | 浦东—郑州 | PVG—CGO | 873 | 2973.5 | 91.8 |
| 19 | 浦东—深圳 | PVG—SZX | 1358 | 4197.2 | 126.8 |
| 20 | 浦东—三亚 | PVG—SYX | 1910 | 5602.6 | 166.6 |

备选航线选择原则：①满足运营假设条件；②依据现有航线频率。

（3）浦东运营基地航线规划。

每条航线运营频率分别为 $Freq_1$，$Freq_2$，$Freq_3$，…，$Freq_{20}$，这就是该规划的决策变量。

在市场经济的大环境下，航空公司运营是以利润最大化为经营目标的，因此优化目标可以表述为机队在所运营航线网络上的运营利润最大化。在建立目标函数时，需考虑机型航线运营收入、航线运营成本和航线运营频率。具体目标函数为

$$Maximum = \sum_{i=1}^{n}[(Cap_i \times LF_i \times P_i - Cost_i) \times Freq_i] \tag{5-34}$$

式中：$Cap_i$ 是机型座位数；

$LF_i$ 是各航线客座率；

$P_i$ 是各航线平均票价；

$Cost_i$ 是不同日利用率下各航线运营成本；

$Freq_i$ 是各航线运营频率。

根据 B737－800 飞机某航空公司航线规划条件假设，在进行某航空公司航线规划优化时需要综合考虑以下约束条件：

$$\sum_{i=1}^{n}(T_i \times Freq_i) \leqslant U_t \tag{5-35}$$

$$Freq_{low} < Freq_i < Freq_{up} \tag{5-36}$$

式中：$T_i$ 是各航线飞行时间；

$U_t$ 是总可用飞行时间；

$Freq_{low}$是各航线运营频率下限；

$Freq_{up}$是各航线运营频率上限。

在不同日利用率下，月总可用飞行时间分别为 1050 h、1125 h 和 1200 h。各航线运营频率下限为 12 次/月，上限为该航线可用时刻。

(4) 规划结果。

选择浦东机场为主运营基地，根据市场运营情况和航线运营成本，对 5 架 B737－800 飞机的某航空公司航线进行优化规划，不同日利用率下结果如表 5－12、表 5－13 和表 5－14 所示，每架飞机月总毛利润分别约为 457 万元，521 万元和 574 万元。

**表 5－12 B737－800 飞机某航空公司航线规划(7 h 日利用率)**

| 序号 | 航线 | 经济舱全票价/元 | 客座率/% | 平均票价折扣/% | 单向月班次 |
|---|---|---|---|---|---|
| 1 | 浦东—西安 | 1260 | 84.6 | 50.7 | 12 |
| 2 | 浦东—沈阳 | 1300 | 82.7 | 57.3 | 12 |
| 3 | 浦东—大连 | 1060 | 81.4 | 58.4 | 129 |
| 4 | 浦东—武汉 | 810 | 86.6 | 55.1 | 12 |
| 5 | 浦东—重庆 | 1490 | 83.6 | 50.7 | 12 |
| 6 | 浦东—青岛 | 740 | 85.4 | 53.2 | 12 |
| 7 | 浦东—北京 | 1130 | 81.5 | 62.7 | 57 |
| 8 | 浦东—广州 | 1280 | 81.5 | 66.6 | 46 |
| 9 | 浦东—郑州 | 800 | 83.6 | 65.1 | 12 |
| 10 | 浦东—深圳 | 1400 | 82.1 | 53.5 | 12 |

**表 5－13 B737－800 飞机某航空公司航线规划(7.5 h 日利用率)**

| 序号 | 航线 | 经济舱全票价/元 | 客座率/% | 平均票价折扣/% | 单向月班次 |
|---|---|---|---|---|---|
| 1 | 浦东—西安 | 1260 | 84.6 | 50.7 | 12 |
| 2 | 浦东—沈阳 | 1300 | 82.7 | 57.3 | 17 |
| 3 | 浦东—大连 | 1060 | 81.4 | 58.4 | 147 |
| 4 | 浦东—武汉 | 810 | 86.6 | 55.1 | 12 |
| 5 | 浦东—重庆 | 1490 | 83.6 | 50.7 | 12 |
| 6 | 浦东—青岛 | 740 | 85.4 | 53.2 | 12 |
| 7 | 浦东—北京 | 1130 | 81.5 | 62.7 | 57 |
| 8 | 浦东—广州 | 1280 | 81.5 | 66.6 | 46 |
| 9 | 浦东—郑州 | 800 | 83.6 | 65.1 | 12 |
| 10 | 浦东—深圳 | 1400 | 82.1 | 53.5 | 12 |

表 5-14 B737-800 飞机某航空公司航线规划(8 h 日利用率)

| 序号 | 航线 | 经济舱全票价/元 | 客座率/% | 平均票价折扣/% | 单向月班次 |
|---|---|---|---|---|---|
| 1 | 浦东—西安 | 1260 | 84.6 | 50.7 | 12 |
| 2 | 浦东—沈阳 | 1300 | 82.7 | 57.3 | 35 |
| 3 | 浦东—大连 | 1060 | 81.4 | 58.4 | 147 |
| 4 | 浦东—武汉 | 810 | 86.6 | 55.1 | 12 |
| 5 | 浦东—重庆 | 1490 | 83.6 | 50.7 | 12 |
| 6 | 浦东—青岛 | 740 | 85.4 | 53.2 | 12 |
| 7 | 浦东—北京 | 1130 | 81.5 | 62.7 | 57 |
| 8 | 浦东—广州 | 1280 | 81.5 | 66.6 | 46 |
| 9 | 浦东—郑州 | 800 | 83.6 | 65.1 | 12 |
| 10 | 浦东—深圳 | 1400 | 82.1 | 53.5 | 12 |

(5) 航班排班实例

某航空公司相关航线运营数据如表 5-15 所示。估算机型航线成本,用两架窄体机执行,尾号 5188(6 班)典型航线为:厦门—昆明—厦门—上海—厦门—武夷山—厦门、5189 号(4 班)典型航线为:厦门—重庆—厦门—上海—厦门。两架飞机典型航线航班安排如图 5-13 所示,5188 号日利用率 10.04 h,5189 号日利用率 9.67 h。

表 5-15 相关航线运营数据

| 航线 | 飞行时间/h | 飞行距离/km | 每班人数 | 平均每客客运票价/元 | 货邮收入占旅客收入比/% |
|---|---|---|---|---|---|
| 昆明—厦门 | 2.41 | 1680 | 130 | 864 | 7.60 |
| 重庆—厦门 | 2.21 | 1515 | 122 | 714 | 1.44 |
| 上海—厦门 | 1.54 | 878 | 115 | 568 | 3.85 |
| 武夷山—厦门 | 0.81 | 360 | 116 | 321 | 1 |

## 5.5 财务及净现值

从传统上说,经济学家假定企业的目标是利润最大化,即经理们做决策始终是为实现利润最大化。但是,是哪个时期的利润,今年的,还是以后 5 年的?人们注意到,有的经理做决策,是为增加将来的利润,而宁可减少当前的利润。研究和开发费用、新设备投资和重大的市场营销项目,虽然有些会减少当前利润,但却能大大增加以后几年利润。

由于当前的和将来的利润都是重要的,所以,人们假定企业的目标应当是谋求未来全部利润的现值(贴现值)最大。用方程表示,企业的目标函数应为

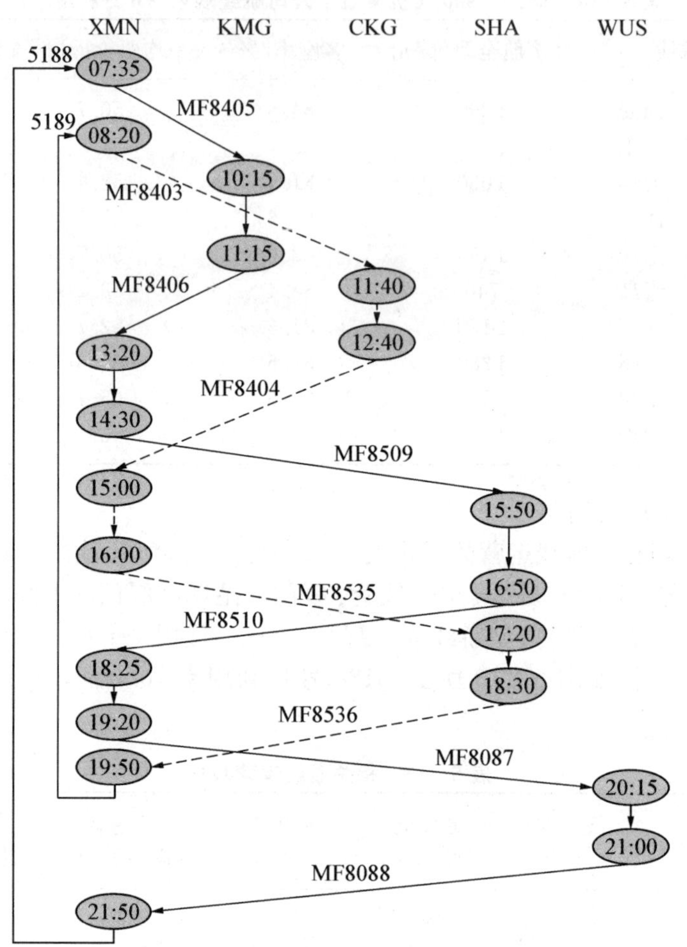


图 5-13 两架窄体机典型航线航班安排

$$\max(PV(\pi)) = \frac{\pi_1}{1+r} + \frac{\pi_2}{(1+r)^2} + \cdots + \frac{\pi_n}{(1+r)^n} \tag{5-37}$$

式中：$\pi_t$ 为第 $t$ 期的利润；$r$ 为适当的贴现率，它用来把将来的利润折算成现值。用希腊字母 Σ 表示将方程右侧各项加总，这样，目标函数可写成

$$\max(PV(\pi)) = \sum_{t=1}^{n} \frac{\pi_t}{(1+r)^t} \tag{5-38}$$

未来全部利润的现值也可以解释为企业的价值。它是指，如果有人要购买这家企业，他愿意为此支持的价格。因此，谋求将来全部利润的贴现值最大，也就是谋求企业的价值最大。

### 5.5.1 财务分析

财务分析是对航空公司购置飞机所产生的财务影响进行的评价。主要评价方法有投资回收期法、净现值法和内部报酬率法。

1）需要的基本数据

为正确评价购置飞机的财务成果，首先需要获得或者估计有关飞机购置与运营的基本数据。

（1）初始成本。

初始成本也称初始投资，是指飞机的购置费以及相关投资，包括机体的基本费用、发动机费用、备件、购机时提出的特定客舱布置和装修的价格，以及地面配套设备设施的费用等。初始成本的高低影响着航空公司购机的原始投入，是财务评价必备的基础数据。

（2）飞机运营收入与成本。

飞机运营收入是飞机在全寿命周期内各年执行航班飞行所取得的收入，包括旅客运输收入和货邮运输收入，它是飞机运营给航空公司带来的现金流入。飞机运营成本是飞机在全寿命周期内各年执行航班飞行所发生的成本，包括飞机折旧与租赁费、燃油消耗、空勤组费用、维修费用，以及向机场和空管缴纳的飞机运行费用等。其中除折旧费外，其他成本项目都是现金的流出。飞机运营收入与成本反映了飞机运营带来的现金流入量与流出量，这是对购机方案进行财务评价的基础。

估计飞机运营收入与成本的方法大致有三种：第一种是根据历史信息估计未来的飞机运营收入与成本，比如根据某类机型历史上的飞行小时成本水平与变化规律，以及飞机年利用率的水平与变化规律，预计其未来年份的运营成本。第二种是根据当前市场信息估计未来的飞机运营收入与成本，比如根据某类机型当前的年生产率（一架飞机一年所能提供的可用座公里）、客座率和座公里收入水平，在估计未来年份的年生产率、客座率和座公里收入水平的基础上，预计该机型的未来各年收入水平。第三种是根据飞机的具体性能信息，估计未来的飞机运营收入与成本，例如根据民机制造商提供的飞机维修要求，估计未来年份发生的维修或改装费用等。三种方法各有特点，在实际中往往需要结合运用。

（3）飞机寿命。

飞机寿命决定了财务分析的投资评估期限，所以在对飞机购置的财务成果进行评价之前，需要确定飞机的寿命期限。飞机寿命有多种计算方法：

a. 经济寿命。飞机能产生经济回报的时间就是经济寿命。

b. 物理寿命。飞机必须适航的，当超过某种程度，要求延长物理寿命的投资则不再是合理的，此时飞机就被视为已经进入其物理寿命的终点。

c. 技术寿命。在飞机预期使用期限内，当技术的发展使飞机变得过时，飞机就被视为已经进入其技术寿命的终点。

d. 折旧寿命。飞机折旧年限就是其折旧寿命，它与技术和物理寿命无关，而是与航空公司的经营策略和财务制度相关。航空公司可能通过延长折旧年限来减少运营成本,也可能通过加速折旧来减少利税,加快机队更新。

e. 财务寿命。航空公司偿还购机贷款的时间就是飞机的财务寿命。

在对购机方案进行财务评价时,不同的航空公司可能要求按照不同的飞机寿命确定投资评估期。但一般来说,投资评估时间至少应当与飞机的财务寿命相等。

(4) 折现率。

考虑到货币的时间价值,进行财务评价需要确定飞机在全寿命周期内的现金流量的折现率。折现率是将未来的收益还原或转换为现值的比率,它实质上是一种资本投资的收益率,其高低直接影响财务评价结果。折现率的确定没有精确的方法,但原则上应当以行业平均收益率为基础,并适当高于国债利率和银行利率,因为企业购置飞机的风险大于投资于国债或银行,所以投资回报率应当高于国债利率和银行利率。

2) 财务评价方法

a. 投资回收期法。

对于飞机购置来说,投资回收期是指航空公司收回购置飞机的初始投资所需要的时间。也就是用飞机的运营收入,扣减现金成本支出后的净现金流量,抵偿初始投资所需要的全部时间。如果投资回收期小于或等于行业的标准投资回收期,则购机方案可行。如果多个备选方案的投资回收期都小于或等于行业的标准投资回收期,则回收期短的方案最具财务可行性。

**表 5-16 投资回收期算例**

| 基本假设 | A 购机方案的初始投资 21000 万元,B 购机方案的初始投资 25000 万元;行业标准投资回收期 6 年,寿命周期 8 年 | | | |
|---|---|---|---|---|
| 年份 | 净现金流量/万元 | | 累计净现金流量/万元 | |
| | A 方案 | B 方案 | A 方案 | B 方案 |
| 第一年 | 2000 | 2000 | 2000 | 2000 |
| 第二年 | 3000 | 3000 | 5000 | 5000 |
| 第三年 | 4000 | 4000 | 9000 | 9000 |
| 第四年 | 5000 | 5000 | 14000 | 14000 |
| 第五年 | 4000 | 5000 | 18000 | **19000** |
| 第六年 | 3000 | 7000 | **21000** | **26000** |
| 第七年 | 4000 | 4000 | 25000 | 30000 |
| 第八年 | 3000 | 3000 | 28000 | 33000 |

上例中(见表 5-16)A 方案投资回收期为 6 年,B 方案投资回收期在 5 年与 6 年之间,可用线性插值方法确定具体投资回收期。

$$\text{B方案投资回收期} = 5 + (25\,000 - 19\,000) \div (26\,000 - 19\,000)$$
$$= 5 + 0.86 = 5.86\text{ 年}$$

B方案投资回收期小于A方案，从静态的投资回收角度看，B方案的财务可行性较强。

投资回收期法的优点是能够直观地反映初始投资的返本期限，便于理解，计算简单；可以直接利用回收期之前的净现金流量信息。缺点是没有考虑资金时间价值和回收期满后发生的现金流量，不能正确反映投资方式不同对项目的影响。

b. 净现值法。

净现值法是按照预定的折现率 $i$，分别把飞机全寿命周期内各年发生的净现金流量折为投资方案开始时的现值，再求其代数和。计算公式是

$$NPV = \sum_{k=1}^{n} \frac{CF_k}{(1+IRR)^k} = 0 \tag{5-39}$$

式中：$NPV$是净现值；

$k$是年限数；

$r$是折现率；

$CF_k$ 是 $k$ 期的净现金流量。

如果购机方案的净现值大于等于零，表明方案的盈利率大于或等于折现率，达到了预期的盈利水平，因此购机方案可行。反之，如果购机方案的净现值小于零，则表明方案的盈利率小于折现率，没有达到预期的盈利水平，因此购机方案不可行。如果多个备选方案的净现值都大于零，则净现值越大的方案，其财务效果越好。

净现值不仅要考虑整个寿命周期内的净现金量，还要考虑不同时间点上所发生的净现金流量的不同价值，即资金的时间价值，是反映投资方案在计算期内获利能力的动态评价指标。利用表5-15中的算例数据，取折现率 $r$ 等于6%，可计算出两种购机方案的净现值：

A方案净现值

$= 2000 \times 1.06^{-1} + 3000 \times 1.06^{-2} + 4000 \times 1.06^{-3} + 5000 \times 1.06^{-4} + 4000$
$\times 1.06^{-5} + 3000 \times 1.06^{-6} + 4000 \times 1.06^{-7} + 3000 \times 1.06^{-8} - 21000$

$= 1887 + 2670 + 3558 + 3960 + 2989 + 2115 + 2660 + 1882 - 21000$

$= 21721 - 21000 = 721$ 万元

B方案净现值

$= 2000 \times 1.06^{-1} + 3000 \times 1.06^{-2} + 4000 \times 1.06^{-3} + 5000 \times 1.06^{-4} + 5000$
$\times 1.06^{-5} + 7000 \times 1.06^{-6} + 4000 \times 1.06^{-7} + 3000 \times 1.06^{-8} - 25000$

$= 1887 + 2670 + 3558 + 3960 + 3736 + 4935 + 2660 + 1882 - 25000$

$= 25288 - 25000 = 288$ 万元

上例表明，虽然B方案静态投资回收期稍短于A方案，但是由于两个方案在飞机寿命周期的前期净现金流量相同，B方案的净现金流量只是飞机寿命周期的后期大于A方案，在考虑资金时间价值的情况下，B方案的财务效果逊于A方案。

c. 内部收益率法。

内部收益率是使购机方案的净现值等于零时的折现率，反映购机方案本身所能达到的收益能力。计算公式是

$$NPV = \sum_{k=1}^{n} \frac{CF_k}{(1+IRR)^k} = 0 \tag{5-40}$$

式中：$IRR$ 是内部收益率。

计算内部收益率一般采用试算法，先求每年的净现金流量，然后按照选定的折现率求净现值，如果净现值大于零，表明方案的收益率仍大于折现率，应调高折现率再求净现值；如果净现值小于零，表明方案的收益率小于折现率，应调低折现率再求净现值，直至求出净现值等于零的折现率，即为该方案的内部收益率。如果内部收益率大于行业基准收益率，则该方案可行。如果多个备选方案的内部收益率都大于行业基准收益率，则内部收益率越高的方案，其盈利能力越强，财务效果越好。

### 5.5.2 净现值分析

1）管理经济学概念

许多交易都涉及未来不同日期的现金收支。如房屋的买主，为现在不马上付出一大笔钱买房，就要申请抵押贷款，承诺在未来的30年里每月付一定的金额。一个人在一次车祸中受伤，保险公司每月向他支付1000美元作为赔偿。在这些情况中，正确决策就要计算货币的时间价值。之所以要计算货币的时间价值是因为将来收到的1美元，没有今天的1美元值钱。所以，必须要有一套方法计算将来不同时点上收支的货币今天的价值（即现值）。以下将讨论与不同时点上的收支有关的问题的分析方法。

为理解如何应用货币的时间价值原理，必须弄懂下列术语。

**年金**(annuity)：指在一定长度的时间内，每期收付同等的金额。例如，为偿还一笔贷款，在48个月内，每月偿还200美元，就是一种年金形式。

**款项**(amount)：指在特定的时期，收到或支付的特定数量的金额。

**现值**(present value)：指一笔款项或年金的今天的价值（把能得到的利息考虑进去）。

a. 单笔款项的现值。

计算单笔款项 $S$ 的现值（$PV$）的基本公式为

$$PV = S\left[\frac{1}{(1+i)^n}\right] \tag{5-41}$$

$\left[\frac{1}{(1+i)^n}\right]$ 就是如果利率为 $i$，第 $n$ 期的1美元的现值，我们称之为现值利息系

数($PVIF_{i,n}$)。

例如,如果每年的利率为 8%,1 年末的 1 080 美元的现值是多少? 把 $S=1080$, $i=0.08$ 和 $n=1$ 带入上式,得到

$$PV=1080\left[\frac{1}{(1.08)^1}\right]=1000(\text{美元}) \tag{5-42}$$

即如果利率为 8%,一年后这 1000 美元就会变成 1080 美元。可见,现值概念考虑了可能得到的利息。那么,利率为 10%,第 10 年末收到的 10 万美元的现值是多少?

$$PV=10000\left[\frac{1}{(1.10)^{10}}\right]=38550(\text{美元}) \tag{5-43}$$

如果 10%是适当的利率,第 10 年年末的 10 万美元就相当于今天的 38 550 美元。

把将来的款项折算成现值的过程称为贴现(或折现)。这里,现值总要小于将来的款项。在现值计算中,用于现值问题的利率通常称为**贴现率**(discount rate)。

注意:现值系数随着期数和利率的增加而减少,因为利率是现值公式的坟墓,它与现值呈反比关系。另外,在款项支付前,间隔的时期越长,现值就越小。

b. 年金的现值。

年金可以定义为定期的、同等金额的支付。抵押贷款的偿还支付就是一种年金。父亲同意每月给在大学念书的儿子 200 美元也是年金。通常年金有一个具体的期数,但也不一定。有时候,每月的退休金可以一直付到该人去世。如果年金要永远付下去,这种年金就叫**永续年金**(prepetuity)。

要着重指出的是,年金有严格的定义,它必须要同等金额的支付。如果合同规定在 20 年内,每年的支付增长 10%,就不是年金。由于这些财务上的支付是定期按一定比率增长的,这就是小心,如果不是真正的年金,就不要使用年金的公式。

可以把年金的现值看做若干笔款项的现值之和。假定在以后 3 年中,有一个每年年末支付 100 美元(共支付 3 次)的年金,利率为 10%。每笔支付的现值为

$$PV_1=100\,\frac{1}{1.10} \tag{5-44}$$

$$PV_2=100\,\frac{1}{(1.10)^2} \tag{5-45}$$

$$PV_3=100\,\frac{1}{(1.10)^3} \tag{5-46}$$

它们的和为

$$PV=100\,\frac{1}{1.10}+100\,\frac{1}{(1.10)^2}+100\,\frac{1}{(1.10)^3} \tag{5-47}$$

或

$$\begin{aligned} PV &= 100\left[\frac{1}{1.10}+100\frac{1}{(1.10)^2}+100\frac{1}{(1.10)^3}\right] \\ &= 100(0.9091+0.8264+0.7513) \\ &= 100(2.4868)=248.68 \end{aligned} \tag{5-48}$$

尽管这一方法可行，但如果年金的期数较长，算起来就会很麻烦。例如，用这一方法求 40 年内每月支付一次，月利率为 1%的年金现值，就要先算出 480 笔款项中的每一笔的现值。

一般地，每期支付 A 元，共支付 $n$ 期，贴现率为 $i$ 的年金现值的计算公式是

$$PV = A\frac{1}{(1+i)}+A\frac{1}{(1+i)^2}+\cdots+A\frac{1}{(1+i)^n} \tag{5-49}$$

这又可写成

$$PV = A\sum_{t=1}^{n}\left[\frac{1}{(1+i)^t}\right] \tag{5-50}$$

2) 航空公司净现值方法概述

折现率实际上是复利的倒数，现在 1 美元的价值要高于未来 1 美元的价值。了解这一点十分必要，因为它反映了通货膨胀和未来不确定因素对于购买力的影响。此外，通过净现值还可以在相同的基础上比较未来的现金流。

净现值实际上是项目期内所有未来现金流的总和与初始投资额的差值。投资分析的目标就是要确保项目期内的净现值为正值，或是选择一个能产生最高净现值的投资方案。$NPV$ 的计算公式为

$$NPV = \sum_{k=1}^{n}\frac{CF_k}{(1+r)^k}-I \tag{5-51}$$

式中：$CF_k$ 是第 $k$ 年发生的净现金流量；

$n$ 是项目周期；

$I$ 是初始投资；

$r$ 是折现率。

如果 $NPV>0$，投资方案可行；如果 $NPV<0$，投资方案不可行。

分析人员可以将第 0 年的项目投资额以及未来全部的现金流，分别以未来值和现值的形式标示在一张图上。如图 5－14 所示是一个简化后的现金流图。

3) 选择折现率

选择货币的折现率是计算净现值的一个重要步骤。折现率增加，未来值会降低。因此，当折现率为 8%时，1 美元在 5 年后的现值等于 0.68 美元，如果将折现率提高到 10%，5 年后 1 美元的现值则降低到了 0.62 美元。具体计算如下。

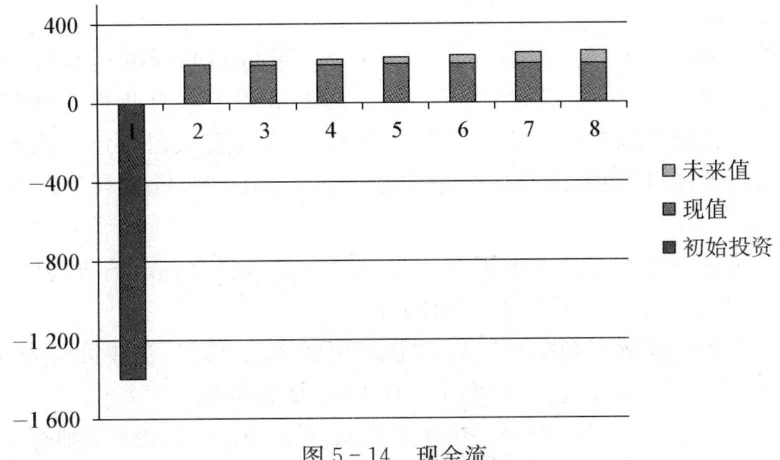


图 5-14 现金流

$$折现率=8\%,1\ 美元在\ 5\ 年后的现值=\frac{1}{(1+0.08)^5}=0.68$$

$$折现率=10\%,1\ 美元在\ 5\ 年后的现值=\frac{1}{(1+0.1)^5}=0.62$$

因此,折现率过高会使得投资很难有所回报。

设定折现率是为了反映出资本的不同用途。资金无论投放于何处,都避免不了风险的存在。有很多投资项目都可以获得高回报,但它们所具有的风险各有不同。航空公司的管理人员应当明白,投资购买新飞机就像是一场赌博游戏。但也有人认为,资金如果存在银行里可以获得利息,为了体现出这一机会成本,折现率至少应与银行的存款利率相当。

购买飞机这样的大型投资项目肯定会伴随着高风险,为了能够反映出这一状况,在分析时应将折现率适当地提高。如前所述,提高折现率意味着未来的货币价值将降低,投资项目将很难实现盈利。航空公司通常情况下会设定一个"最低预期回报率",如果回报率达不到这一预期门槛,表明投资方案不可行。

在进行投资评估时,虽然可以使用假定的固定折现率,但采用下面的分析方法会更加科学。

4) 加权平均资本成本(WAAC)分析法

加权平均资本成本法是综合考虑企业贷款融资成本和股权融资成本而计算折现率的一种方法。其计算公式如下:

$$WAAC=R_d\times\frac{D}{(D+E)}+R_e\times\frac{E}{(D+E)} \tag{5-52}$$

式中:$R_d$ 是贷款融资利率;

$R_e$ 是股权融资利率;

$D$ 是企业负债;

$E$ 是股东权益。

企业贷款融资成本($R_d$)可以在 LIBOR(伦敦银行同业拆解利率)的基础上,增加一定的百分比(如 2%)。需要注意的是,分析人员要了解企业贷款融资成本中是否包含税赋。如果单款利率中不含所得税税率,那么投资项目肯定会因此受益。也有不同观点认为,所得税不应当成为影响投资决策的因素,贷款利率因此应当包含所得税。

确定股权融资成本($R_e$)较为困难。股权融资成本中含有市场收益(历史平均水平为 12%)和风险裕度(一般为 3%)两部分。

其中企业的贷款融资利率为 8%,股权融资成本为 15%,企业负债为 5000 万美元,股东权益为 3500 万美元。下面一个 WAAC 计算示例。

$R_d = 8\%$, $R_e = 15\%$, $D = 5000$ 万美元,$E = 3500$ 万美元,则有

$$WAAC = 8\% \times \frac{5000}{(5000+3500)} + 15\% \times \frac{3500}{(5000+3500)} = 10.9\% \qquad (5-53)$$

虽然通过这一方法可以方面地得到一个合理的折现率,但也存在一些弊端。按照上述示例的结果,该企业的加权平均资本成本(WAAC)为 10.9%。然而在现实中,企业的平均风险水平并不能代表所有投资项目的风险水平,每个投资项目的融资方式也会有所不同。因此有人认为,不同的投资项目应该采用不同的折现率。实际上这是不可行的,因为这会有失公允,甚至会导致错误的评估结论。

5) 调整现值(APV)分析法

调整现值法认为,企业现金流具有不同的风险,在评估中应使用不同的折现率以反映出这一情况。调整现值法通常会采用两个折现率,第一个折现率与企业贷款融资利率($R_d$)相同,第二个折现率与股权融资利率($R_e$)相同。

### 5.5.3 案例分析

对某公司 A320 飞机的航班运营收入、航班运营成本等进行分析,并最终获得其现金流。其中表 5-17 是该航空公司 A320 飞机航班运营成本分析,如表 5-18 所示,是该航空公司航班运营收入分析,如图 5-15 和表 5-19 所示,是该航空公司现金流分析。

## 5.6 航班排班优化

航线航班分析是飞机性能分析的基础,销售工程人员只有在深入了解航空公司航线航班运营特点的基础上,才能结合具体航班的起降机场和航路条件,论证本企业推荐机型的航线适应性和机场适应性以及良好的经济性,从而促进本企业的民机销售。从民机市场营销的实战看,波音和空客公司不仅要求市场营销人员了解航空公司航线网络与航班运行的基本知识,而且聘请有研究航线航班发展特点与规律的专家,为民机市场营销提供支持。

表 5-17 某航空公司 A320 飞机航班运营成本分析

| 航线 | 成都—大连 | 成都—广州 | 成都—贵阳 | 成都—杭州 | 成都—昆明 | 成都—济南 | 成都—丽江 | 成都—南昌 | 成都—南京 | 成都—南宁 | 成都—宁波 | 成都—三亚 |
|---|---|---|---|---|---|---|---|---|---|---|---|---|
| 保险/元 | 1060 | 784 | 395 | 877 | 478 | 860 | 475 | 676 | 797 | 633 | 955 | 964 |
| 贷款付息/元 | 0 | 0 | 0 | 0 | 0 | 0 | 0 | 0 | 0 | 0 | 0 | 0 |
| 租金/元 | 28244 | 22230 | 11598 | 24485 | 13639 | 23626 | 13424 | 19330 | 22767 | 18042 | 25988 | 26096 |
| 机组费/元 | 4003 | 3151 | 1644 | 3471 | 1933 | 3349 | 1903 | 2740 | 3227 | 2557 | 3684 | 3699 |
| 燃油费/元 | 39828 | 29736 | 14820 | 33588 | 18240 | 32208 | 18000 | 25584 | 30660 | 23880 | 35760 | 36102 |
| 飞机维修成本/元 | 7897 | 6723 | 4649 | 7163 | 5047 | 6996 | 5005 | 6158 | 6828 | 5906 | 7457 | 7478 |
| 餐食费/元 | 4061 | 2955 | 1311 | 3307 | 1776 | 3372 | 1796 | 2563 | 2949 | 2416 | 3682 | 3735 |
| 导航费/元 | 950 | 802 | 572 | 860 | 619 | 837 | 619 | 737 | 815 | 711 | 892 | 897 |
| 机场收费/元 | 8936 | 8897 | 8936 | 8936 | 8897 | 8936 | 9011 | 9011 | 8936 | 9011 | 9011 | 8936 |
| 地面服务费/元 | 1422 | 1422 | 1422 | 1422 | 1422 | 1422 | 1422 | 1422 | 1422 | 1422 | 1422 | 1422 |
| 民航建设基金/元 | 3484 | 2573 | 905 | 2929 | 1131 | 2786 | 1131 | 2172 | 2652 | 1576 | 3125 | 2473 |
| 销售费/元 | 8467 | 6052 | 4677 | 8427 | 4698 | 8078 | 4864 | 6708 | 7275 | 5268 | 8119 | 6962 |
| 折旧/元 | 2546 | 2004 | 1045 | 2207 | 1229 | 2130 | 1210 | 1742 | 2052 | 1626 | 2343 | 2352 |
| 飞机折旧/元 | 0 | 0 | 0 | 0 | 0 | 0 | 0 | 0 | 0 | 0 | 0 | 0 |
| 地面设备折旧/元 | 196 | 154 | 81 | 170 | 95 | 164 | 93 | 134 | 158 | 125 | 180 | 181 |
| 备件/高价件折旧/元 | 2350 | 1849 | 965 | 2037 | 1135 | 1966 | 1117 | 1608 | 1894 | 1501 | 2162 | 2171 |
| 管理费/元 | 12322 | 9703 | 5775 | 10852 | 6568 | 10511 | 6540 | 8760 | 10042 | 8116 | 11382 | 11235 |
| 合计/元 | 123219 | 97032 | 57749 | 108525 | 65676 | 105109 | 65398 | 87604 | 100421 | 81165 | 113818 | 112350 |

表 5-18 某航空公司 A320 飞机航班运营收入、利润分析

| 航线 | 成都—大连 | 成都—广州 | 成都—贵阳 | 成都—杭州 | 成都—昆明 | 成都—济南 | 成都—丽江 | 成都—南昌 | 成都—南京 | 成都—南宁 | 成都—宁波 | 成都—三亚 |
|---|---|---|---|---|---|---|---|---|---|---|---|---|
| 航班运营净收入/元 | 128535 | 86499 | 59799 | 130215 | 59545 | 122222 | 62318 | 98484 | 109824 | 71446 | 122879 | 101226 |
| 航班运营成本/元 | 123219 | 97032 | 57749 | 108525 | 65676 | 105109 | 65398 | 87604 | 100421 | 81165 | 113818 | 112350 |

(续表)

| 航线 | 成都—大连 | 成都—广州 | 成都—贵阳 | 成都—杭州 | 成都—昆明 | 成都—济南 | 成都—丽江 | 成都—南昌 | 成都—南京 | 成都—南宁 | 成都—宁波 | 成都—三亚 |
|---|---|---|---|---|---|---|---|---|---|---|---|---|
| 航班毛利润/元 | 5316 | −10532 | 2050 | 21690 | −6131 | 17112 | −3080 | 10880 | 9403 | −9719 | 9061 | −11124 |
| 盈亏平衡客座率/% | 85.27 | 90.25 | 81.46 | 67.79 | 95.28 | 74.09 | 91.66 | 72.05 | 71.63 | 93.36 | 80.10 | 96.74 |
| 月航线毛利润/元 | 127576 | −1959040 | 45100 | 1301382 | −73570 | 718721 | −147834 | 348175 | 564161 | −563683 | 199345 | −22248 |
| 年航线毛利润/元 | 1530906 | −23508481 | 541198 | 15616585 | −882843 | 8624653 | −1774003 | 4178098 | 6769930 | −6764201 | 2392140 | −266982 |

**表 5-19 某航空公司 A320 飞机运营现金流分析**

| 租赁期机队年现金流 | 第1年 | 第2年 | 第3年 | 第4年 | 第5年 | 第6年 | 第7年 | 第8年 | 第9年 | 第10年 |
|---|---|---|---|---|---|---|---|---|---|---|
| 折现系数 | 0.9434 | 0.8900 | 0.8396 | 0.7921 | 0.7473 | 0.7050 | 0.6651 | 0.6274 | 0.5919 | 0.5500 |
| 机队运营净利润/元 | 18679383 | 19239764 | 19816957 | 20411466 | 21023810 | 21654524 | 22304160 | 22973284 | 23662483 | 24372300 |
| 年折旧(飞机+发动机+地面设备+备件)/元 | 17551600 | 17551600 | 17551600 | 17551600 | 17551600 | 17551600 | 17551600 | 17551600 | 17551600 | 17551600 |
| 贷款时支付本金/元 | | | | | | | | | | |
| 机队运营净现金流/元 | 36230983 | 36791364 | 37368557 | 37963066 | 38575410 | 39206124 | 39855760 | 40524885 | 41214083 | 41923900 |
| 每年的 NPV/元 | 34180172 | 32744183 | 31375361 | 30070304 | 28825790 | 27638770 | 26506357 | 25425814 | 24394553 | 23410100 |
| 殖值现值/元 | | | | | | | | | | 11221900 |
| 每年的投资额现值(包含融资时的长期应付款)/元 | −195612754 | | | | | | | | | |
| 其中包括： | | | | | | | | | | |
| 飞机/元 | 0 | | | | | | | | | |
| 发动机备件/元 | −95626440 | | | | | | | | | |
| 机体备件/元 | −74893046 | | | | | | | | | |
| 地面设备/元 | −25093268 | | | | | | | | | |
| NPV 的和/元 | 100180591 | | | | | | | | | |

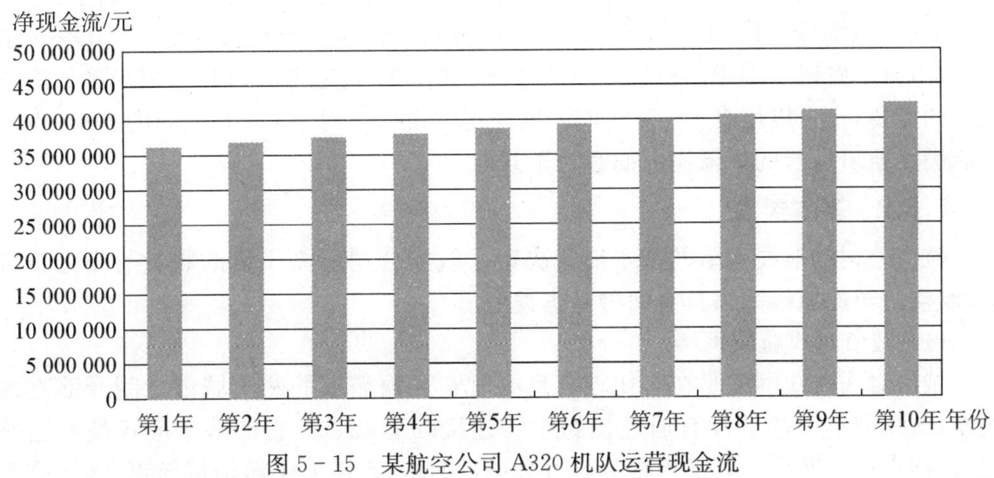

图 5-15　某航空公司 A320 机队运营现金流

### 5.6.1　市场需求与航线网络

市场需求是航空旅客与货物的位移需要，既有一定的数量，又有特定的方向。它是航空公司进行航线布局、安排航班的基础。

航线网络是航空公司基于航空运输需求、机队运力和经济效益综合考虑开辟的航线的有机整体，它基于航空运输需求，但又不等同于航空运输需求。科学规划航线网络，以最少的运输成本实现最大限度适应空运需求，是提高航空运输经济效益的关键环节之一。

如图 5-16 所示需求网络与航线网络的联系与区别。其中需求网络是：B—A；C—A；A—E；A—D；C—E；C—D；C—F。航空公司的航线网络是：B—A；C—A；A—E；A—D—E，它直接满足了 B—A；C—A；A—E；A—D 之间的空运需求。

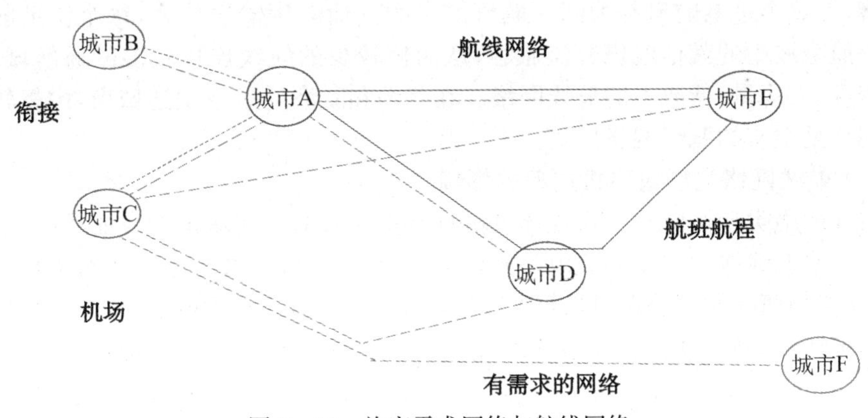

图 5-16　旅客需求网络与航线网络

对于C—E之间的需求，通过C—A和A—E航班在A市的衔接来满足；对于C—D之间的需求，通过C—A和A—D—E航班在A市的衔接来满足；A—D—E是一个“甩鞭子航班”，即中间有经停点的航班。它可以满足飞机到E市机场进行定期检修的需要，也可以培育D—E之间的航空运输市场。对于C—F之间的需求，由于不能满足航班运营的最低需求而暂时不开航。

### 5.6.2 基本类型

航空公司的航线网络的基本形式决定了航空公司所需飞机的数量与类型。目前，航空公司的航线网络具有两种基本类型。

(1) 城市对式航线网络。

城市对式航线网络是在有比较充足的航空运输需求的两个城市之间开辟直达航线，航线网络中基本没有通过枢纽中转连接的通航点。它的基本形式是直达航线，也称点对点航线。其优点是旅客可直达目的地，不需要中转衔接航班，因而旅客的空中飞行时间最短。其缺点是航班连接的航空运输市场少，不能最大限度地开发市场需求，因而容易发生飞机载运率低、航班频率低、飞机利用率低的现象，使得航空公司不愿意开辟航空运输需求量小的航线，进而使得航线网络的通达城市和航班时刻不能满足旅客需求。为在一定程度上弥补这些缺点，城市对式航线还有两种补充形式：甩鞭子航线(中间增加经停点)和环飞航线(从$A$点到$B$点后经$C$点回到$A$点)。目前，城市对式航线网络是我国主流的航线网络形式。

(2) 中枢辐射式航线网络。

中枢辐射式航线网络结构(hub & spoke system，HSS)是通过在枢纽中转航班来连接周边城市的一种航线网络结构，主要特点是航空公司建立一个或多个中心枢纽站(hub)，客流量较小的城市(spoke)之间不直接通航，而是通过在枢纽站中转的方式加以连接。中枢辐射航线的基本形式沙漏式和内地馈运式。

中枢辐射式航线网络的本质特征是航班在枢纽机场构造航班波，实现航班的紧密衔接，使每个进港航班都为同一航班波中的其他航班输送旅客，每个出港航班都为同一航班波中的其他航班分流旅客，从而使较少的航线连接较多的通航城市，形成高密度、大运量、低成本的航线网络。在美国和欧洲的航空发达城市，中枢辐射式航线网络是主流的航线网络形式。

(3) 航线网络类型对飞机选型的影响。

航线网络类型对航空公司选择飞机具有重大影响。在城市对式航线网络中，同一区域内的航线航程与市场规模差异较小，航空公司可以选择座级和航程相近的机型，例如美国西南航空公司只选择B737系列飞机。但是在中枢辐射航线网络中，辐射点到枢纽点的航线航程短，运量小，适于采用支线飞机高频率飞行；枢纽点到枢纽点的航线不仅距离远，而且由于汇集了若干辐射点上的空运需求，运量会很大，需要使用大型远程飞机。因此运营中枢辐射航线网络的航空公司，一般需要同时具备远程干线飞机和中短程支线飞机。

在民机营销过程中，市场营销人员不仅应该了解航空公司的航线网络特点，还应该能够根据目标航空公司的具体条件，提出改进航线网络结构的建设性意见，或者预见航空公司航线网络结构变化的趋势，这样才能掌握市场营销的主动权。

### 5.6.3　内容与影响因素

(1) 航班计划的内容。

航班计划(见表 5－20)是航空公司用以组织日常生产运营活动的重要计划。其主要内容是航线、机型、航班号、每周班次(也称周频)、航班飞行日期(也称班期)，以及起飞与到达时刻。民机市场营销人员只有在充分了解航空公司航班计划现状与调整趋势的基础上，才能紧密结合航空公司航班运营的要求，深入分析本公司推荐机型的技术使用性和经济可行性，使航空公司充分认识推荐机型的优越性能。

**表 5－20　航空公司航班计划**

| 航线 | 机型 | 每周班次 | 航班号 | | 班期 | | 时刻 | | | |
|---|---|---|---|---|---|---|---|---|---|---|
| | | | 去程 | 回程 | 去程 | 回程 | 起飞 | 到达 | 起飞 | 到达 |
| 京—沪<br>…… | B733<br>…… | 7<br>…… | CA1501<br>…… | CA1502<br>…… | 1.2.3.4.5.6.7<br>…… | 1.2.3.4.5.6.7<br>…… | 8:00<br>…… | 9:50<br>…… | 10:30<br>…… | 12:30<br>…… |

(2) 影响航班计划的主要因素。

民机市场营销人员不仅需要充分了解航空公司航班计划现状，还应该了解影响航班计划的主要因素，能够根据航空公司的具体条件，向航空公司提出合理编排航班的建议，以促进民机的销售。影响航班计划的主要因素有：

a. 航空运输需求。

航空运输需求是影响航班编排的决定性因素。航空旅客的 O 和 D 需求影响航班的起讫点和经停点，航空旅客的数量影响航班频次和机型选择。在有竞争的航线上，旅客对于出行时间的偏好还影响着航班的起飞与到达时间的安排。为了便于分析具体航线上的旅客需求特点，波音公司在大量统计调查的基础上，估计出旅客的时间偏好(见图 5－17)。

b. 机队及其使用效率。

航空公司的机队规模与结构，也是影响航班编排的重要因素。对于近期航班计划来说，航空公司只能在现有飞机型号与数量框架下进行安排，如果航空运输市场需求超出了机队的运输能力，航空公司就不得不“忍痛割爱”，放弃一部分市场。为避免市场份额的减少，航空公司需要提前考虑飞机的引进。

充分利用现有运力，提高各型飞机的利用率和载运率，是编排航班时必须考虑的主要问题。航班的每周班次和班期时刻都影响着飞机利用率和载运率，安排航班，实质上就是通过匹配航空公司运力与航空运输需求，来争取航班运营的最佳经济效益。

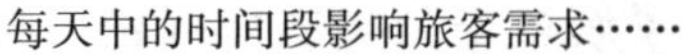


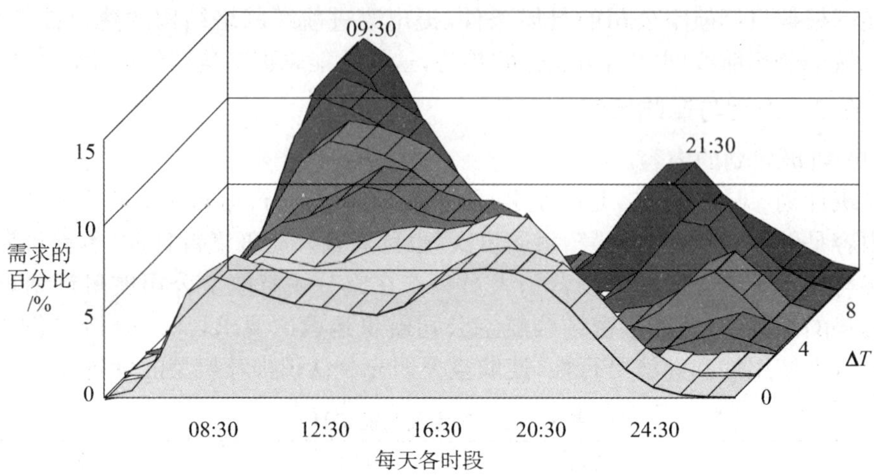


$\Delta T$ 是离港本地时间和到港本地时间之差。

图 5-17 旅客时间偏好

航空运输需求和运力利用对于航班计划的影响，综合反映在下式中：

$$每周班次 = \frac{预计每周客运量}{每班可用客座 \times 客座利用率}$$

$$或每周班次 = \frac{预计每周客运量 \times 单位旅客重量 + 预计每周货运量}{每班最大业载 \times 载运率}$$

上式表明，航班的周频与市场需求成正比，与机型大小和客座率(或载运率)成反比。当航空运输需求与客座率(或载运率)一定时，使用小型飞机就要增加周频，使用大型飞机则可以减少周频(见图 5-18、图 5-19、图 5-20 和图 5-21)。一般

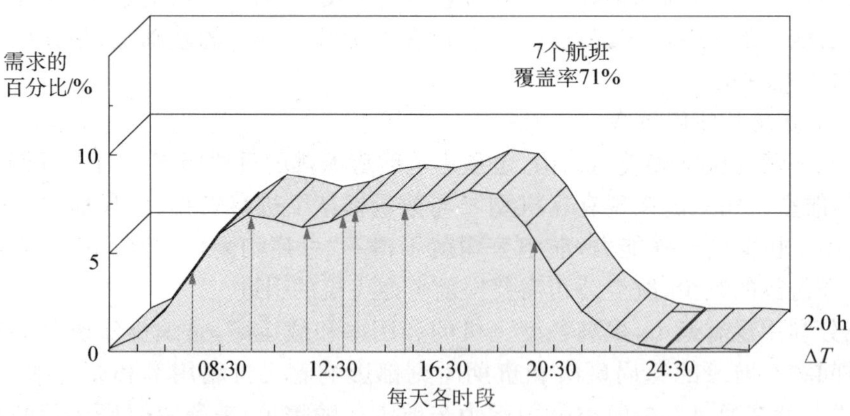


覆盖率是指在其决策窗口中至少有一种选择的乘客的百分比。

图 5-18 低周频与大机型

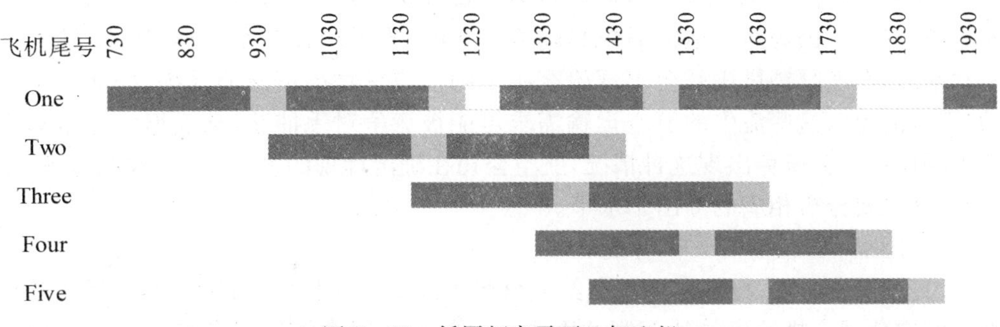

图 5-19 低周频率需要 5 架飞机

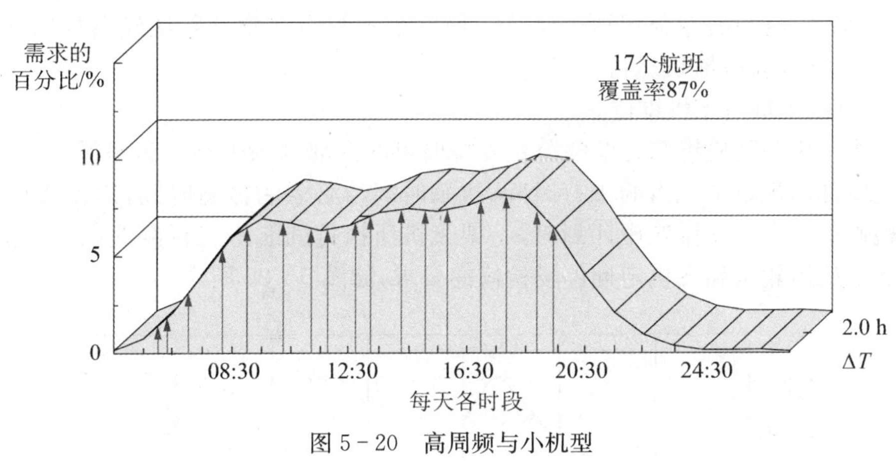

图 5-20 高周频与小机型

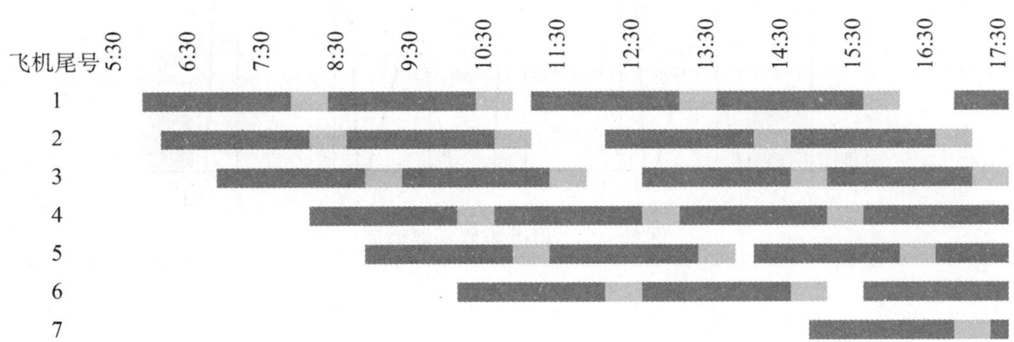

图 5-21 高周频率需要 7 架飞机

来说，增加周频能够更好地适应旅客在不同时间出行的需要，但是可能会受到飞机数量以及机场与航路容量的限制。

客座率是航班承运旅客人数与座位数之比，载运率是航班载运旅客、货邮的重量与航班最大商载之比，分别反映飞机座位和吨位的利用程度。一般来说，当运价一定时[①]，客座率(或载运率)越高，航班运营收入就越大。但是客座率(或载运率)并不是越高越好，因为航空运输需求是随机分布的，当平均客座率(或载运率)达到一定水平时，在实际销售中就会出现旅客买不到票或货物被拒载的情况，即业内常说的"需求溢出"，这些流失的航空运输需求可能被竞争对手捕获，从而增大竞争对手的市场份额。为避免出现这种情况，航空公司在确定计划的客座利用(或载运率)水平时，往往要分析相应的溢出率水平。

c. 航线经营权与SLOT分配。

SLOT是在某一特定机场预留给航班起飞或降落的具体时段，它与航线经营权都是航空公司安排航班的外部制约因素。目前我国国内航线经营权实行评审核准与登记备案两种管理方式，国际航线经营权则要在相关国家之间谈判达成双边或多边协议的基础上，由行业主管部门审核批准。SLOT分配则是遵循"历史优先权"原则，由机场、空管与航空公司协商解决。航空公司只有在拿到航线经营权与SLOT的前提下，才能安排航班运行。

d. 机组排班与飞机维修。

机组排班与飞机维修是航空公司安排航班的内部制约因素。为确保飞行安全，行业主管部门规定了机组的飞行时间、执勤时间与必需的休息时间，以及飞机定期停场检修的要求。安排航班计划时，一架飞机所执行的航班飞行路线与飞行时间，必须满足机组轮班和飞机定期停场检修的要求，如图5-22所示。

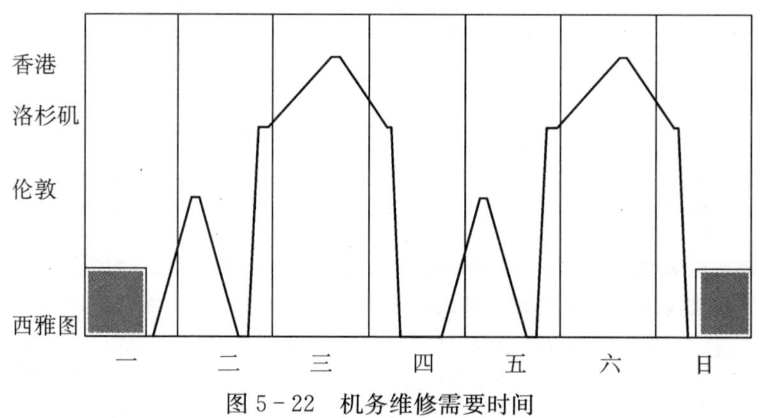


图5-22　机务维修需要时间

① 在实际工作中，同一航班的客票价格可能不同，与低票价旅客比率高的航班相比，高票价旅客比率高的航班，在客座率较低的情况下，也可以获得更多地运营收入，这是航空公司收益管理要研究的问题。

# 6　推介及交流

## 6.1　营销策略

市场营销策略是企业以顾客需要为出发点，根据经验获得顾客需求量以及购买力的信息、商业界的期望值，有计划地组织各项经营活动，通过相互协调一致的产品策略、价格策略、渠道策略和促销策略，为顾客提供满意的商品和服务而实现企业目标的过程。

企业制订营销战略与策略是实现其计划目标的主要营销手段。它们的制订不仅仅是营销计划制订者的任务，还需要组织各个部门、领域的人员参与，如采购人员、制造人员、销售人员、广告人员、财务人员等，否则，等到产品下线才为其准备营销策略会给企业带来灾难性的后果，如产品缺乏市场需求或出现定位偏差等。

市场营销策略是具体的、细节的内容，为市场营销战略服务，而市场营销战略所涵盖的内容则更加宽泛。从广义上理解，市场营销战略和策略解决不同层面的问题。战略解决的问题是“市场上需要什么？我们需要往哪个方向看?”策略解决的问题是“如何满足这些需求？这些做法如何落地?”

一般而言，营销战略在营销计划中常常以下列条目来加以描述：市场研究（包括市场分析与调研）、目标市场、产品定位、产品定价、产品研发、产品线、广告、销售队伍、分销网点、营业推广。一般意义上，营销策略主要包括产品策略、定价策略、分销策略和促销策略等。

（1）产品策略。

产品策略主要是指产品的包装、设计、颜色、款式、商标等，给产品赋予特色，让其在消费者心目中留下深刻的印象。

产品策略不仅包含产品本身，还应包含产品外延，即服务和产品附加利益。这可以体现在售前支持和售后服务等方面。

（2）定价策略。

价格策略主要是指产品的定价，主要考虑成本、市场、竞争等方面，企业根据这些情况来给产品进行定价。

好的产品定价策略是决定市场营销活动成功与否的关键因素。如果说产品策略解决了产品的市场需求问题，那么定价策略就是要解决定价目标以及品牌价格战中的应对策略等问题。

(3) 分销策略。

渠道策略是指企业选用何种渠道使产品流通到顾客手中。它有很多种流通方式，比如直接渠道(直销)、间接渠道(分销、经销、代理等)，企业可以根据不同的情况选用不同的渠道。

渠道的选择至关重要，如何选择渠道、选择何种渠道都是商家应该仔细考虑的问题。好的商家都有一条属于自己的进货渠道。就好像走路一样，笔直的路，永远比弯路要近；平坦的路，永远比坑洼的路走的人要多。

渠道营销是国际市场营销中比较具体而重要的方式。分销渠道的选择要考虑商品价值、产销特点、供求关系等因素，分别采取直接渠道或间接渠道。直接渠道即产品生产者直接出售给消费者，间接渠道亦可因商品不同而有不同的营销方式。营销网络是营销渠道的具体化和组织化。国际品牌网认为，品牌市场营销一定要建立起畅通无阻的分销渠道和纵横交错的营销网络，才能开拓品牌的市场阵地，扩大品牌营销规模。

(4) 促销策略。

促销策略主要是指企业采用一定的促销手段来达到销售产品，增加销售额的目的。促销手段有折扣、返现、抽奖、免费体验等多种方式。

商品销售的多与少，与促销是直接挂钩的。该如何使自己的产品更有效地深入人心？选择何种促销搭配可以使消费者更多的购买产品，这些都是需要商家深思熟虑的问题。

促销策略被广泛应用到各种市场营销活动中，因其特有的优势被众多商家所青睐，如超市、小卖部、个体户，甚至地摊等。大型的促销策略往往比较复杂，包括促销队伍的建设、销售方法创新、具体的促销形式组合应用(具体包括商品打折、赠送产品、以旧换新等)及其他促销形式。

促销策略对于民机市场营销的影响力较小。虽然在实际营销中也会用到促销手段，例如折扣和回购等方式，但是这一般不是决定客户采购飞机的决定性因素。

同时，大众广告宣传和政府机构宣传等也成为较好的促销支撑方式。新闻机构宣传，可使企业产品或是形象通过权威媒体新闻报道的形式，迅速在互联网上曝光，扩大企业正面影响力，实现提升企业品牌影响力、提升信任度、提升业绩的效果。广告宣传，是企业进行产品和品牌营销最常见的一种方式，广告对于企业开阔新市场、提高企业品牌知名度、增加产品销售额来说效果尤为明显。而企业公关是与广告宣传相互配合，是企业营销又一利器。政府机构宣传，则主要体现民机的社会效益，为社会带来就业、经济、政治稳定、产业链带动等方面的支持。

产品生命周期理论是由美国哈佛大学教授雷蒙德·弗农(Raymond Vernon)1966年在其《产品周期中的国际投资与国际贸易》一文中首次提出。产品生命周期的不同阶段由于特征不同,所采取的市场营销组合策略也不同,两者的对应关系如表6-1所示。

**表6-1 市场营销组合与产品生命周期对应关系**

| | 导入期 | 成长期 | 成熟期 | 衰退期 |
|---|---|---|---|---|
| 产品 | 取得用户对产品的了解 | 保证质量加强服务 | 改进质量扩大用途力创品牌 | 改造产品或淘汰产品 |
| 价格 | 按新产品定价 | 适当调价 | 充分考虑竞争价格 | 削价 |
| 渠道 | 慎重选择可靠渠道 | 逐步扩大销售渠道 | 充分利用各种渠道 | 充分利用中间商 |
| 促销 | 介绍产品 | 宣传产品品牌 | 宣传用户好评 | 保持用户对产品的信誉 |

对于民机市场,可以根据历年在役飞机和订单的数量变化,来判断此机型在市场的生命周期。通过分析,可以将某飞机在特定市场的生命周期分为4个阶段,即导入期、成长期、成熟期、衰退期。

市场导入期——从接受订单开始至在役飞机的增长率最高点前;

运营导入期——从有在役飞机开始至在役飞机的增长率最高点前;

成长期——从在役飞机的增长率最高点到在役机队总数达到最高峰;

成熟期——在役机队总数达到最高峰持续的时间;

衰退期——在役飞机数量逐步减少,直到退出市场。

通过分析,支线机与窄体机都需要2～5年运营导入期,如表6-2所示。

**表6-2 各竞争机型在中国市场所处的发展阶段**

| 机 型 | 运营导入期 | 成长期 | 成熟期 | 衰退期 | 备 注 |
|---|---|---|---|---|---|
| E190飞机 | 2年 | √ | | | |
| ERJ145飞机 | 5年 | | | √ | |
| CRJ200飞机 | 2年 | | | √ | |
| CRJ NextGen飞机 | 4年 | √ | | | |
| MD80飞机 | 3年 | | | | 已退出中国市场 |
| MD90飞机 | 2年 | | | | 已退出中国市场 |
| B737(NG)飞机 | 3年 | √ | | | |
| A320飞机 | 3年 | √ | | | |

注:"√"是目前此机型在中国市场的情况。

采用不同的市场发展策略,需要有不同的营销组合方式相配合,所突出的重点也不同,两者之间的对应关系如表6-3所示。

表 6-3 不同市场发展策略

| | 现有产品 | 新产品 | | 现有产品 | 新产品 |
|---|---|---|---|---|---|
| 现有市场 | 市场渗透（价格、促销） | 产品开发（产品、促销） | 新市场 | 市场开发（渠道、促销） | 多元化经营（产品、渠道、促销） |

市场营销组合是经典理论，在飞机这样的大宗资本品的营销上应调整。针对不同客户不同阶段应进行飞机产品介绍，包括市场需求，与客户机队和航线匹配的经济性、技术性能，客户服务，战略匹配方案，辅助机队和航线网络规划，购机建议书，融资方案建议和客户关心问题等内容的介绍。分别通过现场推介、客户体验等多重形式完成。

航空公司飞机采购主要是以新购为主(包括新增运力和替换运力)，修正重购和直接重购较少，这也是几乎所有民机制造商的机会。民机制造商应派出强有力的营销人员，积极向购买者提供优质产品、优质服务和商品信息，争取对方的订货。

同时，由于飞机是以产品为主的营销特点，其营销工具仍以销售人员直接面向客户推介的形式最为有效。需要实现这一最佳的营销方式，应在相关制度、资源上予以倾斜。

## 6.2 营销工具

### 6.2.1 营销工具分类

现有营销工具可从以下几个方面分类。

(1) 从针对销售这一目标的关系角度，可分为直接和间接两类。

直接类型：销售人员现场推介、邀请客户拜访制造商时现场推介、利用代理或中间商拜访、通过电话或视频会议、邮件、传真等方式与客户交流。

间接类型：客户大会、航展、各类论坛等。

(2) 从展示内容角度，可分为产品类型和企业类型。

产品类型：产品介绍材料、客服方案、航空公司规划方案、融资方案、购机建议等。

企业类型：企业能力介绍、品牌宣传、企业文化等。

(3) 从展示形式角度，可分为文字类、影像图片类、实物类和体验类等。

国内外民机客户营销一般都需经过多轮交流。

### 6.2.2 可用营销工具

根据研究和实践，飞机营销可用营销工具包括营销推广、各相关方交流、销售工具和服务支持等 4 部分，如表 6-4 所示。

表 6-4 飞机营销可用销售工具汇总

| 项目 | 营销工具 | 项目 | 营销工具 |
|---|---|---|---|
| 营销推广 | 媒体(传统媒体、第三方媒体)<br>宣传片(摄影集)、出版物(公司传记)<br>广告(合适的代言人)<br>文艺演出<br>客户联谊<br>资助、冠名(资助图书馆、专项博物馆)<br>吉祥物、纪念品、年历、卡片<br>限量版<br>手机应用、定制<br>3D 实现与体验<br>社会公益 | 销售工具 | 现场推介<br>局方参与推介<br>租赁<br>融资<br>降价、买一送一<br>分期付款<br>免费使用<br>运力购买模式合作 |
| 各相关方交流 | 客户大会<br>公司能力展示(样机、流程、选型中心)<br>客户体验<br>航展、路演<br>行业会议<br>客户走访<br>政府公关(国际关系)<br>供应商交流<br>与学校合作培养人才<br>征文<br>定期信息交流<br>客户参与设计<br>客户关系(重点客户特殊服务) | 服务支持 | 售后支持<br>帮客户做机队规划、网络规划<br>选型服务<br>航权、航线、时刻、飞机引进<br>客户体验<br>帮客户找机组资源<br>飞机回购<br>以旧换新<br>备件支持 |

从营销的基本理论,产品、定价、渠道、促销(4P)和客户角度对应的客户解决方案、客户成本、便利和沟通(4C)的角度来看飞机营销可用的营销工具。对于飞机营销会有所不同,飞机营销的重点可能在于产品,相对而言渠道和促销的重要程度则低于大众消费品。更关注客户解决方案和客户成本等方面。从市场营销的角度来看,应充分为客户考虑,多使用 4C 理论完善营销工具。

根据客户的需求,为客户提供完整解决方案,并重点落在如何为客户降低成本这一基调上,为客户打造与民机制造商快捷的沟通渠道,并使得客户便利地获得完整解决方案。这成为飞机营销工具的主要指导思想。

### 6.2.3 营销工具评估

(1) 效用评估。

不同推介内容和推介形式或工具,在不同推介阶段并针对不同的推介对象,效用是有差别的。

一般来说,根据成员对购买构成执行职能的不同,对于飞机营销主要分为决策者、使用者和采购者。决策者指企业里有权决定购买产品或服务的人。在航空公司中决策者主要是CEO。使用者是指公司中具体使用欲购买某种产品的人员。在航空公司中的使用者主要是飞行员、机务和乘务等人员。采购者是指被赋予权利按照采购方案选择供应商并商谈采购条款的人员。在航空公司中的采购者主要是规划、市场和财务等人员。

经过经验总结下来,对于不同推介对象,适合的推介内容应有所区别。推介内容的效用大小依此是:对决策者,重点推介内容应该是项目和飞机产品概述,不包含飞机细节信息;对使用者,重点推介内容应该是产品细节信息;对采购者,重点推介内容应该是财务、市场等相关信息。

不同阶段推介内容效用也有所不同,初次接触以简介为主,后续接触则以详细内容和对方关注话题为主。

推介形式或工具的效用大小依此是:对决策者,多数是年龄较大,重点推介形式以传统推介形式为主,辅以新兴营销方式,如网络营销、3D营销等;对于使用者和采购者,则可兼用传统推介形式和新兴营销方式。

不同阶段推介形式效用区别不大。

(2) 代价评估。

邀请客户拜访制造商,进行客户体验代价最大。

销售人员去拜访客户,进行现场推介代价居中。

利用代理或中间商拜访客户,进行推介代价较小。

通过电话或视频会议、邮件、传真等方式与客户交流,进行推介代价最小。

另外,还有一些营销场合,包括利用行业其他企业举办的论坛或交流,制造商自主举办的营销活动,需分别评估。

(3) 性价比评估。

对于决策者性价比最高的推介方式是邀请客户拜访制造商和销售人员去拜访客户。

对于使用者和采购者则可采用其他推介方式,提供所需资料支持,辅以现场推介。

对于有意向客户,则重点采用面对面销售为主;对于初次接触客户或尚无意向客户,则可采用非面对面销售方式,辅以现场推介。

### 6.2.4 不同客户的营销工具组合应用

1) 航空公司

民机营销对象包括:航空公司、租赁公司、政府机构和非营利组织等。但重点客户仍是航空公司和租赁公司,政府机构和非营利组织对民机的需求量仍较小。而租赁公司最终用户仍然是航空公司,所以这里推介对象首先以航空公司为主。对于航空公司而言,营销工具组合应用的主要结果如表6-5所示,不同阶段推介内容及工具如表 6－6 所示。从客户角度来看，可分为认识、兴趣、评估、试用和采用阶段。对于航空公司采购则主要是第一阶段是认识阶段，大众媒体对于组织购买决策的作用最为突出；第二阶段则属于兴趣阶段，销售人员的经验和技巧起到主要影响作用；第三阶段则属于评估阶段，技术信息源最为重要；航空公司采购不存在试用阶段；后续则可理解成进入采用阶段。营销人员应根据不同阶段采取不同的策略。

**表 6－5 不同客户不同阶段营销工具组合应用**

| 推介内容 | 第一阶段（认识） | 第二阶段（兴趣） | 第三阶段（评估） | 后续（采用） |
|---|---|---|---|---|
| 初步接触客户 | √ | | | |
| 销售意向客户 | √ | √ | | |
| 咨询式销售客户 | √ | √ | √ | √ |

**表 6－6 不同阶段推介内容及工具**

| 阶段 | 推 介 内 容 | 工具 |
|---|---|---|
| 第一阶段（认识） | 制造商主题：飞机产品介绍、市场需求 | 推介材料、现场推介 |
| | 客户关心主题 | |
| 第二阶段（兴趣） | 制造商主题：与客户机队和航线匹配的经济性、技术性能、客户服务 | 推介材料、现场推介、现场参观及客户体验 |
| | 客户关心问题讨论 | |
| 第三阶段（评估） | 制造商主题：战略匹配方案、辅助机队和航线网络规划 | 推介材料、现场推介 |
| | 客户关心问题讨论 | |
| 后续（采用） | 购机建议书、融资方案建议 | 推介材料、现场推介 |
| | 客户关心问题讨论 | |

第一阶段（认识阶段）推介内容详细包括：公司简介、航空市场宏观需求介绍和飞机产品简介等，主要仍以平面媒体为主。

第二阶段（兴趣阶段）推介内容详细包括：飞机产品较为详细的信息内容，例如性能、经济性、客服等方面。该阶段可以兼用平面媒体和其他手段，通过多种感官刺激影响客户。

第三阶段（评估阶段）推介内容详细包括：与客户匹配的战略，机队和航线网络规划等内容。该阶段需与航空公司一同完成，充分确定输入数据和假设条件的正确性，并与航空公司一同判断输出战略匹配方案的优化与否。

后续（采用阶段）推介内容详细包括：商务支持为主，不宜再介入技术层面内容。融资方案、采购价格、交付机位、构型选择、性能担保等内容。该阶段应以商务为主，技术支持为辅。

2）租赁公司

对于租赁公司而言，基本阶段与航空公司推介相仿。但相关内容略有不同。租赁公司更关心飞机作为一个资本品，因为租赁公司自己不运营飞机。主要体现在：

第一，租赁公司更关心商务方面的支持，包括价格、残值。

第二，租赁公司对于技术层面的关心多数来源于航空公司。制造商为租赁公司提供技术支持即可满足需求。

3）不同推介对象

对于不同推介群体和对象，推介内容和方式也应有所不同。主要是对于决策者、使用者和采购者的推介方式不同，如表 6-7 所示。

**表 6-7　不同推介对象的推介内容和方式**

| 推介对象 | 推 介 内 容 | 推介方式 |
| --- | --- | --- |
| 决策者 | 公司、产品宏观介绍为主，详细介绍为辅。重点推介中长期战略层面的效用 | 适宜现场推介、传统推介媒体为主 |
| 使用者 | 以产品的功能和性能为主，可提供详细文件支持；同时能为其日常工作或运营提供完整解决方案参考，例如市场推广、规划、维护等 | 适宜现场推介和其他推介方式，可采用较为新颖的推介媒体 |
| 采购者 | 以融资方案、合同条款支持等商务内容为主 | 适宜现场推介和其他推介方式，可采用较为新颖的推介媒体 |

（1）推介 PPT。

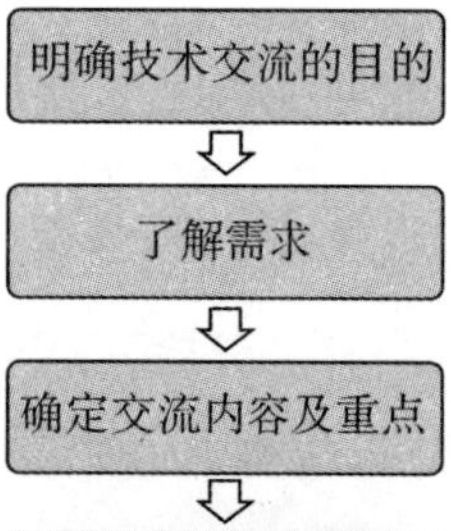

推介 PPT 制作的主要目的是宣传产品，进一步了解客户需求，引导客户选择标准配置/引导客户购买以及收集包括竞争对手的信息等。其制作的一般流程如图 6-1 所示。

明确技术交流的目的 ⇩ 了解需求 ⇩ 确定交流内容及重点 ⇩ 开发技术交流PPT ⇩ PPT评审 ⇩ 持续完善

图 6-1　推介 PPT 制作的一般流程

其中重点在于了解需求，例如：客户存在什么业务问题？客户存在什么管理问题？客户需要解决什么问题？客户的应用环境是什么？客户需求与我司产品特点的结合点在哪？针对客户的问题及需求，我司的优势在哪？竞争对手的卖点、优势及弱势是什么？这些一般在发现价值阶段，即客户分析时已基本完成。再通过关键客户实现拜访，与区域负责人沟通等方式来确认需求的正确性。

同时，还需要了解听众的状况：

a. 基本资料。听众的人数？年龄？男女比例？听众的学历、工作、社会地位？听众的文化特点？

b. 心理状况。听众了解你的主题吗？听众有何先入之见？

c. 需求分析。听众的兴趣点会在哪里？听众参加会议的目的是什么？

技术交流 PPT 开发的常见问题：

a. 不了解需求，交流 PPT 内容缺乏针对性。

b. 站在自己的角度说话，难以引起客户/听众的兴趣。

c. 一堆的产品功能及技术术语，客户真正关心的没有抓住，难以引起客户共鸣。

d. 缺少实例、细节，显得空洞。

e. 文字过多，不够形象化、人情化以及缺乏视觉吸引力。

f. 版面太拥挤、图形比例失调(组网图太大，组网线又极细，软绵绵)。

g. 画面四平八稳以致呆板不透气，颜色又太艳，没有对比，正文字体太大，跟标题没有对比等。

技术交流 PPT 内容参考：

a. 行业/市场面临的问题及其危害/损失。

b. 公司在该领域的地位(主要包括公司的优势、取得的成果、资质等)。

c. 解决方案(可选)。

d. 产品介绍(主要包括产品定位、产品特性及优势、产品的应用环境等)。

e. 产品的客户价值/利益。

f. 成功案例。

关于框架需注意：

a. 限定主题、选择要点。

b. 梳理思路、搭出框架。

(i) 成功的开场。开场几分钟提出你最有力的观点。

(ii) 联系与总结。用最清晰的线索贯穿演讲，前后响应，通过总结一个观点来引出新的观点。

(iii) 运用重复。用不同措辞作扼要的重述，要强调要点的有效方法。

(iv) 难忘的结尾。如“我要讲的最后一点是……”“总而言之……”。

c. 调动众多实例。

其他可参考以下细节内容：

a. 主题与架构

飞机产品推介 PPT 材料的主题应明确简洁。围绕推介主题，PPT 材料应具备清晰的结构，一般采用总分架构，建议架构如图 6-2 所示。

章节数量不宜过多，一般不宜超过 5 个。各章节论述点应重点突出，所需传递信息和观点不应太多，一般以 3 点为宜，上限不超过 5 点。

b. 篇幅与推介时长

原则上飞机推介 PPT 材料的总篇幅不超过 45 页，总推介时长应控制在 45 min 以内。

c. 排版总要求

需要强调或重点传递的信息放在 PPT 的中、上部，不需要强调的信息或支持信

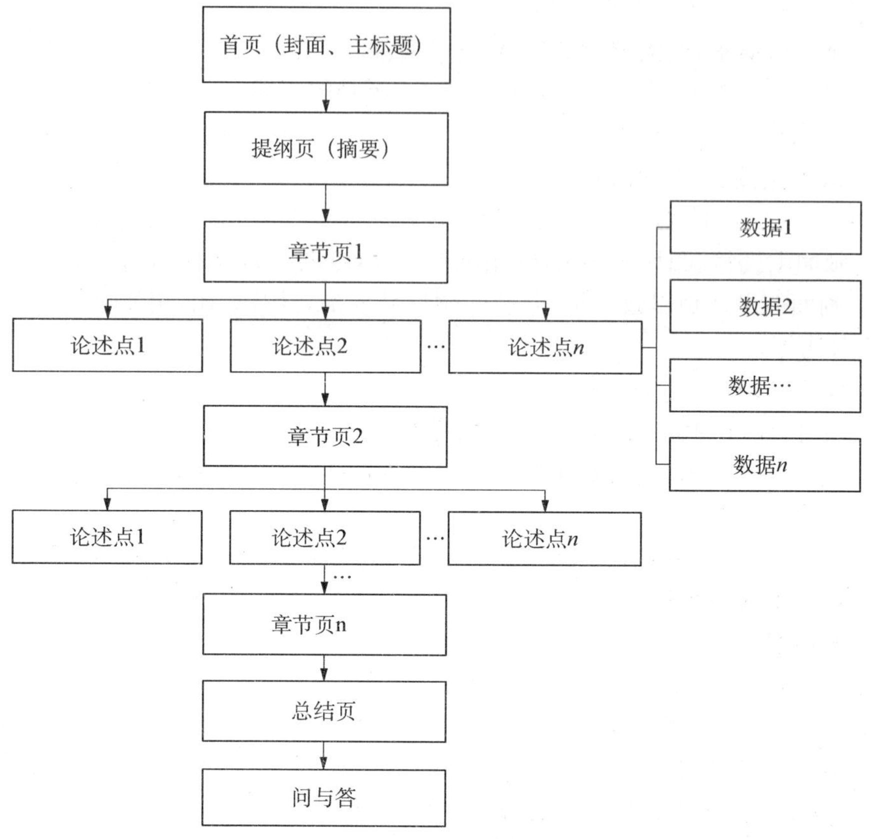


图 6-2　PPT 材料架构

息则放在 PPT 下部。页面布置不能太满，至少保证页面可放置信息部分有 20%以上的空白空间。

针对某一页标题、正文、图表的布置，特别是标题，不应通过手动拖拽修改，而需通过 PowerPoint 软件中的“版式”选项进行统一处理，以保持 PPT 材料版式统一、整洁。针对 PPT 材料整体排版的修改，应在母版上进行处理，以保持 PPT 风格统一。

d. 图片。

应根据推介主题选用适当图片，并视情况对图片进行变形、美化等设计。

作为背景的图片颜色不宜过杂，可通过半透明、单色设计等方式进行处理。图片可通过运用半透明、渐变效果、3D 效果和照片化设计来增加 PPT 的视觉效果。

原则上整个 PPT 材料中所使用图片形式应尽可能统一或相近。

e. 图表。

不同的图表类型应用可表达不同的信息，基本的图表种类与应用如表 6-8 所示。

表 6 - 8 图表种类及应用

| 要表达的数据和信息 | 饼图 | 柱形图 | 条形图 | 折线图 | 气泡图 | 蛛网图 | 面积图 |
| --- | --- | --- | --- | --- | --- | --- | --- |
| 整体的一部分 | ● | ● | ● | | | | |
| 不同数据的比较 | | ● | ● | | ● | | |
| 时间序列 | | ● | | ● | | | ● |
| 频率 | | ● | ● | ● | | | |
| 两组数据的比较 | | ● | ● | ● | ● | | |
| 和多重数据、标准相比较 | | | | | | ● | |

图表设计应简洁、配色统一，外围和内部图形（如柱子、扇面等）均无边框，重点数据需通过字体放大、特写、加虚线框等方式突出显示，不可做 3D 立体效果。图表带 $XY$ 轴的，刻度线应不显示。图例应以放在图表下方为佳。

PPT 材料中所应用的图表应注明数据来源。图表所包含信息量不应太多，以保证清晰可读。在同一 PPT 中，原则上不同图表上的相同指标数据应相应配以同一颜色，以便观众获取数据信息。根据需要，可对图表相应配上简单原因分析和说明。

自行设计逻辑图或使用 SmartArt 图形时，应首先确定逻辑，然后再对逻辑图进行设计或选择合适的 SmartArt 图形。使用自定义形状时，应注意采用圆角处理，不采用直角或尖角。

f. 表格。

表格的设计应清晰、易感知。一般制作时应首先确定一种表格色系（如蓝色系）。表头需用深色突出，且可用虚线框突出表格数据重点。虚线线型一般采用“短划线”，根据需要也可灵活采用其他虚线线型，颜色应与表格底色区分开。

g. 文字与字体。

PPT 材料应注意主标题、副标题、正文、表格等字体相应一致，一般字体使用上限不超过 3 种。可选字体及字号如下：

(i) 英文，如 Arial，Arial Narrow，Calibri，Comic Sans MS，Verdana。

(ii) 中文，如黑体，微软雅黑。

(iii) 主标题或大标题字符大小为 28～44 pt。

(iv) 副标题或小标题字符大小为 18～28 pt。

每页 PPT 严禁使用大段文字，仅提炼重点信息放在 PPT 内。若需要详细描述，可通过分发材料等形式弥补。原则上每一页 PPT 至多阐述一个主要观点。

h. 颜色。

PPT 材料主色调应统一，例如都使用暖色调或冷色调。所使用颜色前后保持一致，且颜色不宜过多，同一页不应超过 3 种。常用颜色为蓝色、黄色、红色或绿色。

i. 动画。

每页 PPT 动画不得超过 1 个或 1 种，应采用简单、缓和的动画。设计动画时，应尽量避免使用时间触发型动画效果。

j. 其他。

应将客户信息放置在更为显著的位置上，如PPT上应放置客户logo在显著位置等。

(2) 产品册。

产品册需传达的关键信息简单直接，同时又充满人性化元素与设计技巧。还应充分发挥了大幅面折页的优势，同时通过巧妙的视觉引导改善了大幅面多信息情况下的弊端。主要要求与产品的品牌宣传相一致。

飞机产品宣传资料的设计和制作应注意：

a. 增加更多人性化的元素、人文因素。例如，可运用更多的人像图片、人物图片、小故事等，可有效提升可读性。

b. 宣传材料应注重设计感，其风格、宣传主题应统一、协调。

c. 针对不同受众、不同主题，进行多分册的设计，且同一系列分册应保持统一风格。根据前期推介活动经验总结，针对不同的阅读群体，对飞机产品宣传材料设计类别进行细分，如表6-9所示。

**表6-9 飞机产品册设计类别**

| 项目 | 高端类 | 专业类 | 准专业类 | 普通类 |
|---|---|---|---|---|
| 阅读群体 | 客户高层 | 客户决策执行层 | 专业观众 | 普通观众 |
| 对象认知需求 | 中 | 高 | 中 | 低 |
| 对象技术复杂程度 | 低 | 高 | 中 | 低 |
| 递送形式 | 递交 | 递交 | 领取 | 领取 |
| 设计目的 | 了解飞机性能优势与近况 | 了解具体性能、信息并可供查阅 | 了解飞机性能 | 了解国产大飞机的情况与优势 |
| 设计风格 | 品质感，精美 | 专业、简洁，内容主导 | 内容主导，专业感强 | 品质感 |
| 更新频率 | 低 | 高 | 低 | 低 |
| 尺寸 | 255×200 | 多本对开A4(210×297) | A4(210×297) | A5(148×210) |
| 装帧形式 | 精装小册，胶装 | 骑马钉，多分册 | 骑马钉小册 | 折页 |
| 页数 | 少 | 多 | 多 | 折页 |
| 正文字体大小 | 12 pt | 10 pt | 10 pt | 10 pt |

d. 通过设计改进来提升宣传材料的阅读体验，如更适宜的文字背景色、更直观的线型图示设计、小幅面的画册式设计、贯穿始终的主题纹理或视觉引导线等。

e. 精美图片在宣传材料设计中不可或缺，而应用大幅画面可以给人以强烈的视觉冲击力。同时，应尽量多搜集真实机型图片，建立飞机图片素材库，以便用于宣传材料平面设计。

f. 需注重设计精炼、具有特色的广告语，产品特征说明文字应简洁清晰。

g. 针对新机型的产品宣传资料应以定性的文字描述为主，定量数据较少。

h. 宣传材料的文字内容不宜过多，应力求精炼、通俗易懂，设计简洁明快的广告语或大标题也是一个有效宣传的方式。

i. 单页或折页形式的宣传材料便于阅读者携带，在实际宣传中使用较多。

j. 加强免责声明、版权说明等方面的规范。

向客户推介飞机，飞机设计必须达到一定的成熟度，可以实现向潜在客户承诺的性能指标，如航程、重量、商载能力、噪声等级、再次出动时间和使用成本等。

能够详细解释飞机的座舱布局，能够告诉客户本项目区别于竞争对手的潜在优势。还应能够向潜在客户讲明飞机系统的选型及其性能。这些都应体现在营销材料中。

(3) 销售一纸禅。

销售一纸禅是用一张纸的篇幅介绍产品主要特征和竞争优势，用于快速培训参与销售的人员，也用于统一宣传口径和卖点。

销售一纸禅主要内容包括以下内容。

a. 产品概要。

(i) 产品描述：简明扼要地说清产品是干什么的。

(ii) 产品的特性：最好描述5个以内明显的产品特征。

(iii) 目标客户：卖给谁。

(iv) 产品卖点/利益点。

b. 竞争对比(见表6-10)。

**表6-10　竞争对比**

| 对比项目 | 我司产品 | 竞品(E190) | 优势及客户利益 |
|---|---|---|---|
| 适应性 | 推重比高，标准型达到0.3566 | 推重比不如ARJ21-700 | 起飞加速性能好 |
| | 设计包线满足国内高原机场运行环境要求 | 发动机受温度、沙尘影响较大 | 更高的派遣可靠度 |
| | 适应高温高原机场起降要求 | 高原性能不理想，减载严重 | 适应西部环境，提升飞机日利用率 |
| 客户支援 | 国内客户支援布局良好、本地化 | 国内航材支援支持不足 | 快速及时的航材支援，提升飞机日利用率 |
| 客舱宽度 | 3.143m | 2.74m | 更大的视觉空间，机身与干线机相当 |

说明：对一纸禅里涉及的专有名词或缩写应进行说明。

c. 成功案例。

(i) 标题：要将产品与客户收益结合起来。如“国内首次引入220t的Cat 793D型矿用卡车，单车运输量提高数倍”。

(ii) 项目背景/客户简介。

(iii) 客户需求/业务调整。

(iv) 我司解决方案。

(v) 客户收益。

(4) 软文。

顾名思义,软文是相对于硬性广告而言,由企业的市场策划人员或广告公司的文案人员来负责撰写的“文字广告”。与硬广告相比,软文之所以称为软文,妙在一个“软”字,好似绵里藏针,收而不露,克敌于无形,等到你发现这是一篇软文的时候,你已经冷不丁地掉入被精心设计过的“软文广告”里了。它追求的是一种春风化雨、润物无声的传播效果。如果说硬广告是外加的少林功夫,那么,软文则是绵里藏针、以柔克刚的武当拳法,软硬兼施、内外兼修,才是最有力的营销手段,也是论坛推广、博客推广的基础。软文,又称为整合营销。一般软文包括行业类软件,即面向行业内人群的软文,此类文章的目的通常是为了扩大行业影响力,奠定行业品牌地位。一家企业的行业地位将直接影响到其核心竞争力,甚至会影响到用户最终的选择。用户类软文,指面向最终消费者或产品用户的文章,大家经常提到的产品软文即属于此类。这类软文的主要作用是增加在用户中的知名度与影响力,赢得用户好感与信任,甚至引导用户产生消费行为。这类文章的表现形式多样,但基本原则有一条:以用户需求为主,具有阅读性。

软文常见的问题:软文吸引力不够,软文的可读性差,软文的目的不够明确,软文的促销目的性太露骨。成功的软文应具备以下特征。

a. 吸引人:权威性、新闻性、知识性、趣味性。

b. 明确的目的性:销售/品牌营销。

c. 成系列地策划。

软文广告/软文模板示例如下:

a. 描述目标市场对飞机产品的需求十分大。

b. 目前能够提供此类产品的公司及其产品。注意,可以多些国外知名的竞争品牌及明显比自己弱的竞争品牌,最好不要写与各方面有明显优于自己的竞争品牌。

c. 竞争对手及其产品分析,注意这点要说明自己产品的优势,且要“有图有真相”。

d. 权威专家建议的此类产品购买时需要关注的关键因素,注意在关键因素里一定要有自己有优势的方面(如服务、价格等)。

e. 结论,最好间接地引导而不是直接地推销。

(5) 销售 Q&A 集。

Q&A 集是指产品在销售过程中常遇到的疑问以及对每个疑问的回答。各市场定期上报销售中遇到的问题及答案,由产品经理/市场经理集中更新。

同时,为保障销售支援人员在市场营销及销售现场的技术支持中做到反应迅速、反馈准确、口径统一,从而尽可能多地在现场给予客户即时、满意的答复,从而促进市场及销售的顺利完成,编制“飞机销售支持文件包”,以便支持人员随身携带查看。文件包主要包含宣传片、公司及项目介绍、产品推介材料、飞机技术文件、客户解决方案工具包、Q&A 集等，如图 6-3 所示。

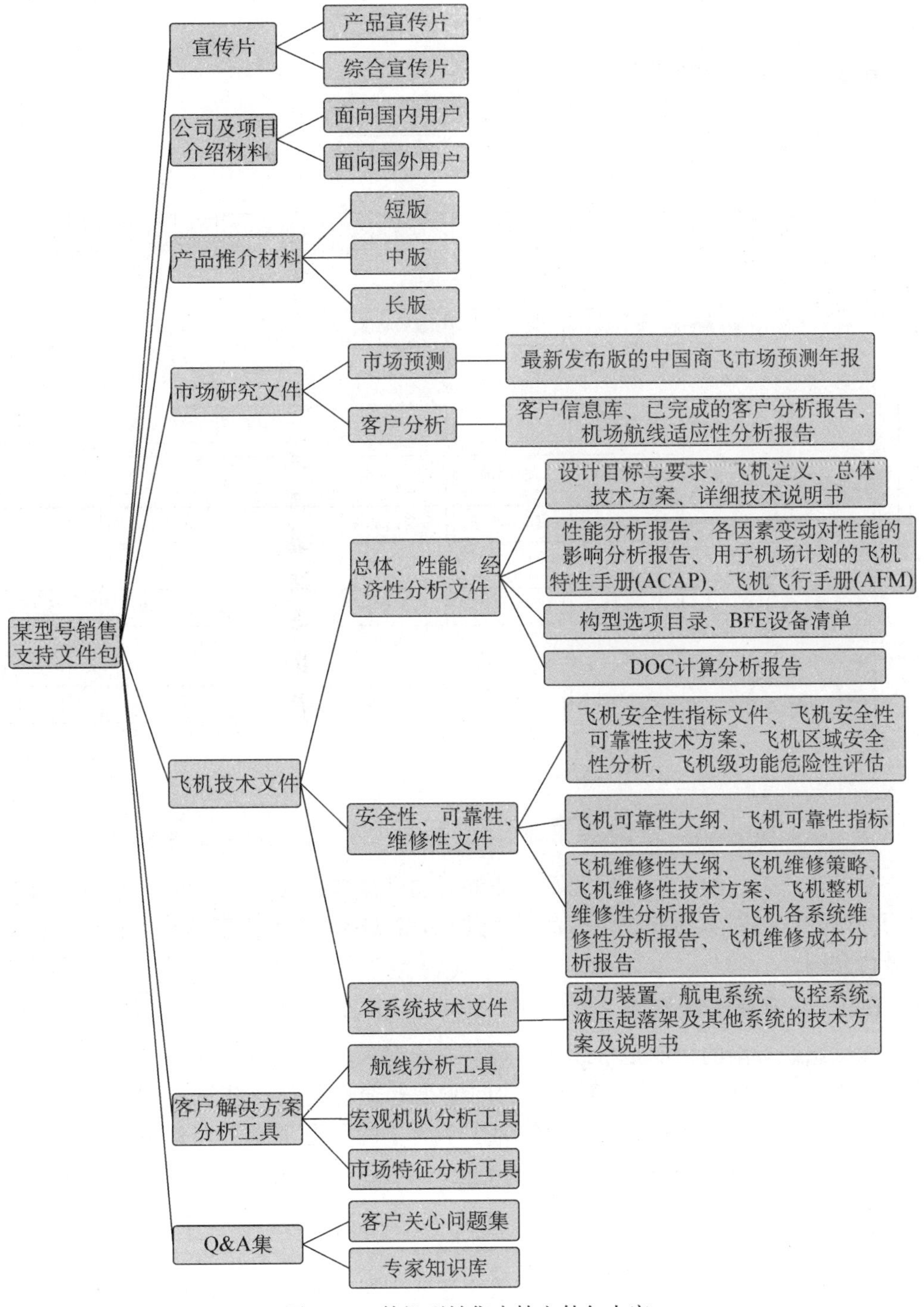


图 6-3 某机型销售支持文件包内容

## 6.3 客户关注点

根据客户交流和客户的市场竞争情况，客户关注点问题有共同点，也有个性化的点。

### 6.3.1 客户关注问题

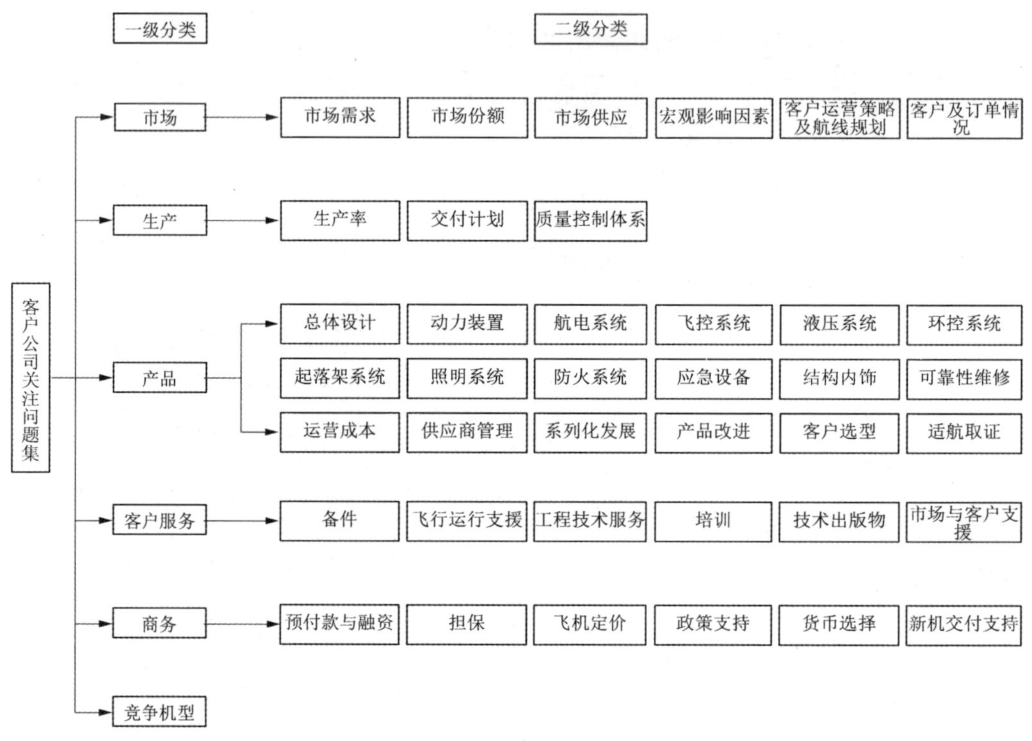


图 6-4　客户关注共同点

对于客户关注的个性化问题则一般要通过直接交流的方式获取，一般来说比较常用的两种获得需求的方法包括：深度访谈和焦点小组。下面就两种方法的主要方法进行介绍。

### 6.3.2 深度访谈指南

深度访谈指南的目的是帮助你了解客户的需求。

使用注意事项：每个标题下所列的问题是普遍性的访谈指南。根据这些问题来进行深入地探讨，但不要把他们作为一个简单的问题清单。与您的客户安排一个小时的访谈时间。您可能需要访谈不止一个客户，以达到充分收集必要数据的目的。

1）开头语

感谢您同意参与这一深度访谈。您的意见会帮助我们更好地了解您的需求。

2）客户采购过程

（1）对于这个产品________（您的产品名称），你们公司内部是如何做出采购决定的？

（2）这个采购决定的过程如何？您能带我回顾一遍吗？

（3）采购中心哪一位是关键人物？他们的角色是什么？

3）与供应商的关系

（1）在您看来，什么是供应商必须满足的最低要求？

（2）怎样才能成为首选供应商？

（3）提供什么样的商品和服务，才能成为首选供应商？

（4）您对供应商的观察，在本行业或其他行业里面，哪些是最佳的做法？

4）客户的需要

（1）您目前工作的客户所在细分市场是什么？

（2）这在将来会变化吗？

（3）您如何为您的客户创造价值？换句话说，您如何给您的客户设计解决方案？

（4）您的客户有哪些需要，目前还没有得到满足？

（5）哪些是您直接和间接的竞争对手？

（6）为了拿走您的生意，他们是怎么做的？

（7）您怎么做事的？在客户的眼里看来与您的竞争者有何不同？

（8）当您考虑需要做某些活动来帮助客户决定购买并使用我们产品时，是否有任何您能想到的地方，我们可以提供帮助？（访谈之后，尽可能对这些活动标出具体金钱数字。您也许会发现在某些方面能够帮助您的客户降低成本。）

（9）您的公司是否还有其他人我可以和他交谈的，他也许可以给我产品的购买和使用有关活动的更多细节？

（10）从供应商角度，我们如何能帮助你更有效地在市场上竞争？

（11）从供应商角度，我们如何帮助你们增加收入，降低成本？

5）客户的业务

（1）对于您的业务，哪一件事情会使您彻夜难眠？

（2）什么是今后5年里，您将会面对的最重要的3个机会？

（3）什么是今后5年里，您将会面对的最主要的3个威胁？

（4）仔细观察您的公司，如何做好准备以利用这些机会，或者降低威胁？换句话说，哪些是你们的主要优势和劣势，如何使你们能够抓住机遇，或最大限度地减少威胁？

（5）你们公司未来的战略方向是什么？为什么？

（6）供应商可以如何来帮助你们实现你们的战略？

6）结束

（1）关于我们讨论过的，或者还没有讨论到的地方，您还有其他见解吗？

(2) 感谢您的参与。衷心感谢您能从百忙中安排时间和我交谈。

### 6.3.3 焦点小组工作指南

小组(焦点)座谈(focus group)是由一个经过训练的主持人以一种无结构的、自然的形式与一个小组的被调查者交谈。主持人负责组织讨论。小组座谈法的主要目的是通过倾听一组从调研者所要研究的目标市场中挑选来的被调查者,从而获取对一些有关问题的深入了解。这种方法的价值在于常常可以从自由进行的小组讨论中得到一些意想不到的发现。

实施步骤如下:

1) 准备焦点小组访谈

环境:一般是有一个焦点小组测试室,主要设备应包括话筒、室温控制、摄像机。对调研者来说,焦点小组访谈法是一种了解消费者动机的理想方法。

征选参与者:征选是应极力避免在小组中出现重复的或“职业”性受访者。一个小组一般包括 8 名参与者。注意,并不存在理想的参与人数,这应根据小组的类型而定,经历性的小组比分析性的小组所需的受访者要多。另外,经调查发现人们同意参加焦点小组的动机依此是:报酬、对话题感兴趣、有空闲时间、焦点小组有意思、受访者对产品知道的很多、好奇、它提供了一个表达的机会。

2) 选择主持人

拥有合格的受访者和一个优秀的主持人是焦点小组访谈法成功的关键因素。焦点小组对主持人的要求是:第一,主持人必须能恰当地组织一个小组;第二,主持人必须具有良好的商务技巧。

3) 编制讨论指南

编制讨论指南一般采用团队协作法。讨论指南要保证按一定顺序逐一讨论所有突出的话题。讨论指南是一份关于小组会中所要涉及的话题概要。主持人编制的讨论指南一般包括 3 个阶段:首先,建立友好关系、解释小组中的规则,并提出讨论的个体;第二阶段是由主持人激发深入的讨论;第三阶段是总结重要的结论,衡量信任和承诺的限度。

4) 编写焦点小组访谈报告

访谈结束主持人可做一次口头报告。

正式的报告,开头通常解释调研目的,申明所调查的主要问题,描述小组参与者的个人情况,并说明征选参与者的过程。接着,总结调研发现,并提出建议,通常 2～3 页的篇幅。如果小组成员的交谈内容经过了精心归类,那么组织报告的主体部分也就很容易了。先列出第一个主题,然后总结对这一主题的重要观点,最后使用小组成员的真实记录(逐字逐句地记录)进一步阐明这些主要观点。以同样的方式一一总结所有的主题。

要点主要包括:

(1) 做好座谈会前的准备,主要内容有:确定会议主题;确定会议主持人;选择参加人员；选好座谈会的场所和时间；确定座谈会的次数；准备好座谈会所需要的演示和记录用具，如录音、录像设备等；在需要同声翻译的情况下，应该让翻译了解所要讨论的大概内容。

(2) 组织和控制好座谈会的全过程：要善于把握座谈会的主题；要做好与会者之间的协调；要做好座谈会记录（座谈会一般由专人负责记录，同时还场长通过录音、录像等方式记录）。

(3) 做好座谈会后的各项工作：及时整理、分析座谈会记录；回顾和研究座谈会情况；做必要的补充调查。

注意事项包括：

(1) 焦点访谈的目的决定了所需要的信息，从而也决定了需要的被访者和主持人。

(2) 曾经参加过焦点访谈的人，是不合适的参与者。

(3) 参与者中应该避免亲友、同事关系，因为这种关系会影响发言和讨论，万一发生这种现象，应该要求他们退出。

(4) 每个小组参与者的数量。一直以来认为8~12人是合适的，但经常有4~5人的焦点访谈实施，这主要应该看讨论的内容是什么。

(5) 吸引参与者参加座谈的措施：

a. 报酬越高越能吸引人参与。

b. 越枯燥的调研项目报酬越要高。

c. 座谈会要尽量安排在周末举行。

d. 向目标人选描述座谈会如何有趣、有意义。

e. 强调目标人选的参与对研究十分重要。

(6) 主持人在焦点小组座谈中要明确职责，其职责包括：

a. 与参与者建立友好的关系。

b. 说明座谈会的沟通规则。

c. 告知调研的目的并根据讨论的发展灵活变通。

d. 探寻参与者的意见，激励他们围绕主题热烈讨论。

e. 总结参与者的意见，评判对各种参数的认同程度和分歧。

(7) 主持人应把握会场气氛。

主持人在座谈开始时就应该亲切热情地感谢大家的参与，并向大家解释焦点小组座谈是怎么一回事，使参与者尽量放松。然后，真实坦诚地介绍自己，并请参与者一一自我介绍。沟通规则一般应该包括以下内容，并诚恳地告诉参与者。

a. 不存在不正确的意见，你怎么认为就怎么说，只要你说出真心话。

b. 你的意见代表着其他很多像你一样的消费者的意见，所以很重要。

c. 应该认真听取别人意见，不允许嘲笑贬低。

d. 不要互相讨论，应该依次大声说出。

e. 不要关心主持人的观点，主持人对这个调研课题跟大家一样，主持人不是专家。

f. 如果你对某个话题不了解，或没有见解，不必担心，也不必勉强地临时编撰。

g. 为了能在预定时间内完成所有问题，请原谅主持人可能会打断你的发言等。

(8) 焦点访谈的数据和资料分析要求主持人和分析员共同参与。

他们必须重新观看录像，不仅要听取参与者的发言内容，而且要观察发言者的面部表情和肢体语言。企业方在产品的概念测试时特别要注意这一点，因为参与者往往不愿意对设计的“概念”提出激烈的反对意见，只有当企业方观察到参与者不屑一顾的嘲讽表情时，才会认识到概念并不受欢迎。

## 6.4 客户沟通

所谓沟通，就是信息的交流与互换。

客户的沟通就是企业通过与客户建立互相联系的桥梁或纽带，让客户了解双方的合作前景，拉近和客户的距离，加深和客户的感情，从而与客户建立良好的伙伴关系，最终赢得客户满意与客户忠诚所采取的行动。良好的沟通对合作双方来说就是双赢的，企业进行积极有效的客户沟通，有利于巩固和发展与客户的关系。

企业与客户之间的沟通应当是双向沟通，既要让客户了解企业，也要使企业了解客户，这样，企业与客户之间才能增进彼此的了解和交流，才能消除隔阂、化解误会、荣辱与共、利益相连。

企业与客户之间的沟通包括两个方面。

一方面是企业与客户的沟通，是指企业积极保持与客户的联系，通过人员沟通和非人员沟通的方式，把企业的产品或服务的信息及时传递给客户，使客户了解并且理解和认同企业及其产品或服务。

另一方面是客户与企业的沟通，是指企业要为客户提供各种渠道，并保持渠道畅通，使客户可以随时随地与企业进行沟通，包括客户向企业提出的意见、建议和投诉。

(1) 客户沟通的内容。

客户沟通的内容主要是信息沟通、情感沟通、理念沟通、意见沟通，有时还要有政策沟通。

所谓信息沟通，就是企业把产品或服务的信息传递给客户，也包括客户将其需求或者要求的信息反映给企业。

所谓情感沟通，主要是指企业主动采取情感措施，加强与客户的情感交流，加深客户对企业的感情依恋所采取的行为。

所谓理念沟通，主要是指企业把其宗旨、理念介绍给客户，并使客户认同和接受所采取的行为。

所谓意见沟通，主要是指企业主动向客户征求意见，或者客户主动将对企业的意见(包括投诉)反映给企业的行为。

所谓政策沟通,主要是指企业把有关的政策向客户传达、宣传所采取的行为。

(2) 企业与客户沟通的途径。

a. 通过业务人员与客户沟通。

业务人员可以当面向客户介绍企业及其产品或者服务的信息,还可以及时答复和解决客户提出的问题,并对客户进行主动询问和典型调查,了解客户的意见及客户对投诉处理的意见和改进意见等。

业务人员与客户沟通,双方可直接对话,进行信息的双向沟通,可使双方从单纯的买卖关系发展到建立个人之间的友谊,进而维护和保持长期的客户关系。

b. 通过活动与客沟通。

通过举办活动可以让企业的目标客户放松,从而增加沟通的效果。

如通过座谈会的形式,定期把客户请来进行面对面的沟通,让每个客户畅所欲言,或者发放意见征询表,向他们征求对企业的投诉和意见。通过这种敞开心扉的交流,可以消除企业与客户的沟通障碍,同时,这也是为客户提供广交同行朋友的机会,在座谈会上,客户们可以相互学习、相互取经。此外,通过定期或不定期地对客户进行拜访,与客户进行面对面的沟通,也可以收集他们的意见,倾听他们的看法、想法,并消除企业与客户之间的隔阂。

另外,邀请客户联谊也是加深与客户感情的好方式,如一个可携带配偶出席的晚会将增加企业与客户的情谊。联谊活动有很多形式,例如,宴会、娱乐或健身活动、参观考察等。

当然,企业还可以通过促销活动与客户沟通,使潜在客户和目标客户有试用新产品的理由,从而建立新的客户关系,也使现实客户有再次购买或增加购买的理由,从而有利于维护和发展客户关系等。

c. 通过信函、电话、网络、电邮、博客等方式与客户沟通。

通过信函、电话与客户沟通是指企业向客户寄去信函,或者打电话宣传、介绍企业的产品或服务,或者解答客户的疑问。

随着技术的进步和沟通实践的发展,新的沟通渠道在不断地出现,特别是互联网的兴起彻底改变着企业与客户沟通、交流的方式,企业在强大的数据库系统支持下,可以通过电子商务的手段,开设自己的网站为客户提供产品或服务信息,与客户进行实时沟通,从而缩短企业与客户之间的距离。

另外,现代通信手段的发展,使企业还可以通过电子邮件、手机短信和传真、博客等形式与客户沟通,向客户提供产品及服务信息。

d. 通过广告与客户沟通。

广告的形式多样,传播范围广,可对目标客户、潜在客户和现实客户进行解释、说明、说服、提醒等,是企业与客户沟通的一种重要途径。

通过广告与客户沟通的优点是迅速及时,能够准确无误地刊登或安排播放的时间，并可全面控制信息内容，能让信息在客户心中留下深刻的印象。

通过广告与客户沟通的劣势是单向沟通，公众信任度较低，易引起客户逆反心理。这就是企业的广告要减少功利的色彩，多做一些公关广告和公益广告，才能够博得客户的好感。

e. 通过公共宣传及企业的自办宣传刊物与客户沟通。

通过公共宣传与客户沟通的优点是可以增加信息的可信度，因为它是一个与获利无关的评论，比较可靠。另外，公共宣传还可使企业欲与客户沟通的信息得到免费曝光的机会，从而提高对客户的印象力。

通过公共宣传与客户沟通的缺点是企业对信息没有控制权，企业希望得到宣传的，未必被新闻机构所采用，即使采用，企业也无法控制何时被采用。

因此，企业还可通过内部刊物发布企业的政策与信息，及时将企业经营战略与策略的变化信息传递给客户。当然，这里的信息包括新产品的开发信息、产品价格的变化信息，新制订的对客户奖励政策、返利的变化以及促销活动的开展等。

f. 通过包装与客户沟通。

企业给客户的第一印象往往是来自企业的产品，而产品给客户的第一印象不是来自产品的内在质量，而是来自产品的包装。包装是企业与客户沟通的无声语言，好的包装可以吸引客户的视线，给客户留下美好的印象，能够引起客户的购买欲望。

总之，企业与客户沟通的形式多样，其目的是通过经常性的沟通，让客户清楚企业的理念与宗旨，让客户知道企业是他们的好朋友，企业很关心他们。为了不断满足他们的需要，企业愿意不断地提升产品或者服务的品质及其他一切方面。

（3）客户与企业沟通的途径。

客户与企业的沟通是客户将其需求或要求反映给企业，包括将对企业的意见反映给企业的行为。为了确保客户与企业的沟通，企业必须鼓励不满意的客户提出自己的意见，这就是想办法降低客户投诉的“门槛”，为客户提供各种便利的途径，并保持途径的通畅，让客户投诉变得简单。

a. 开通免费投诉电话、24 小时投诉热线或者网上投诉等。

b. 设置意见箱、建议箱、意见簿、意见表、意见卡及电子邮件等。

c. 建立有利于客户与企业沟通的制度。

企业要积极建立客户投诉制度和建议制度，清清楚楚、明明白白地告诉客户企业接受投诉的部门及其联系方式和工作程序。此外，企业还可设立奖励制度鼓励客户投诉。

总之，企业要方便客户与企业的沟通，方便客户投诉和提意见，并且尽可能降低客户投诉的成本，减少其花在投诉上的时间、精力和金钱等。

如果企业多创造些与客户面对面交流的机会，敞开心扉，进行平等沟通，那么企业与客户之间就没有打不开的心结、化不开的冰。

（4）企业与客户沟通的策略。

a. 对不同的客户实施不同的沟通策略。

企业要根据所掌握的客户信息，借助或者利用客户联系卡或者客户数据库提供的信息，定期与客户联系，对不同特点的客户进行有针对性的、个性化的沟通。

b. 站在客户的立场上与客户沟通。

客户通常关心的是自己切身利益的事，从某种意义上说，客户购买的不仅仅是产品或者服务，还包括企业对客户的关心以及客户对企业的信任。因此，企业只有充分考虑客户的利益，把客户放在一个合作伙伴的角色上，并站在客户的立场上，才能获得沟通的成功。

c. 向客户表明诚意。

由于沟通的成功有赖于双方的共同努力，因此企业与客户沟通时，要首先向客户表明自己是很有诚意的(主要表现在对客户的态度上，如承诺的兑现)，衷心希望得到客户的积极响应。如果企业都没有诚意，就不要指望得到客户热情的回报，也不要指望与客户的沟通能够获得成功。

(5) 客户沟通的关键。

与客户沟通，归根结底卖的还是产品或服务。如果销售的产品不能被对方所认同，那么即使你与对方的采购人员，甚至决策层有着非同寻常的关系，也很难拿到这张订单。只有让你的客户认同了这个产品，你才能得到应得的利益。

通常客户在面对销售人员介绍产品时，在考虑以下几个问题：

a. 在销售人员的身上找寻他自己的影子。

b. 在考虑应该如何拒绝你。

c. 在拿销售人员的表现和你的竞争对手作比较。

d. 在考虑如何从销售人员的话中挑出毛病或自相矛盾之处，然后压低销售价格并促使销售人员就范。

e. 在考虑以什么样的姿态接受，会使他更安全并且更有面子。

f. 在考虑如何说服他的上级。

g. 在考虑他自己的事。

获得大客户的信赖，使对方在信赖自己的基础上更加相信为他推荐的产品和服务是每位销售人员必须思考的现实问题。

首先，在客户面前展示专家形象。

客户最信任专家，尤其是在对方并非某一领域的专业人士时，如果你能以一个专家的姿态为他答疑解惑，必然就会收到对方的青睐。如何使自己显得更加专业，销售人员需要做到：

a. 客观分析市场背景。

b. 详细解释及分析产品、技术特点和优势。

c. 展望技术的未来发展趋势。

若想取得客户的信服，销售人员必须在产品的专业技术上下大工夫。所有客户都是凭着你这个销售人员的确精通这方面的知识、的确不是信口雌黄，才会对你的言行产生好感和信赖。

其次，用定制化服务取信于客户。

最后，做一个受欢迎的销售人员。

做一个客户欢迎的销售人员，该说的时候说，该听的时候听，该走的时候走，该来的时候来，善于察言观色，拨动客户的心弦，这样的销售人员才会被人喜欢，得到更多人的认可。

a. 用心倾听，发现客户的"弦外之音"。

b. 察言观色，随机应变。

c. 说对话，话语体贴到位。

信赖是交易的前提，赢得客户的信赖是每位销售人员的职责所在。让客户信赖你，认可你，最后接受你，这就是每个销售人员必须面对的难题之一。

## 6.5 跨文化营销

在人的发展过程中，文化扮演着制约的作用，在企业管理过程中，内化为"企业文化"或"组织文化"的文化也是一种管理的手段。文化这种"软"管理的作用是近年来企业的变化之一。文化与管理是一对辩证的关系，管理不只是一门学科，还是一种文化，有它自己的价值观、信仰、工具和语言，由于受历史、文化、民族、宗教、地域、经济发展水平等诸多因素的影响，各个国家有着不尽相同的民族文化(民族文化是指某一国家所特有的主要价值观、民族习惯及实践活动等)。一个特定民族、社会、文化圈的特定文化对管理过程的渗透和反映，就形成了所谓的管理文化，它主要指管理的指导思想、管理哲学和管理风格。东西方管理可以运用相同的管理技术，但其管理思想、管理哲学截然不同，其根本原因就在于其依存的东西方文化不同。因此未来民机市场营销体系应该认真研究所遇到的不同文化的特质，融合不同文化的优点，寻求与自身体系的文化背景、体系背景、组织机构等最匹配的管理思想和管理风格，进而形成一套行之有效的多文化融合管理方法。

1) 跨文化冲突的根本原因

所谓文化冲突是指不同形态的文化或者文化要素之间相互对立、相互排斥的过程。产生跨文化冲突的根本原因在于文化价值观不同。霍夫斯蒂德的国家文化模型分析了基本文化价值观的 5 个方面，即权力化程度、个人主义高低、男性主义程度、不确定回避程度、长期取向，如表 6-11 所示：

**表 6-11 霍夫斯蒂德文化理论**

| 理论模型 | 影响因素 | 详细介绍 |
|---|---|---|
| 权力化程度(人与人之间平等的期望) | 权力差距小的国家 | 上下级认为彼此天生就是平等的关系<br>下属对上司依赖有限，趋向于协商的合作关系 |

（续表）

| 理论模型 | 影响因素 | 详细介绍 |
|---|---|---|
| | 权力差距大的国家 | 上下级认为彼此是天生的不平等关系<br>下属对上司非常依赖<br>服从与尊重权力 |
| 个人主义<br>（个体在社会关系中被重视的程度） | | 高个人主义，更注重个人独立与成功 |
| 男性主义（社会上居于统治地位的价值标准） | 男性化社会 | 强调自信武断、进取好胜 |
| | 女性化社会 | 竞争的失败者可能会引起人们的同情 |
| 不确定回避（对危险事务的典型反应） | 高回避不确定 | 寻求建立那些命令与计划至上的社会体系，风险会令人紧张不安。社会维护既定的信念和行为规范，不能容忍持有悖于他们的观念和价值取向。在这样的国家中，组织或成员表现出较低的工作流动性 |
| | 低回避不确定 | 与之相反 |
| 长期取向（对时间的基本取向） | 长期取向 | 长期取向的国家注重储蓄、节俭、尊重传统，接受缓慢的结果，做任何事都留有余地 |
| | 短期取向 | 与之相反 |

除了在国家、民族层面上的文化差异之外，不同的企业之间往往也存在着文化差异。

根据丰斯·特龙彭纳斯和查理斯·汉普登特纳理论，企业文化分家庭型、埃菲尔铁塔型、导弹型、孵化器型4种。简而言之，家庭型企业文化强调权力至上，埃菲尔铁塔型企业文化强调分工主导，导弹型企业文化强调以任务为中心，孵化器企业文化则强调以人为重。这4种文化类型的特点如表6-12所示。

**表6-12　4种企业文化特点**

| | 家庭型 | 埃菲尔铁塔型 | 导弹型 | 孵化器型 |
|---|---|---|---|---|
| 员工之间的关系 | 与所属有机整体形成广泛扩散型关系 | 在必需的相互作用的机械体制中，承担具体角色 | 在以共享目的为目标的控制机制中，担任具体转移的任务 | 在共有的创造过程中，产生出广泛扩散型的自发的关系 |
| 对权威的态度 | 认为地位属于亲近而有权力的家长式人物 | 地位属于疏远而有权力的上级 | 地位属于共同为既定目标努力的项目小组成员 | 地位属于有创造力和成就的个人 |
| 思考和学习方式 | 直觉的、整体的、横向的和改正错误式的 | 逻辑的、分析的、垂直的、理性而高效的 | 以问题为中心的、专业的、实际的、学科交叉的 | 以过程为取向的、创造性的、专门的、受灵感支配的 |

（续表）

| | 家庭型 | 埃菲尔铁塔型 | 导弹型 | 孵化器型 |
|---|---|---|---|---|
| 对人的态度 | 家庭成员 | 人力资源 | 专家 | 共同创造的人 |
| 变革的方式 | “家长”改变路线 | 改变规定和程序 | 目的随着目标的改变而改变 | 修改和协调 |
| 激励和奖励方式 | 天生满足于受人尊敬，通过主观进行管理 | 晋升到高一级的职位，做更重要的工作；通过工作职权进行管理 | 按表现和解决问题的能力来支付薪酬，通过目标进行管理 | 参与到创造性的工作中来，通过热情进行管理 |
| 批评和解决冲突 | 脸皮薄，保住面子，不在权力游戏中认输 | 除非有程序来解决问题，批评将引来愤怒 | 只接受建设性的、与任务相关的建议，然后很快接受改正 | 必须改进创造性的思想，而不是进行否定 |

2）跨文化冲突的具体表现

（1）显性文化的冲突。

跨文化企业中最常见和公开化的文化冲突，是显现文化的冲突，这也是未来全球民机市场营销体系所面临的文化融合的第一个问题。

显现文化的冲突，即来自行为者双方的象征符号系统之间的冲突，也就是通常所说的表达方式所含的意义不同而引起的冲突。这些表达方式通过语言及行为方式等表现出来，语言不仅划分出不同的文化群体，而且还使这些群体泾渭分明。语言是表达思想的载体，而思想是组成并决定文化特点的根本因素，因而，语言也就是文化的一种主要载体，因语言差异引起的冲突是文化冲突的重要的外在表现。至于行为方式包括了神态、手势、表情、举止等，来自不同文化背景中的人，相同的行为所象征的意义可能是完全不同的。

语言差异和行为方式差异的例子在跨文化企业中是很常见的，比如问候的方式。另外，跨文化企业中的员工可能以沉默来表示支持，有的可能是以沉默来表示反对，还有的则可能以沉默来表示自己的不可能理解或不关心。再如，日本人出于礼貌，从来不说“不”字，但这并不表示他们内心对某事是赞同的，而与日本人打交道的许多外国人则会认为日本人言而不信，日本人则觉得美国人在同他讲话时一直“直率”地拿眼睛盯着自己很不礼貌，相反，美国人则怀疑日本人在讲话时不看对方是想要什么花招。

最后，沟通习惯的差异性，中国的员工一般很少愿意当面提出反对的意见，害怕得罪同事或上司，在表达立场时也会常说“让我再想一想”等含糊的话来委婉的搪塞。中国文字中多见“约”“大概”“基本上”这一类词，中国用约数词来表达事实的复杂性、不测性和自我表达可能的不完备性，体现了中国人的谨慎谦虚和宽容，对人与事只是笼统的要求，而无苛刻的标准。相比之下，美国员工开朗外向、性格直爽，他们不喜欢拐弯抹角和周折，有什么建议和想法，会不加掩饰地提出，立场鲜明，直截了当，决不吞吞吐吐，更不担心会引起他人的不快。美国人追求一种精确的计划和衡量，精益求精，对一种具体的目标孜孜不倦。

(2) 制度文化的冲突。

制度文化体现于企业经营的外部宏观制度环境与内部组织制度之中。在中国的跨文化企业中，这些具有不同文化背景的人们，在一个共同的环境中工作，规范双方行为的共同标准应当是什么？这也将是未来全球民机市场营销体系遇到的文化融合的问题。

来自发达国家的管理人员，比如西方国家企业的管理人员，一般是在法律环境比较完善的环境中开展经营与管理，通常用法律条文作为行动依据；而中方企业的管理人员，尤其是国有企业的管理人员，却习惯于按上级行政管理机构的指令行事，企业不具有自由经营权利，所以也无需自我选择经营方式、行为目标和策略，一切按上级行政管理机构的指令行事。条文、指令、文件便是企业成员的办事章程，决策依据。它们随着发布系统的主管人员对形势判断的改变，对前任价值评价的改变，甚至随着个人主观意志的改变而改变，因此，不需要连贯性、确定性和可测性，而只具有政策指令就足够了；它也无需实际的操作性，而只需要有意向性便可。因为企业管理人员已经对此形成了默契，若外方的企业董事会成员面对的同事是习惯于按上级指令或文件行事的人，恐怕由此而产生的冲突是不可避免的。

(3) 价值观的冲突。

价值观是指人们对事物的看法、评价，是人们信仰、价值、心态系统中可评价的方面。不同文化背景下的人对工作目标、人际关系、财富、时间、风险等观念不尽相同。这将是未来全球民机市场营销体系遇到的文化融合中比较核心的问题。

西方企业员工一般信奉拼命工作、拼命享受的价值观，追求从自身的努力工作中得到更多的物质满足和乐趣；而中方员工则缺乏主动性、节奏慢，把工作时间看作是同事间交往的机会，这与中国企业缺乏灵活的激励机制有关系，这样双方对工作态度上的差异性可能会引发冲突。西方管理人员敢于创新和冒险，无后顾之忧，勇于采用新技术、开拓新市场、研制新产品，认为胜败乃兵家常事；中方管理人员却缺乏风险意识和冒险精神，难以在激烈的竞争中抓住好机会，由此引发双方的冲突。西方企业下级对上级有一定的建议权、质疑权，下级在自己的职责范围内有较大的自主权，而中国的情况则更多地偏向另一个极端；西方员工如对某事有不同看法，一般是直截了当地陈述真相，而中方员工一般不是当面陈述己见，而是在背后议论，由此造成冲突。

(4) 经营思想与经营方式的冲突。

经营思想与经营方式是文化在经济方面的具体反映，不同的文化产生不同的经营思想与经营方式。这将是未来全球民机市场营销体系遇到的文化融合中具体运营层面的问题。

西方大多数企业在经营思想方面讲求互利、效率、市场应变。我国的企业比较缺乏这种思想，在互利方面，往往较少考虑对方的获利性，西方的市场经济中，企业必须完全“以销定产”，其行业构成、产品品种结构是由市场导向决定的；我国企业的行业结构是有悠久的计划体制的影响，从而没有完全反映出市场的需求，而是在原有工业结构基础上把产品生产出来后再寻找市场，进行推销。西方企业重视长期行为，长期计划被看作是一种有价值的投资；而我国许多企业比较重视短期行为，长期计划只是一种表面的东西，效率低，收效甚微。在决策方式上，中国企业的决策常常由集体做出，其功绩和责任也属于集体，西方企业习惯于个人做出决策，个人对决策承担最终责任。与此相适应，西方的企业倾向于决策的分散化，国内企业则倾向于决策的集中化。

(5) 劳动人事方面的冲突。

劳动人事方面的冲突可能会直接影响所有员工和整个全球营销体系的人员队伍建设，也是多文化融合面临的重要问题之一。

劳动人事方面冲突体现在以下几个方面：

a. 在增长企业工资基数和企业经济效益的关系上，中方往往将企业能否增长企业工资基数和企业的经济效益相挂钩，即企业经济效益好，才能增长工资基数。外方一般则认为企业增长工资基数的目的是为了适应物价指数和生活指数上涨以及通货膨胀的需要。

b. 在企业人员的工资调整上，中方偏重于考虑企业人员的资历、经历和学历。而外方则认为，企业人员的工资和他们所从事的企业工作性质有关，所以只有当企业人员的工作内容发生变化时，才会考虑工资的调整。

c. 在人才的选拔使用上，中方比较注重德才兼备，重视人的政治素质、个人历史和人际关系，在上级面前必须谦虚谨慎，同事间必须相互帮助，因此，往往会出现这种问题，那些选出的有文凭、有政治素质的干部只是听话而已，却并不具备组织和管理才能，而外方对待这一问题时，则是把员工的能力放在首要地位，量才而用。对于人才流动，中方对双向选择没有足够的认识，不习惯员工“跳槽”，并由此影响到对人才的培训观点，而且常常以某些条件和理由限制人才的流出；但外方则认为，人员流动才能使企业保持活力，形成合理的年龄、知识、技能结构，企业对员工的培训以及人员自由流动既是吸引人才、留住人才的手段，也是企业对社会的一种贡献。

3) 跨文化冲突的解决方案

跨文化企业中的文化冲突，最终将会走向文化融合。也就是说，外来文化与国内企业原有文化相遇交汇，尽管一开始有一个以文化冲突为主的时期，但必定要从这个时期过渡到以两种文化之间的相互吸引，即文化融合为主的阶段。当然，这个阶段的长短也取决于人们的努力程度以及文化融合的愿望。跨文化企业中两种文化的交汇首先带来文化之间的相互排斥和对抗，即文化冲突，这是从整体上而言的，并不是说两种或多种不同类型的文化一经接触，其所有的因素之间都会发生排斥和对抗。

根据霍夫斯蒂德文化理论，西南和波拉马特提出的4种类型定位说、施耐德和巴尔索克斯提出的忽略、最小化和利用措施以及南希·艾德勒提出的凌越、折中和融合措施。具体如表6-13所示。

**表6-13 跨文化融合方案**

| 文化融合方案 | 不同手段 | 详细介绍 |
| --- | --- | --- |
| 西南和波拉马特提出的4种类型定位说 | 总公司母国民族文化为中心 | 总部决定干什么和怎么干 |
| | 多个中心 | 总部决定干什么，子公司决定怎么干 |
| | 地区文化为中心 | 地区集团总部领导在总公司和子公司之间的协调沟通中起到“缓冲器”的作用 |
| | 全球中心 | 干什么和怎么干由集团总部和子公司共同决定，有时还听取其他子公司的意见 |
| 施耐德和巴尔索克斯提出的忽略、最小化和利用文化差异措施 | 忽略文化差异战略 | 母公司制订的政策和惯例能够迅速贯彻到子公司，子公司不折不扣地执行 |
| | 文化差异最小化处理战略 | 将文化差异的负面影响最小化 |
| | 利用文化差异战略 | 从现存的文化差异中发掘对公司有用的方面，而不仅是将其影响减弱到最小化 |
| 南希·艾德勒提出的凌越、折中和融合措施 | 凌越 | 组织由一种文化凌驾于其他文化之上，组织决策及行为均受这种文化支配，其他文化则被压制 |
| | 折中 | 在不同文化间采取妥协与退让的方式，有意忽略回避文化差异 |
| | 融合 | 不同文化间在承认、重视彼此间差异的基础上，相互尊重，相互补充，相互协调 |

采用不同的方案，就会采取相应的文化适应模式，就会产生不同的适应结果。采用凌越方案的，通常会采取本土化模式、文化移植模式；采用折中方案的，通常会采取文化规避模式、借助第三方文化模式；采用融合方案的，则可参考文化嫁植模式、多向交叉文化模式、平行相容文化模式和渗透文化模式等。具体如表6-14所示。

**表6-14 文化适应的具体模式**

| 文化适应模式 | 简介 |
| --- | --- |
| 文化嫁植模式 | 以母公司制订的大政策框架为基础，海外子公司根据当地情况，制订具体的政策和措施 |

（续表）

| 文化适应模式 | 简　介 |
|---|---|
| 多向交叉文化模式 | “全球中心政策”和“混合人事政策”两个重要策略的有机组合 |
| 文化相容模式 | (1) 文化的平行相容策略。存在“文化差异”，但不排斥，互补，同时运行于公司的操作中，充分发挥跨文化优势<br>(2) 隐去两者的主体文化，和平相容策略。存在“文化差异”和日常运作中的“文化摩擦”，但管理者却刻意模糊“文化差异”，隐去最容易导致冲突的主体文化，保存比较平淡和微不足道的部分 |
| 文化渗透模式 | 凭借母国的强大的经济实力所形成的文化优势，对子公司的当地员工进行逐步的文化渗透，使母国文化在不知不觉中深入人心，东道国员工逐渐适应了这种母国文化并慢慢地成为该文化的执行者和维持者 |

## 6.6 商务谈判交流

航空公司、租赁公司在引进飞机时，尤其是在引进一款新进入市场的机型时，由于飞机没有运营历史，缺少运营数据，对判断飞机的性能会有一定的偏差。航空公司与租赁公司为了确保购买飞机后，运营的数据与制造商提供的指标数据相一致，或保持较小的误差水平，可能会与民机制造商签订担保协议。如果交付的飞机没能达到指标水平，则制造商需给予客户相应的补偿。一般在商务合同谈判阶段，飞机技术担保条款主要包括：性能、重量、噪声和排放等方面。但由于不同客户需求不同，因此在商务谈判技术交流时所关注的内容和程度也不相同，应根据客户需求进行相应调整。

由于飞机运营环境的不同将对上述指标产生巨大影响，因此一般来说这些指标都需要基于较为统一的运营环境和假设条件。

正常情况下均基于 ICAO 的 ISA 条件，高度指的是压力高度。

起飞和着陆保证基于以下条件：硬道面、水平干跑道，无风、无障碍物、无净空道、无安全道、限速 225 mi/h 的轮胎、除非另有规定防滑系统工作。

起飞性能保证基于以下条件：自动起飞推力控制系统接通，空调和热防冰的发动机引气断开，除非另有说明辅助动力装置关闭。使用爬升改进时不适用此起飞保证。

着陆性能基于使用自动阻流板。

巡航比航程、航程和油耗保证一定重心为前提。巡航比航程保证包括正常的功率提取和空调系统正常运行所需的发动机引气。除非另有说明，正常运行时发动机不得超出发动机制造商推荐的起飞、最大复飞、最大连续、最大爬升和巡航的最大功率值使用。同时按照一定假设燃油进行计算，例如密度为 6.471 lb/gal(0.755 kg/L)，净热值为 18443 BTU/lb(42.9 MJ/kg)的经批准燃油。

1）性能保证

（1）起飞场长。

在一定温度、压力高度条件下，使用最大起飞推力、最大起飞重量时，局方批准的起飞场长的名义值和保证值。

（2）起飞第二阶段爬升。

在为符合要求的襟翼偏角和安全速度、高度、温度下，起落架收起，重量对应于地面滑跑起始点处的相应重量，飞机应当满足局方关于起飞后一发失效爬升的要求。

（3）着陆场长。

在一定温度、压力高度条件下，最大着陆重量时，局方批准的着陆场长的名义值和保证值。

（4）巡航比航程。

在一定温度、巡航高度、风、速度和飞机重量的条件下，巡航比航程的保证值。

（5）最大巡航速度。

在一定温度、巡航高度、一定飞机重量和不超过最大巡航推力的条件下，平飞速度的保证值。

（6）航路一发失效使用升限。

在一定温度、巡航构型、一定飞机重量、一发失效、另一发动机以该高度上可用的最大连续推力运转，空调引气开、防冻系统关闭的情况下，飞机应满足局方对航路最小爬升梯度的要求，升限的保证值。

（7）初始巡航高度。

在一定温度、最大起飞重量、全发工作、一定巡航速度、使用最大爬升推力、剩余爬升率 300 ft/min 的条件下，初始巡航高度的保证值。

（8）航程。

飞机在标准商载情况下完成不低于以下的无风飞行距离的保证值。条件包括使用空机重量、温度环境、飞行剖面和备份油规则等。

（9）商载。

按标准旅客重量乘以座位数量得出的总重量为标准商载。标准旅客重量各公司规定有所不同，应提前进行沟通和确定。

标准商载加上一定重量的货载为最大商载。

（10）油耗。

飞机在标准商载情况下，完成 500 n mile 无风飞行距离的油耗的保证值。条件包括使用空机重量、温度环境、飞行剖面和备份油规则等。

2）重量保证。

（1）制造空机重量。

制造空机重量（MEW）指结构、动力装置、内饰、系统及其他被视为飞机组成部分的设备的重量。从根本上而言其主要指“干重”，仅包括闭路系统中的液体。制造空机重量还包括常规的可移除使用设备，例如厨房和座椅等。

制造商提供保证值，保证实际制造空重与指标值的误差在一定范围内，如1.5%等。

(2) 使用空机重量。

使用空机重量是在制造空机重量基础上增加机组人员及行李、饮用水、餐食和其他重量(发动机和辅助动力装置滑油、液压液体、不可用燃料、飞机文档)等。制造商提供其保证值。

使用项目各航空公司可能会有一定的差异。

3) 噪声和排放

(1) 外部噪声。

飞机的外部噪声必须符合局方的要求。

(2) 内部噪声。

驾驶舱和客舱承诺的相关噪声数据。

## 6.7 客户满意度

所有成功的企业知道客户吸引力和忠诚度的秘密是客户满意度——研究证明了这一点。客户满意度的职责是更高现金流(更低不稳定现金)，更高的客户忠诚度，更好的口碑吸引新客户，更高的利益率和增加的股东价值。

不是很聪明的吸引客户的方法是持续在广告上花钱。更聪明的做法是取悦客户。通过发挥社交媒体(例如 facebook 和博客)的优点，任何企业可以利用社交网络的力量来吸引新客户。但要这样做，企业必须认真倾听客户需求并反馈他们的关注点。事实上，企业在社交网络世界没有其他选择。这是因为企业的负面经验能够在全球任何地方被所有人分享。所有这些发生在网络上只需要一封邮件。

典型客户满意度调研包括：①对公司的整体满意度；②对公司提供的产品和服务的满意度；③再采购的意愿；④自愿向他人推荐该公司；⑤客户人口统计学信息。

为了更聪明地使用客户满意度数据，谨记几个关键点。仅仅令客户满意是不够的，企业必须使客户十分满意，因为只有十分满意的客户才是忠诚的。这里要学习的是要花时间思考如何把满意客户转换为十分满意的客户，而不是转换不满意和无关紧要的客户到满意状态。

为了永远保持客户，首先需要像客户一样思考。许多公司从企业网络或技术方面思考问题，但是客户从需求和期望方面思考问题。这样对世界的内在视角不能帮助企业倾听客户需求，而倾听客户需求又是建立客户忠诚度环节中的第一步。

第二步是理解和沟通客户轮廓。典型的区分客户是“安全的”，“赞成的”，“无关紧要的”或“在危险中”等。第三步是对不同客户采取不同措施。例如，对待忠诚客户的策略应不同于“在危险中”的客户。建立客户忠诚度的最后一步是采取行动和持续提高。

网络上的吸引力，满意度和保持策略需要彻底理解如何细分客户，传统的细分方法不适用于网络。推荐一种有效的易于使用的叫作机会主义的方法。通过这个细分方法，任何企业可以通过下面的方法在网络上吸引和保持客户：①选择目标客户群；②选择市场目标；③决定哪种机会对于达成营销目标最有效；④选择目标客户最可能访问的网站；⑤设计和使用机会细节营销战术。

1）客户满意度

客户满意度是指客户满意程度的高低，衡量客户满意度一般可以从下面几个指标来反映。

(1) 美誉度。

美誉度是客户对企业或品牌的褒扬程度，借助美誉度，可以知道客户对企业或品牌所提供的产品或服务的满意状况。

一般来说，持褒扬态度、愿意向他人推荐企业及其产品或者服务的，肯定对企业提供的产品或服务是非常满意或者满意的。

(2) 指名度。

指名度是客户指名消费或者购买某企业或某品牌的产品或服务的程度。

如果客户在消费或者购买过程中放弃其他选择而指名购买、非此不买，表明客户对这种品牌的产品或服务是非常满意的。

(3) 回头率。

回头率是客户消费了某企业或某品牌的产品或服务之后，愿意再次消费的次数。

客户是否继续购买某企业或某品牌的产品或服务是衡量客户满意度的主要指标。如果客户不再购买该企业或该品牌的产品或服务而改购其他品牌的产品或服务，无疑表明客户对该企业或该品牌的产品或服务很可能是不满意的。

在一定时期内，客户对产品或服务的重复购买次数越多，说明客户的满意度越高，反之则越低。

(4) 投诉率。

客户的投诉是不满意的具体表现，投诉率是指客户在购买或者消费了某企业或某品牌的产品或服务之后所产生投诉的比例，客户投诉率越高，表明客户越不满意。

但是，这里的投诉率不仅指客户直接表现出来的显性投诉，还包括存在于客户心底未予投诉的隐性投诉。所以，不能单纯以显性投诉来衡量客户的满意度，企业要全面了解投诉率还必须主动、直接征询客户，这样才能发现可能存在的隐性投诉。

客户对某企业或某品牌的产品或服务的事故承受能力，也可以反映客户对某企业或某品牌的满意度。当产品或服务出现事故时，客户如果能表现出容忍的态度(既不投诉，也不流失)，那么表明这个客户对该企业或该品牌肯定不是一般的满意。

(5) 购买额。

购买额是指客户购买某企业或某品牌的产品或者服务的金额多少。

一般而言，客户对某企业或某品牌的购买额越大，表明客户对该企业或该品牌的满意度越高，反之，则表明客户的满意度越低。

(6) 对价格的敏感度。

客户对某企业或某品牌的产品或服务的价格敏感度或承受能力，也可以反映客户对某企业或某品牌的满意度。

当某企业或某品牌的产品或服务的价格上调时，客户如果表现出很强的承受能力，那么表明客户对该企业或该品牌肯定不是一般的满意；相反，如果出现客户的转移与叛离，那么说明客户对该企业或该品牌的满意度是不够高的。

总之，客户满意是一种暂时的、不确定的心理状态，为此，企业应该经常性地测试，如可经常性地在现有的客户中随机抽取样本，向其发送问卷或打电话，向客户询问对企业的产品或服务是否满意？如果满意，达到了什么程度？满意哪些方面？不满意哪些方面？对改进产品或者服务有什么建议？

如果客户可满意度普遍较高，那么说明企业与客户的关系是处于良性发展状态的，企业为客户提供的产品或者服务受欢迎的，企业就应再接再厉，发扬光大；反之，企业则需多下工夫、下大力气改进产品或者服务。

2) 产品信心指数

产品信心指数(confidence index)用于表现整个市场对项目对产品的信心。例如海运市场有地中海指数，又称地中海航运指数。在国际贸易中，将一定时期内，通过国定海域的船舶的货物量进行衡量，得到相应的指数。通常采用的有地中海指数，波罗的海指数。航空运输通常采用 GDP 和旅游业发展等来衡量产品发展，但并没有类似海运的指数，指导未来运营。

通过监控接触的客户、媒体等综合评价市场信息，提炼对于产品的信心。媒体主要通过航空主流媒体，如国际的 Flight Global，国内的民航资源网等。客户信息主要通过客户关系管理来获取。

对于未交付到客户手中的飞机，市场对公司和产品的信心度对产品最终的销售量有着很大影响。可通过产品信心指数的建立提高公司和产品的正面影响。

信心指数与客户满意度的研究比较相似，尽管客户满意度侧重过去、信心指数侧重未来，但其体系的建立通常是通过问卷方式收集并分析，其难点是从一定的信息源持续有效地搜集信息。要从根本上提高信心指数的途径是品牌营销，品牌对公司和产品有着很大的影响力，可以将公司重要价值活动命名化、品牌化以提高公司品牌。

3) 如何让客户满意

提高客户满意和产品信心，必须从两个方面着手：一是把握客户期望，二是提高客户的感知价值。如果企业善于把握客户期望，然后根据具体情况来超越客户期望，就能够使客户产生惊喜，这对于提高客户满意和产品信心将起到事半功倍的作用。

(1) 把握客户期望。

a. 不过度承诺。

在一定的感知水平下,如果企业的承诺过度,客户的期望就会被抬高,从而会造成客户感知与客户期望的差距,因此降低客户的满意水平。可见,企业要根据自身的实力进行恰如其分的承诺,只承诺能够做得到的事,而不能过度承诺,更不能欺诈客户。承诺如果得以实现,将在客户中建立可靠的信誉。

b. 留有余地的宣传。

如果企业在宣传时恰到好处并且留有余地,或者干脆丑话说在前头,使客户预期保持在一个合理的状态,那么客户感知就很可能轻松地超过客户期望,客户就会感到"物超所值"而"喜出望外",自然对企业十分满意。

总之,企业要提高客户满意度,就必须采取相应的措施来引导,甚至修正客户对企业的期望,让客户的期望值在一个对企业有利的恰当的水平,这样既可以吸引客户,又不至于让客户因为期望落空而失望,产生不满。

(2) 提高客户感知价值。

提高客户的感知价值可以从两个方面来考虑:一方面,增加客户的总价值,包括产品价值、服务价值、人员价值、形象价值;另一方面,降低客户的总成本,包括货币成本、时间成本、精神成本、体力成本。

总之,企业要实现客户满意,就必须把握客户期望、提高客户的感知价值,从而让客户感觉"低开高走"。

# 7 定性与定量分析

## 7.1 PEST 分析法

1）定义

PEST 分析法是指 PEST 分析是指针对宏观环境的分析，P 是政治（political system），E 是经济（economic），S 是社会（social），T 是技术（technological）。在分析一个企业集团所处的背景的时候，通常是通过这 4 个因素来分析企业集团所面临的状况。有时，也会用到 PEST 分析的扩展变形形式，如 SLEPT 分析、STEEPLE 分析、PESTLE/PESTEL 分析、PESTLIED 分析等，细分或加入了环境/自然（environmental/natural）、法律（legal）、道德（ethical）、人口统计学（demographic）、国际化（international）等因素的考量。

2）基本原则

（1）信息真实可靠。

一是确保信息来源真实可靠，有官方信息的以官方信息为准，没有官方公布信息的应广泛调研、多方求证、认真分析比较，从而确保信息的可靠度。二是确保数据真实可靠，对于所获得的信息应进行判断筛选，剔除虚假或不合理数据、信息。

（2）分析客观合理。

PEST 分析法为定性分析，应基于真实可靠的信息进行，推理论证应符合客观事实和逻辑要求。

（3）内容简明扼要。

针对不同目标客户的 PEST 分析所选择考量因素不尽相同，内容应简明扼要、结论明确，避免冗长。

3）政治法律环境分析

一个国家或地区的政治制度、体制、方针政策、法律法规等因素常常会制约或影响着企业的经营行为，尤其会在一定程度上影响企业中长期的投资行为。政治法律环境一旦影响到企业，企业经营往往会发生十分迅速和明显的变化，而企业是无法推卸和转移这种变化的。

因此，对客户公司所在国家或地区政治法律环境分析可参考以下方面：

(1) 该国家或地区的执政党、执政政策，政治环境是否稳定。

(2) 国家政策是否会改变法律、法规从而增强对企业的监管或收取更多的赋税、费用，例如市场进入管制、运输价格管制、机场收费、适航安全体系等。

(3) 政府是否与其他国家、其他政府、国际组织或政治/经济同盟签订过贸易协定或是其成员，例如欧盟(EU)、北美自由贸易区(NAFTA)、东盟(ASEAN)、国际贸易组织(WTO)等。

(4) 政府是否关注文化与宗教。

(5) 政府所持的市场道德标准，例如行业规范性、舆论导向等。

4) 经济环境分析

经济环境是指国民经济发展的总概况、国际和国内经济形式及经济发展趋势、企业所面临的产业环境和竞争环境等，主要要素包括社会经济结构、经济发展水平、经济体制、宏观经济政策、当前经济状况及其他一般经济条件。

对客户公司所在国家或地区的经济环境分析可参考以下方面：

(1) 利率。

(2) 通货膨胀率与人均就业率。

(3) 人均国民生产总值(GDP)。

(4) 产业结构、运输市场结构及发展情况，如三大产业比例、航空运输市场比重等。

(5) 经济增长速度，如国内生产总值增速等。

(6) 宏观经济政策，如预计宏观经济增速、产业结构发展规划等。

(7) 行业市场发展情况，如客运周转量、货邮周转量、进出口值、旅游人数统计等。

5) 社会与文化环境分析

社会与文化环境主要包括社会道德风尚、文化传统、人口变动趋势、文化教育、价值观念、社会结构等。对客户公司所在国家或地区的社会与文化环境分析可参考以下方面：

(1) 人口因素，包括人口的年龄和地区分布、人口在民族和性别上的比例、地区人口在教育水平和生活方式上的差异等。

(2) 社会流动性，即社会阶层的转变，如特权、户籍制度将会阻碍社会流动性，社会流动性与该地区或国家的贫富差距情况相结合，可考量当地社会的稳定性和未来发展预期。

(3) 消费心理及消费方式。

(4) 生活方式变化。

(5) 语言、文化传统及宗教信仰。

(6) 价值观，如对环保的态度、时间价值观等。

6）技术环境分析

技术环境是指目前社会技术总水平及变化趋势、技术变迁、技术突破对企业影响，以及技术对政治、经济社会环境之间的相互作用的表现等。对客户公司所在国家或地区的技术环境分析可参考以下方面：

(1) 企业所处领域的活动直接相关的技术手段的发展变化，应指出这里所说技术手段不局限于航空领域，还涉及其他交通运输领域（如高铁、海运等）及关联行业领域（如互联网、电子信息技术等）的技术手段。

(2) 国家对科技开发的投资和支持重点。

(3) 该领域技术发展动态和研究开发费用总额。

(4) 技术转移和技术商品化速度。

(5) 专利及其保护情况。

对技术环境的分析应注意对其客户公司经营行为、战略决策可能产生的影响，即基本技术的进步使企业能对市场及客户进行更有效的分析，而新技术的出现则会使社会和新兴行业对本行业产品和服务的需求增加，从而使企业可以扩大经营范围或开辟新的市场。另一方面，技术进步可创造竞争优势，也可能导致现有产品被淘汰或大大缩短产品的生命周期，新技术的发展将使企业更多关注环境保护，企业的社会责任及可持续成长问题。

7）其他因素分析

根据目标客户性质、所处地域环境等情况的不同，可选择性地考量 PEST 分析扩展变形形式中所涉及的其他因素，如目标客户所处地域或国家的地理环境、自然资源、外交关系（特别是同中国的关系）及可能影响目标客户运营或决策的其他重大事件等。

8）流程

客户市场 PEST 分析流程如图 7-1 所示。

9）数据来源

针对目标客户 PEST 分析的数据来源如下：

(1) 官方信息。

通过商务部中国民用航空局、海关、大使馆、统计局等官方网站搜集国内外宏观环境信息，如官方发布的指导性文件、数据报表等。

(2) 公共网站。

通过其他公共网站搜集相关信息数据和新闻报道。

(3) 调研访谈。

通过实地拜访目标客户、相关单位或机构，采用问卷调查、专家访谈等形式，搜集所需数据。

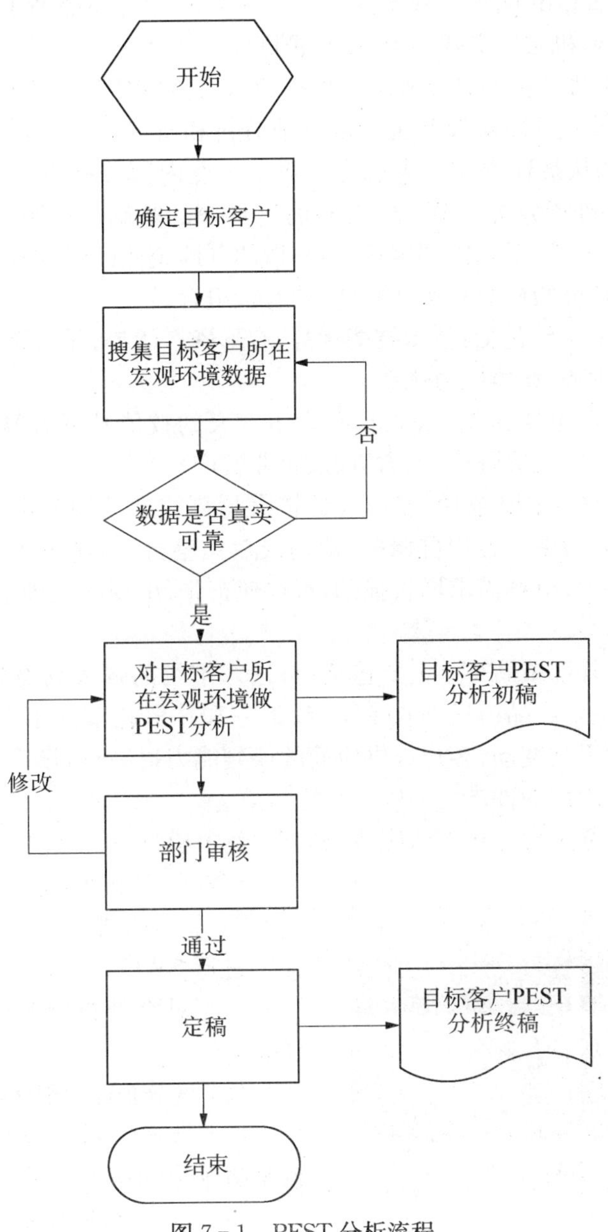


图 7-1 PEST 分析流程

## 7.2 SWOT 分析法

1）定义

SWOT 分析方法是一种根据企业自身的既定内在条件进行分析，找出企业的优势、劣势及核心竞争力所在的企业战略分析方法。其中战略内部因素（“能够做的”)：S 代表 strength(优势)，W 代表 weakness(弱势)；外部因素(“可能做的”)：O 代表 opportunity(机会)，T 代表 threat(威胁)。

SWOT 分析法又称态势分析法。早在 20 世纪 80 年代初由旧金山大学的管理学教授提出，他是一种能够较客观而准确地分析和研究一个单位现实情况的方法。SWOT 分析方法从某种意义上来说是隶属于企业内部分析方法，即根据企业自身的既定内在条件进行分析。SWOT 分析有其形成的基础。按照企业竞争战略的完整概念，战略应是一个企业内部因素“能够做的”(即企业的强项和弱项)和外部因素“可能做的”(即环境的机会和威胁)之间的有机组合。

竞争优势(S)主要包括：技术技能优势、有形资产优势、无形资产优势、人力资源优势、企业体系优势、竞争能力优势。

竞争劣势(W)主要包括：缺乏具有竞争意义的技能技术和缺乏有竞争力的资产/资源(有形资产、无形资产、人力资源、企业资产)。

企业的机会(O)主要包括：客户群的扩大趋势或产品细分市场、技能技术向新产品新业务转移，为更大客户群服务、前向或后向整合、市场进入壁垒降低、获得购并竞争对手的能力、市场需求增长强劲，可快速扩张、出现向其他地理区域扩张和扩大市场份额的机会。

企业生存的外部威胁(T)主要包括：将进入市场的强大新竞争对手、替代品抢占企业销售额、主要产品市场增长率下降、汇率和外贸政策的不利变动、人口特征、社会消费方式的不利变动、客户或供应商的谈判能力提高、市场需求减少、容易受到经济萧条和业务周期的冲击。

往往可结合竞争力分析方法完成，如五力竞争模型、价值链模型等。

SWOT 分析如图 7-2 所示。

图 7-2 SWOT 分析

2) 基本规则

进行 SWOT 分析的基本规则如下：

(1) 对企业的优势与劣势有客观的认识。

(2) 区分企业的现状与前景，考虑全面。

(3) 与竞争对手进行比较，比如优于或是劣于你的竞争对手。

(4) 简洁化，避免复杂化与过度分析。

(5) 最终 SWOT 分析法需因人而异。

3) 主要步骤

进行 SWOT 分析的主要步骤如下：

(1) 建立 SWOT 分析时考虑的问题。

(2) 罗列企业的内部的优势和劣势，外部可能的机会与威胁。

(3) 对 SO、ST、WO、WT 策略进行甄别和选择，确定企业目前应采取的具体战略与仿真。

(4) 优势、劣势与机会、威胁相组合,形成 SO、ST、WO、WT 策略。

针对 SWOT 分析需考虑的问题如表 7-1 所示。

**表 7-1 SWOT 分析时需考虑的问题**

| 因素 | S | W | O | T |
|---|---|---|---|---|
| 需考虑问题 | ➤ 擅长什么?<br>➤ 企业有什么新技术?<br>➤ 能做什么别人做不到的?<br>➤ 和别人有什么不同的?<br>➤ 顾客为什么亲?<br>➤ 最近因何成功? | ➤ 什么做不来?<br>➤ 缺乏什么技术?<br>➤ 别人有什么比我们好?<br>➤ 不能够满足何种顾客?<br>➤ 最近因何失败? | ➤ 市场中有什么适合我们的机会?<br>➤ 可以学什么技术?<br>➤ 可以提供什么新的技术/服务?<br>➤ 可以吸引什么新的顾客?<br>➤ 怎样可以与众不同?<br>➤ 企业在 5～10 年内的发展? | ➤ 市场最近有什么改变?<br>➤ 竞争者最近在做什么?<br>➤ 是否赶不上顾客需求的改变?<br>➤ 政治环境的改变是否会伤害企业?<br>➤ 是否有什么事可能会威胁到企业的生存? |

## 7.3 五力竞争模型

1) 定义

多样化战略是指从一个产品向多个产品发展,以“吃休克鱼”的方式进行资本运营,以无形资产盘活有形资产,在最短的时间内以最低的成本把规模做大,把企业做强。

一体化战略是指多个原来相互独立的主权实体通过某种方式逐步结合成为一个单一实体的过程。

横向一体化战略。也叫水平一体化战略,是指为了扩大生产规模、降低成本、巩固企业的市场地位、提高企业竞争优势、增强企业实力而与同行业企业进行联合的一种战略。

纵向一体化战略。经济学上,沿产业链占据若干环节的业务布局叫作纵向一体化。纵向一体化是企业在两个可能的方向上扩展现有经营业务的一种发展战略,它包括前向一体化和后向一体化。

前向一体化战略。就是企业通过收购或兼并若干商业企业,或者拥有和控制其分销系统,实行产销一体化。

后向一体化战略。就是企业通过收购或兼并若干原材料供应商,或者拥有和控制其供应商系统,实行供产一体化。

一个产业内部的竞争状态取决于 5 种基本竞争作用力,如图 7-3 所示。这些作用力汇聚起来决定着该产业的最终利润潜力。这里利润潜力是以长期投资回报

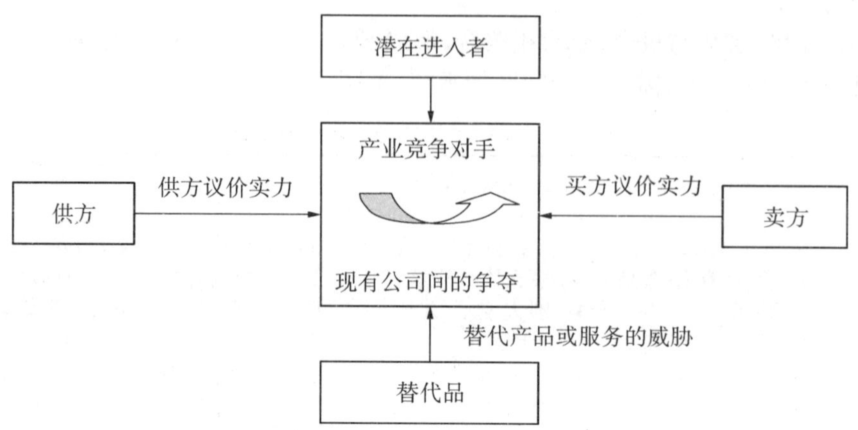


图 7-3　驱动产业竞争的力量

来衡量的，不是所有的产业都有相同的潜力。最终利润潜力会随着这种合力的变化而发生根本性变化，这些作用力随产业不同而强度不同。

五力模型分析以定性分析为主，为了更为形象化的展示分析结果，可以通过德尔菲打分法等将定性分析结果进行定量展示，如图 7-4 所示。一般以对比分析为主，可进行如下对比分析：

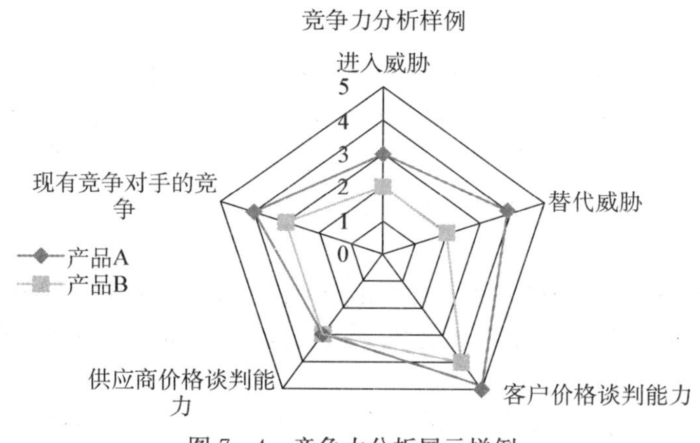


图 7-4　竞争力分析展示样例

（1）不同产业对比分析。

（2）相同产业内相同时期不同产品对比。同比，发现相同时期的改进点。

（3）相同产业内不同时期同一产品对比。环比，趋势对比，把握产品竞争力的变化。

5 种竞争力（competitive force）：进入威胁、替代威胁、客户价格谈判能力、供应商谈判能力和现有竞争对手的竞争。5 种竞争力反映出的事实是：一个产业的竞争大大超越了现有参与者的范围。客户、供应商、替代品和潜在的进入者均为该产业的“竞争对手”,并且依具体情况会或多或少地显露出其重要性。这种广义的竞争可称为“拓展竞争”(extended rivalry)。

2) 进入威胁

进入威胁的大小取决于进入壁垒加上准备进入者可能遇到的现存守成者的反击。如果壁垒高筑或新进入者认为严阵以待的守成者会坚决地报复,则这种威胁就会较小。

(1) 进入壁垒。

存在6种主要壁垒源。

a. 规模经济。

规模经济性表现为在一定时期内产品的单位成本(或者说生产一件产品的操作或运行的成本)随总产量的增加而降低。规模经济几乎可以表现在一个企业经营的每一职能环节中,包括制造、采购、研究与开发、市场营销、售后服务网、销售能力的利用及分销等方面。主要体现在:专有的产品技术、原材料来源优势、地点优势、政府补贴、学习或经验曲线。

b. 产品产异化。

产品差异化意味着现有的公司由于过去的广告、顾客服务、产品特色或由于第一个进入该产业而获得商标信誉及顾客忠诚度上的优势。产品差异化建立了进入壁垒,它迫使进入者耗费大量资金消除原有的顾客忠诚。

c. 资本需求。

竞争需要的大量投资构成了一种进入壁垒,特别是高风险或不可回收的前期广告、研究与开发等。不仅生产设施,而且凡顾客信用、库存及启动亏损等都可能需要资本。

d. 转换成本。

转换成本的存在构成一种进入壁垒,即客户由从原供应商处采购产品转换到另一供应商那里时所遇到的一次性成本。转换成本可以包括雇员重新培训成本、新的辅助设备成本、检测考核新资源所需的时间及成本,由于依赖供应方工程支持而产生的对技术帮助的需要、产品重新设计,甚至包括中断老关系需付出的心理代价。

e. 获得分销渠道。

新的进入者需要确保其产品的分销,这一要求也构成进入壁垒。在某种程度上产品的理想分销渠道已为原有的公司占有,新的公司必须通过压价、协同分担广告费用等方法促使分销渠道接受其产品,而这些方法的采用均降低了利润。

f. 政府政策。

政府能够限制甚至封锁对某产业的进入。政府对进入的约束也可通过控制诸如空气和水的污染标准、产品安全性和效能的条例而巧妙地表现出来。

从战略角度出发,还应看到进入壁垒有另外几个特点。

首先,进入壁垒随着上述条件的变化而变化。其次,尽管有时进入壁垒变化的范围大大超出公司所掌握的范围，但公司的战略决策仍能产生重要的影响。最后，有一些公司可能具有某些资源或技能，使它们在克服壁垒进入一个产业时所付出的成本比其他许多公司少。

(2) 预期的报复。

潜在的进入者对于现有竞争对手的反击预期也将对进入的威胁产生影响。如果进入者认为现有竞争对手会有力地反击从而使之在产业中处于不能令人满意的境地，那么进入极可能被扼制。下面一些条件标志着对进入存在强烈报复的可能，并会因此扼制进入：

一种对进入者勇于报复的历史。

已立足企业具有相当充实的资源条件进行反击，包括富余现金、剩余借贷能力、能满足未来所有可能需要的过剩生产能力，或者在顾客及销售渠道方面有很强的杠杆。

已立足企业深深受限于该产业，并且在该产业中使用流动性很低的资产。

产业发展缓慢，这使在不降低已立足企业的销售与财务业绩的条件下，产业吸收新公司的能力受到限制。

(3) 进入扼制价格。

产业进入的条件可以归结为一个重要的假设概念，这就是所谓的"进入扼制价格"，即指当进入者设想其克服结构性进入壁垒及承受遭到报复的风险时的代价恰好为进入带来的(进入者所预测的)潜在报酬所平衡时的现行价格结构。如果现行价格水准高于进入扼制价格，则进入者将预计其通过产业侵入可获得平均水准以上的利润，这时就会出现进入。当然进入扼制价格依赖于进入者对未来的而不只是对现在条件的预期。

3) 现有竞争对手间争夺的激烈程度

现有竞争对手以人们熟悉的方式争夺地位，战术应用通常是价格竞争、广告战、产品引进、增加顾客服务及保修业务。发生这种争夺或者因为一个或几个竞争者感到有压力，或者因为它们看到了改善自身处境的机会。在大多数产业中，一个企业的竞争行动对其竞争对手会产生显著影响，因而可能激起竞争对手们对该行动进行报复或设法应付。

某些竞争形式，如价格竞争颇为典型是极不稳定的，并且从利润率的角度看，很可能导致整个产业受损。竞争很容易并很快就导致价格的消减，这种情况一旦发生，所有公司的收入都会减少，除非该产业的需求对价格的弹性足够大。另一方面，广告战却可以很好地扩大需求或提高产品产异化水平从而使产业中所有公司受益。以下情况都可能导致激烈竞争：

(1) 众多的或势均力敌的竞争对手。

(2) 产业增长缓慢。

(3) 高固定成本或高库存成本。

(4) 产异化或转换成本欠缺。

(5) 大幅度增容。

(6) 高额战略利益。

(7) 退出壁垒大。

退出壁垒包括经济上的、战略上的以及感情上的因素，主要来源如下：

a. 专用性资产。资产涉及具体业务或地点的专用性高则其清算价值低，或者转移及转换成本高。

b. 退出的固定成本。这方面包括劳工协议、重新安置的成本、备件维修能力等。

c. 内部战略联系。指某经营单位与公司其他经营单位在市场形象、市场营销能力、利用金融市场及设施共用等方面的内部相互联系。这些因素使公司认为待在该产业中具有战略重要性。

d. 感情障碍。管理层不愿从纯经济角度公正地做出撤退决策，原因包括与某具体业务的融洽、对雇员的忠实、对自己事业的担忧、骄傲及其他。

e. 政府及社会约束。这里包括政府出于对失业和对区域经济影响的关注而对撤出的否决与劝阻。除美国以外，这种情况极为普遍。

决定竞争激烈程度的诸因素可以也确实会发生变化。

最常见到的例子是产业变成熟所带来的产业增长变化。随着产业逐步成熟，增长速度下降，继而引发竞争激化、利润锐减，同时往往引发裁员。

另一种常见的竞争变迁的发生是通过收购，使一种截然不同的个性渗入该产业。

同样，技术革新可以提高生产过程中的固定成本，同时增加竞争的变异性。

尽管一个公司的生存必然伴随着许多决定产业竞争激烈程度的因素，因为它们是融汇于产业经济条件之中的，但或许仍存在通过战略变迁改进现状的活动余地。例如，公司或许可以通过对顾客的技术支持，使公司产品设计与客户业务对路，或使顾客对公司的技术咨询产生依赖从而提高他们转换的成本。公司或者还可以通过新的服务项目、营销创新或产品的变化来提高产品差异化。将销售的重点集中于固定成本最低、成本速度最快的细分产业或细分市场上，可以减少产业中竞争的影响。同样，如果可能，一个公司总是避免遇到退出壁垒很高的竞争对手，这样可以防止卷入严酷的价格削减战，或者公司也可从自己一方降低退出壁垒。

4) 替代品压力

广义来看，一个产业的所有公司都与生产替代产品的产业竞争。替代品设置了产业中公司可谋取利润的定价上限，从而限制了一个产业的潜在收益。替代品所提供的价格-性能选择机会越有吸引力，产业利润的“上盖”压得就越紧。

识别替代产品也就是去寻找那些能够实现本产业产品同种功能的其他产品。有时做到这一点可能很不容易，它可能会导致分析者去分析与该产业相去甚远的业务。

针锋相对地顶住替代产品往往需要全产业的集体行动。例如,一个公司大做广告可能还不足以支撑该产业顶住替代产品,但全产业从业公司都持续地注重于广告活动则很可能大大改善产业的整理处境。在改良产品质量、营销努力、提供更大的产品供货能力等方面的集体反应也都有类似情况。

应当引起极大重视的替代品是这样一些产品:

(1) 具有改善产品价格-性能比从而排挤原产业产品的趋势。

(2) 这些替代品是由盈利很高的产业生产的。

在后一种情况下,如果它们产业中某些发展变化加剧了那里的竞争从而引起产品价格下跌或其性能改善,会使替代品立即脱颖而出。分析这类情形对于决定是试图战略性地压制对手还是将替代品作为战略计划中的一个必要包括的关键力量将是十分重要的。

5) 客户价格谈判实力

客户的产业竞争手段是压低价格、要求较高的产品质量或索取更多的服务项目,并且从竞争者彼此对立的状态中获利,所有这些都是以产业利润为代价的。产业的主要客户集团每一个成员的上述能力的强弱取决于众多市场情况的特征,同时取决于这种购买对于客户整个业务的相对重要性。如果出现如下情况,某一客户集团就是强有力的:

(1) 相对于卖方的销售量而言,购买是大批量和集中进行的。

(2) 客户从产业中购买的产品占其成本或购买数额的相当大一部分。

(3) 从产业中购买标准的或非差异化的产品。

(4) 客户转换成本低。

(5) 客户盈利低。

(6) 客户采取后向一体化的现实威胁。

当产业中的公司显示出对客户产业实行前向一体化的威胁时,则可能抵消部分客户压力。

由于上述因素随着时间或公司的战略决策的变化而变化,客户实力也自然会出现涨落。

一个公司在销售中对客户群的选择应视为公司的重要战略决策。公司可能由于找到讨价还价实力最弱的客户而使战略形势改观。换句话说就是所谓客户选择。公司销售所面临的客户群极少有可能实力相等。即使一个公司的销售仅仅限于某一产业,该产业中通常存在实力较弱(因而价格敏感程度也较小)的细分市场。

6) 供应商价格谈判实力

供应商们可能通过提价或降低所购产品或服务的质量的威胁来向某个产业中的企业施加压力。供应商压力可以迫使一个产业因无法使价格跟上成本的增长而失去利润。

供应商实力的强弱是与客户实力相互消长的。具备下述特点的供应商集团将更强有力：

(1) 供应商产业由几个公司支配，且其集中化的程度比客户产业高。

(2) 供应商在向某产业销售中不必与替代产品竞争。

(3) 该产业并非供应商集团的主要客户。

(4) 供应商产品是客户业务的主要投入品。

(5) 供应商集团的产品已经差异化或已建立起转换成本。

(6) 供应商集团表现出前向一体化的现实威胁。

我们通常认为供应商是一些其他的公司，然而劳动力也必须被视为供应商，他们对很多产业施加巨大压力。有许多经验证据表明，短缺的、高技能雇员以及紧密团结起来的劳工可以讨价还价从而削弱相当一部分产业利润潜力。将劳动力作为供应商来考虑其潜在实力的基本方法与上面讨论过的十分相似。在估计劳务供应方实力时，关键的一点补充是其组织起来的程度，以及短缺种类劳动力的供应是否会增加。当劳工紧紧地团结组织起来或者稀缺劳动力的供应受到某些限制无法增加时，劳务供应方的势力就会很强大。

决定供应商实力大小的这些条件不仅不断变化而且通常超出公司的控制范围。然而正如对付客户实力那样，公司可以通过战略行为改善自身的处境。如公司可以加强后向一体化的威慑，寻求消除转换成本的方法等。

7) 产业竞争中的政府作用力

在许多产业中，政府作为客户或供应商并能够通过其实行的政策影响产业竞争。政府作为供应商或客户的角色更多地决定于政治因素而非经济因素，这或许就是生活中的现实。政府的规定也可限制供应商或客户公司的行为。

政府还可能通过法规、补贴或其他方法影响产业相对于替代品的处境。政府还可以通过法规对产业成长速度和产业成本结构施加影响，从而使竞争者们之间争夺的激烈程度发生变化。

## 7.4 德尔菲法

1) 定义

德尔菲法(Delphi method)又称专家意见法、专家规定程序调查法，该方法由调查组拟定调查表，按照既定程序采用背对背的通信方式征询专家组成员的意见，专家组成员不得相互讨论、不发生横向关系，经过几次反复征询和反馈，专家组成员的意见趋于集中，最后获得具有很高准确率的集团判断结果。

2) 德尔菲法基本特点

(1) 匿名性。

采用这种方法时所有专家组成员不直接见面，只是通过函件交流，这样就可以消除权威的影响。匿名是德尔菲法极其重要的特点，专家组成员彼此互不知道有其他哪些人参加预测，他们是在完全匿名的情况下交流思想的。

(2) 反馈性。

为使结果较为客观、可信，该方法需要经过3～4轮的信息反馈，在每次反馈中使调查组和专家组都可以进行深入研究，使得专家的意见逐渐趋同，最终结果基本能够反映专家的基本想法和对信息的认识。

(3) 统计性。

当处理专家意见时，针对定量意见采用统计方法报告一个中位数和两个四分点，其中一半落在两个四分点之内，一半落在两个四分点之外。这样，每种观点都包括在这样的统计中，避免了专家会议法只反映多数人观点的缺点。

(4) 充分性。

由于吸收不同的专家与意见，该方法能充分利用专家的经验和学识，实现资源利用的充分性。

3) 流程

在德尔菲法的实施过程中，如图7-5所示，始终有两方面的人在活动，一是调查者，二是被选出来的专家。德尔菲法中的调查表与通常的调查表有所不同，它除

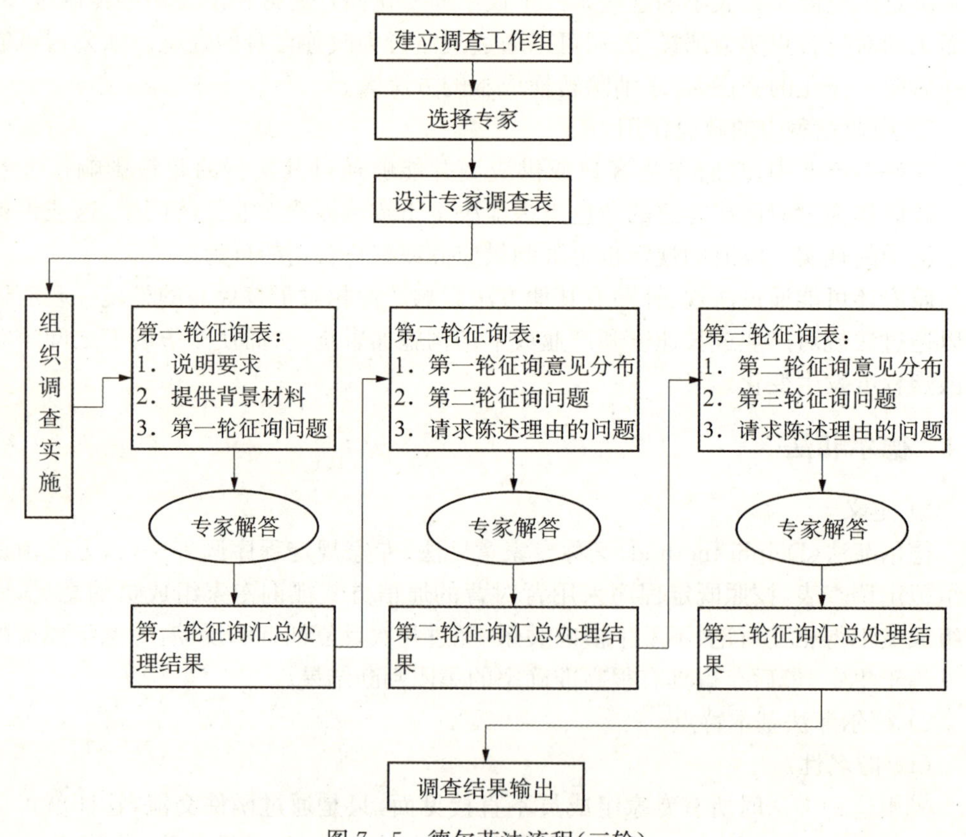


图7-5 德尔菲法流程(三轮)

了有通常调查表向被调查者提出问题并要求回答的内容外，还兼有向被调查者提供信息的责任，它是专家们交流思想的工具。

(1) 前期准备。

组成专家小组。按照课题所需要的知识范围，确定专家。专家人数的多少，可根据课题的大小和涉及面的宽窄而定，一般不超过 25 人。

(2) 开放式的首轮调研。

a. 由组织者发给专家的第一轮调查表是开放式的，不带任何框框，只提出预测问题，请专家围绕预测问题提出预测事件，附上有关这个问题的所有背景材料，同时请专家提出还需要什么材料。

b. 各个专家根据他们所收到的材料，提出自己的预测意见，并说明自己是怎样利用这些材料并提出预测值的。

c. 组织者汇总整理专家调查表，归并同类事件，排除次要事件，用准确术语提出一个预测事件一览表，并作为第二步的调查表发给专家。

(3) 评价式的第二轮调研。

a. 专家对第二步调查表所列的每个事件做出评价，例如，说明事件发生的时间、争论问题和事件或迟或早发生的理由。

b. 组织者收集调查表，针对定性结果，将各位专家次判断意见汇总，归并同类事件，列出多数人较一致的意见和少数人的个别意见；针对定量结果，计算出中位数和上下四分点(也可以把各位专家的意见加以整理，或请身份更高的其他专家加以评论，然后把这些意见再分送给各位专家，以便他们参考后修改自己的意见)。

c. 第三张调查表包含事件的一致意见和个别意见、中位数和上下四分位数，以及个别意见和四分点外侧的理由，假如有的问题已经获得统一意见，则不需要专家再做评论。

(4) 重审式的第三轮调研。

a. 发放第三张调查表，请专家重审争论。

b. 让专家比较自己同他人的不同意见，持有不同意见或者在上下四分点外的专家，应重述自己的理由，如果修正自己的观点，也应叙述改变理由。

c. 专家对个别意见和上下四分点外的意见做出一个新的评价。

d. 组织者回收专家们的新评论和新争论，与第二步类似地统计定性和定量的意见，形成第四张调查表，其重点在争论双方的意见。

(5) 复核式的第四轮调研。

a. 发放第四张调查表，专家再次评价和权衡，做出新的预测，是否要求做出新的论证与评价，取决于组织者的要求。

b. 回收第四张调查表，与第二步类似地统计定性和定量的意见，计算每个事件的中位数和上下四分点，归纳总结各种意见的理由以及争论点。

收集意见和信息反馈一般要经过 3～4 轮。在向专家进行反馈的时候，只给出各种意见，但并不说明发表各种意见的专家的具体姓名。这一过程重复进行，直到每一个专家不再改变自己的意见为止。

有的事件可能在第二步就达到统一，而不必在第三步中出现；有的事件可能在第四步结束后，专家对各事件的预测也不一定都是达到统一。不统一也可以用中位数与上下四分点来做结论。事实上，总会有许多事件的预测结果是不统一。

4）规范操作注意事项

（1）前期准备。

a. 挑选的专家应有一定的代表性、权威性，对专家的挑选应基于其对企业内外部情况的了解程度，专家可以是第一线的管理人员，也可以是企业高层管理人员和外请专家。

b. 在进行调查之前，首先应取得专家组的支持，确保他们能认真地进行每一次预测，以提高预测的有效性。同时也要向组织高层说明调查的意义和作用，取得决策层和其他高级管理人员的支持。

c. 由于专家组成成员之间存在身份和地位上的差别以及其他社会原因，有可能使其中一些人因不愿批评或否定其他人的观点而放弃自己的合理主张。要防止这类问题的出现，必须避免专家们面对面的集体讨论，而是由专家单独提出意见。

（2）问题设计。

a. 征询的问题一次不宜太多，一般认为上限为 25 个。

b. 问题表设计应该措辞准确，不能引起歧义，不要问那些与调查目的无关的问题，问题要集中，要有针对性，不要过分分散，列入征询的问题不应相互包含，使各个事件构成一个有机整体，问题要按等级排队，先简单后复杂，先综合后局部，这样易引起专家回答问题的兴趣。

c. 所提的问题应是所有专家都能答复的问题，而且应尽可能保证所有专家都能从同一角度去理解，避免组合事件，如果一个事件包括专家同意的和专家不同意的两个方面，专家将难以做出回答。

d. 提供给专家的信息应该尽可能的充分，以便其做出判断。

e. 只要求专家做出粗略的数字估计，而不要求十分精确。

f. 调查单位或领导小组意见不应强加于调查意见之中，要防止出现诱导现象，避免专家意见向领导小组靠拢，以致得出专家迎合领导小组观点的预测结果。

（3）意见统计。

a. 进行统计分析时，应该区别对待不同的问题，对于不同专家的权威性应给予不同权数而不是一概而论。

b. 针对定量意见和定性意见要区别对待，利用不同的统计汇总方法。针对定量意见，要计算中位数和上下四分点；针对定性意见要汇总意见，指出多数人较一致的看法和少数人的个别意见。

## 7.5 整数线性规划

1) 定义

航空运输市场进行航线网络规划、航班优化时均需规划理论，一般常用的规划模型包括：线性规划、整数线性规划和非线性规划等。这里介绍最为常用的整数线性规划，其定义如表 7-2 所示。

**表 7-2 规划分类**

<table>
<tr><td rowspan="3">类型<br>条件</td><td colspan="4">线性整数规划</td><td colspan="4">非线性整数规划</td></tr>
<tr><td colspan="2">整数规划</td><td colspan="2">0-1 型整数规划</td><td colspan="2">整数规划</td><td colspan="2">0-1 型整数规划</td></tr>
<tr><td>纯整数规划</td><td>混合整数规划</td><td>纯整数规划</td><td>混合整数规划</td><td>纯整数规划</td><td>混合整数规划</td><td>纯整数规划</td><td>混合整数规划</td></tr>
<tr><td>变量</td><td>全部取整数</td><td>部分取整数</td><td>全部取整数</td><td>部分取整数</td><td>全部取整数</td><td>部分取整数</td><td>全部取整数</td><td>部分取整数</td></tr>
<tr><td>国际函数和约束条件</td><td colspan="4">全部为线性函数</td><td colspan="4">部分为非线性函数</td></tr>
</table>

在工程技术、经济管理、科学研究和日常生活等诸多领域中，人们经常遇到一类决策问题是：在一系列客观或主观限制条件下，寻求使所关注的某个或多个指标达到最大(或最小)的决策。这成为最优化问题，一般采用数学建模的方法建立优化模型求解最优决策。优化模型是一种特殊的数学模型，优化建模方法是一种特殊的数学建模方式。优化模型一般有以下 3 个要素：

(1) 决策变量，它通常是该问题要求解的那些未知量，不妨用 $n$ 维向量表示 $\boldsymbol{x} = (x_1, x_2, \cdots, x_n)^{\mathrm{T}}$ 表示，当对 $\boldsymbol{x}$ 赋值后它通常称为该问题的一个解或一个点。

(2) 目标函数，通常是该问题要优化(最小或最大)的那个目标的数学表达式，它是决策变量 $x$ 的函数，可以抽象地记为 $f(x)$。

(3) 约束条件，由该问题对决策变量的限制条件给出，即 $x$ 允许取值的范围 $x \in \Omega$, $\Omega$ 称为可行域，常用一组关于 $x$ 的等式 $h_i(x) = 0(i = 1, 2, \cdots, m)$ 或不等式 $g_i(x) \leqslant 0(j = m+1, m+2, \cdots, m+n)$ 来界定，分别称为等式约束和不等式约束。

于是，优化模型从数学上可表述成如下一般形式

$$\text{opt } z = f(x) \tag{7-1}$$

$$\text{s.t. } h_i(x) = 0 \quad (i = 1, 2, \cdots, m) \tag{7-2}$$

$$g_i(x) \leqslant 0(j = m+1, m+2, \cdots, m+n) \tag{7-3}$$

式中：opt 是最优化的意思，可以是 min(求极小)或 max(求极大)；s. t. 是“受约束于”的意思。

规划可分为以下几类，如表 7-2 所示。

2）案例

**例 1**　资源配置问题。

某家具厂生产桌子和椅子，所需资源、资源可用量和产品价格如表 7-3 所示。

**表 7-3　某家具厂资源**

| | 桌子 | 椅子 | 可用量/h |
|---|---|---|---|
| 木工/h | 4 | 3 | 120 |
| 油漆工/h | 2 | 1 | 50 |
| 售价/元/张 | 50 | 30 | |

问该厂如何组织生产才能使每月的销售收入最大？

决策变量为桌子、椅子数量 $x_1$，$x_2$；

销售收入可表达为 $z = 50x_1 + 30x_2$；

约束条件表述为：资源使用量≤资源可使用量，因此，

木工用量 $4x_1 + 3x_2 \leqslant 120$ 木工可使用量，

油漆工用量 $2x_1 + x_2 \leqslant 50$ 油漆工可使用量，

决策变量还应当满足 $x_1 \geqslant 0$，$x_2 \geqslant 0$，称为非负条件。

$$\max z = 50x_1 + 30x_2$$

$$\text{s. t.}\quad \begin{aligned} &4x_1 + 3x_2 \leqslant 120 \\ &2x_1 + x_2 \leqslant 50 \\ &x_1 \geqslant 0,\ x_2 \geqslant 0 \end{aligned}$$

求解：$x_1 = 15$，$x_2 = 20$，$z = 1350$。

**例 2**　营养配餐问题。

成年人每天需要从食物中摄取的营养以及 4 种食品所含营养和价格如表 7-4 所示。问如何选择食品才能在满足营养的前提下使购买食品的费用最小？

**表 7-4　食品营养**

| 食品名称 | 热量/kcal | 蛋白质/g | 钙/mg | 价格/元 |
|---|---|---|---|---|
| 猪肉 | 1000 | 50 | 400 | 14 |
| 鸡蛋 | 800 | 60 | 200 | 6 |
| 大米 | 900 | 20 | 300 | 3 |
| 白菜 | 200 | 10 | 500 | 2 |
| 营养需求量 | 3000 | 55 | 800 | |

决策变量为猪肉、鸡蛋、大米、白菜数量 $x_1$，$x_2$，$x_3$，$x_4$，

购买食品费用可表达为 $z = 14x_1 + 6x_2 + 3x_3 + 2x_4$，

约束条件表述为：营养摄取值≥营养需求量，因此，

热量摄取值 $1000x_1 + 800x_2 + 900x_3 + 200x_4 \geqslant 3000$ 热量需求量，

蛋白质摄取值 $50x_1+60x_2+20x_3+10x_4\geqslant 55$ 蛋白质需求量，
钙摄取值 $400x_1+200x_2+300x_3+500x_4\geqslant 800$ 钙需求量，
决策变量还应当满足 $x_1,x_2,x_3,x_4\geqslant 0$，称为非负条件。

$$\min z=14x_1+6x_2+3x_3+2x_4$$

$$\text{s.t.}\quad \begin{cases}1000x_1+800x_2+900x_3+200x_4\geqslant 3000\\ 50x_1+60x_2+20x_3+10x_4\geqslant 55\\ 400x_1+200x_2+300x_3+500x_4\geqslant 800\\ x_1,x_2,x_3,x_4\geqslant 0\end{cases}$$

求解：$x_1=0,\ x_2=0,\ x_3=3.33,\ x_4=0,\ z=10$（非整数求解）。
$x_1=0,\ x_2=0,\ x_3=4,\ x_4=0,\ z=12$（整数求解）。

## 7.6　回归分析预测

1）一元线性回归预测法

一元线性回归预测是指成对的两个变量数据的散点图呈现出直线趋势时，采用最小二乘法，找到两者之间的经验公式，即一元线性回归预测模型。根据自变量的变化，来估计因变量变化的预测方法。

实质上，虽然一个变量（称为因变量）受许多因素（称为自变量）的影响，但只有一个起重要的、关键性作用。这时若因变量与自变量在平面坐标系上标出，就可得出一系列点，若点的分布呈现出直线型模式，就可以采用一元线性回归预测。两个变量在平面坐标系上所构成点的分布统称为散点图。

一般来说我们在各个点间找到一个直线。

$$\hat{y}_i=a+bx_i \tag{7-4}$$

这个直线方程就是拟合的直线方程。

式中：$\hat{y}_i$ 是变量 $y_i$ 的预测值；
$x_i$ 是自变量；
$a$ 是直线方程的截距；
$b$ 是直线方程的斜率。

实际值 $y_i$ 与预测值 $\hat{y}_i$ 之间存在误差 $e_i$，即 $e_i=y_i-\hat{y}_i$ 或 $y_i=\hat{y}_i+e_i$。

我们得出的直线方程 $\hat{y}_i$ 一定要满足使各点误差的平方和 $G$ 最小。即

$$\min G=\sum_{i=1}^{n}e_i^2=\sum(y_i-\hat{y}_i)^2=\sum(y_i-a-bx_i)^2 \tag{7-5}$$

这就称为最小二乘法。

解式(7-5)，可得

$$a=\frac{1}{n}\sum y_i-b\frac{1}{n}\sum x_i=\overline{y}_i-b\overline{x} \tag{7-6}$$

$$b=\frac{n\sum x_iy_i-(\sum x_i)(\sum y_i)}{n\sum x_i^2-(\sum x_i)^2} \tag{7-7}$$

由于变量 $x$, $y$ 均是随机变量，在做回归分析时，必须进行统计检验。统计检验包括相关系数检验、回归系数显著性检验和 $F$ 检验等。只有通过了这些检验，才能利用回归方程进行预测。

（1）可决系数 $R^2$。

可决系数($R^2$)是衡量因变量与自变量关系密切程度的指标。$R^2$ 取值在 0 与 1 之间，且永远取正值。$R^2$ 越大，说明因变量与自变量的关系越密切。反之，关系不大。$R^2$ 的计算公式为

$$R^2=1-\frac{\sum(y_i-\hat{y}_i)^2}{\sum(y_i-\overline{y}_i)^2} \tag{7-8}$$

式中：$\overline{x}=\frac{\sum x_i}{n}$，$\overline{y}=\frac{\sum y_i}{n}$。

（2）相关系数 $R$。

相关系数是一个广泛地用于预测拟合优度的指标。其计算公式为

$$R=\frac{\sum(x_i-\overline{x})(y_i-\overline{y})}{\sqrt{\sum(x_i-\overline{x})^2}\sqrt{\sum(y_i-\overline{y})^2}} \tag{7-9}$$

由此式可知，可决系数 $R^2$ 是相关系数 $R$ 的平方。这两种度量方法主要区别是相关系数有正负。相关系数为正，表明因变量与自变量以相同的方向增减。直线是由左向右上升；若相关系数为负，因变量随自变量的增加而减少。其直线由左向右下降。$R$ 的变动范围为 $0<|R|\leqslant 1$。$|R|$越接近 1，因变量与自变量的拟合程度就越好。这里需要指出，$R$ 只表示因变量 $y$ 与自变量 $x$ 的线性关系的密切程度。当 $R$ 很小时，只说明 $y$ 与 $x$ 之间线性关系不密切，或者不存在线性关系。但这并不说明 $y$ 与 $x$ 没有关系，也可能两者之间存在非线性关系。

相关系数应大于相关系数临界值，相关系数临界值的大小与自由度 $(n-m)$ 及显著性水平($\alpha$)的大小有关。相关系数临界值用符号 $r_{\alpha,\,n-m}$ 表示。自由度越大，$\alpha$ 值越大，则相关系数临界值越小；反之，相关系数临界值越大。自由度 $(n-m)$，$n$ 为数据的个数，即因变量的统计数据的个数，自变量的统计数据个数。这两个变量的数据个数要相等，才能做回归分析。$m$ 表示回归方程中参数的个数，一元线性回归 $m=2$；显著性水平($\alpha$)，它反应的是置信度或把握的程度。如 $\alpha=0.05$，表明预测误差为 0.05 或预测精度为 95%。可见 $\alpha$ 越小，说明置信度（简称信度）越高。

(3) 回归系数显著性检验。

回归系数显著性检验自变量对因变量是否有显著影响。也就是检验回归系数 $b$ 在显著性水平 $\alpha$ 上是否为零，进而判断自变量的变化能否解释因变量的变化。若 $b$ 有可能为零，需另选自变量。回归系数的显著性检验是用 $t$ 检验

$$t_{\mathrm{b}} = \frac{b}{S_{\mathrm{b}}} \tag{7-10}$$

$$S_{\mathrm{b}} = \frac{S_{\mathrm{e}}}{\sqrt{\sum (x_i - \overline{x})^2}} = \frac{\sqrt{\dfrac{\sum (y_i - \hat{y}_i)^2}{n-m}}}{\sqrt{\sum (x_i - \overline{x})^2}} \tag{7-11}$$

式中：$S_{\mathrm{e}}$ 是标准误差，即估计值与因变量间的均方根误差。

$t$ 服从自由度为 $n-m$ 的分布，一元线性回归 $m=2$。取显著性水平 $\alpha$，若 $|t_{\mathrm{b}}| > t_\alpha$，则回归系数显著。

(4) $F$ 检验。

建立一元（及后面讲到的多元）线性回归模型能否用于预测，还需要检验回归方程的显著性。一般采用 $F$ 检验。

$$F = \frac{\sum (\hat{y}_i - \overline{y})^2 / m}{\sum (y_i - \hat{y}_i)^2 / (n-m-1)} \tag{7-12}$$

在一元线性回归里，$m=1$，$n$ 为数据个数。$F$ 检验服从 $F(m,\ n-m-1)$ 分布。取显著性水平 $\alpha$，如果 $F > F_{\alpha(m,\ n-m-1)}$，表明回归模型显著，可以用于预测。反之，回归模型不能用于预测。

预测时，除给出点估计值之外，更重要的是要给出预测值的置信区间。这个置信区间要在一定概率保证程度下，即置信度为 $100\times(1-\alpha)\%$。

在小样本（即数据个数 $n$ 较少）的情况下，近似的置信区间可用式(7-13)计算

$$\hat{y} \mp t_\alpha S_{\mathrm{e}} \tag{7-13}$$

或更精确的置信区间为

$$\hat{y} \mp t_\alpha S_{\mathrm{e}} \sqrt{1 + \frac{1}{n} + \frac{(x_0 - \overline{x})^2}{\sum (x_i - \overline{x})^2}} \tag{7-14}$$

式中：$\hat{y}$为点估计值；

$t_\alpha$ 为在 $\alpha$ 显著性水平上 $t$ 检验值；

$S_{\mathrm{e}}$ 为预测的标准差；

$x_0$ 为用于预测 $y$ 时自变量 $x$ 的取值。

2) 多元线性回归预测法

在航空运输管理中，所要研究的变量往往受许多因素的影响，若只选一个自变量，会降低因变量预测值的精确度。我们把包括两个或两个以上自变量的回归称为多元回归。若因变量 $y$ 与自变量 $x_1$，$x_2$，…，$x_n$ 存在线性关系，即

$$y = b_0 + b_1 x_1 + b_2 x_2 + \cdots + b_n x_n + e \tag{7-15}$$

$$\hat{y} = b_0 + b_1 x_1 + b_2 x_2 + \cdots + b_n x_n \tag{7-16}$$

称为 $n$ 元线性回归方程。式中 $e$ 为预测误差。

同样采用与一元线性回归相同的最小二乘法原理进行求解。另外需要与一元线性回归一样要进行可决系数、复相关系数、$F$ 检验和 $t$ 检验进行检验。置信区间也与一元相同。

另外还需进行多重共线性检验。

多重共线性是多元线性回归中出现的问题。若自变量之间存在着相关关系，这种关系称为“多重共线性”或“多变量共相关”。若自变量之间存在相关关系，就很难确定每个自变量对因变量的影响程度，也就是说，各自变量的回归系数就不可靠。

多重共线性检验，要计算任何两个自变量之间的相关系数 $r_{x_1, x_2}$：

$$r_{x_1, x_2} = \frac{\sum (x_{i1} - \overline{x}_1)(x_{i2} - \overline{x}_2)}{\sqrt{\sum (x_{i1} - \overline{x}_1)^2} \sqrt{\sum (x_{i2} - \overline{x}_2)^2}} \tag{7-17}$$

通过显著性水 $\alpha$ 和自由度 $(n-m)$ 可查找相关系数，进行比对。若 $r_{x_1, x_2}$ 小于临界值，则说明 $x_1$ 与 $x_2$ 不存在线性相关问题，也就是说没有多重共线性问题。

在做多元线性回归分析时，通常把两个变量相关关系列在一个称为相关矩阵中。若发现两个自变量之间高度线性相关，就应当去掉一个自变量，而保留与因变量高度相关的那个自变量。

关于多元线性回归分析的 $F$ 检验、$t$ 检验等计算很烦琐，一般通过计算机软件计算。

3）非线性回归预测法

上述我们研究了变量之间呈现出线性关系时的回归预测。但现实的航空运输管理所面对的许多业务、经济和财务的变量之间的关系并不都呈现出线性关系。这时需要用适当的曲线去拟合，然后进行预测。

非线性回归预测的主要步骤为：

首先，确定变量间变动趋势所呈现的曲线类型。其方法是根据实际数据作散点图，分析其散点图的分布，研究分布呈现出的趋势，由趋势确定用什么曲线去拟合，也称为用曲线去拟合变量间的变动趋势。这种曲线反映了一种函数类型。

其次，确定曲线的参数。只有参数确定，曲线才能确定下来。其主要方法是将“曲线化直”，就是通过变量变换，将非线性函数化为线性函数，再用线性回归预测方

法，确定参数。确定参数后，再通过变量变换，回复原来变量间的函数关系。

最后，进行预测。将自变量值代入函数式中，就可以做出估计值。

本质上线性回归模型是指凡能通过变量变换而线性化的模型，统称为本质上线性回归模型。

常见的本质上线性回归模型如下。

(1) 幂函数。

$$y = ax^b \tag{7-18}$$

对式(7-18)两边取对数 $\lg y = \lg a + b\lg x$。令 $y' = \lg y$, $x' = \lg x$, $a' = \lg a$，则 $y' = a' + bx'$，这是一元线性回归模型。计算出参数 $a'$，由此计算出 $a$，计算出 $b$。这样就确定了函数 $y = ax^b$。

(2) 指数函数。

$$y = ae^{bx} \tag{7-19}$$

对此函数两边取以 e 为底的自然对数 $\ln y = \ln a + bx$。令 $y' = \ln y$, $a' = \ln a$，则 $y' = a' + bx$。

(3) 抛物线函数。

$$y = a + bx + cx^2 \tag{7-20}$$

抛物线函数可以通过线性变换：令 $x = x_1$, $x^2 = x_2$，则抛物线函数化为 $y = a + bx_1 + cx_2$。这是二元线性回归方程。计算出 $a$、$b$ 和 $c$ 后，此抛物线就确定了。

(4) 双曲线函数。

$$y = a + \frac{b}{x} \tag{7-21}$$

令 $x' = \dfrac{1}{x}$，则 $y = a + bx'$。这是一元线性回归模型。计算出参数 $a$、$b$ 时，要注意 $x'_i = \dfrac{1}{x_i}$。

(5) 对数函数。

$$y = a + b\lg x \tag{7-22}$$

令 $x' = \lg x$，则 $y = a + bx'$。计算出参数 $a$、$b$ 时，要注意 $x'_i = \lg x_i$。

(6) S 形曲线。

$$y = \frac{1}{a + be^{-x}} \tag{7-23}$$

作线性变换，令 $y' = \dfrac{1}{y}$, $x' = e^{-x}$，则 $y' = a + bx'$。计算出参数 $a$、$b$ 时，要注意

$y_i' = \dfrac{1}{y_i}$，$x_i' = e^{-x_i}$。

4）案例

这里给出一个飞行长度与飞行次数的回归分析案例进行说明。

在飞机设计航程范围内，一般来说典型航线覆盖 90%以上的机队情况，其中短航程飞行份额占 20%，中航程飞行份额占 70%，长航程飞行份额占 10%。全球 2000—2014 年日利用率在 4～18 h 之间，飞行长度小于 18 h，机队规模 5 架以上（占总机队规模 90.9%）的典型航线分布情况如图 7－6 所示。虚线为拟合线，可基本判断为幂函数关系趋势。

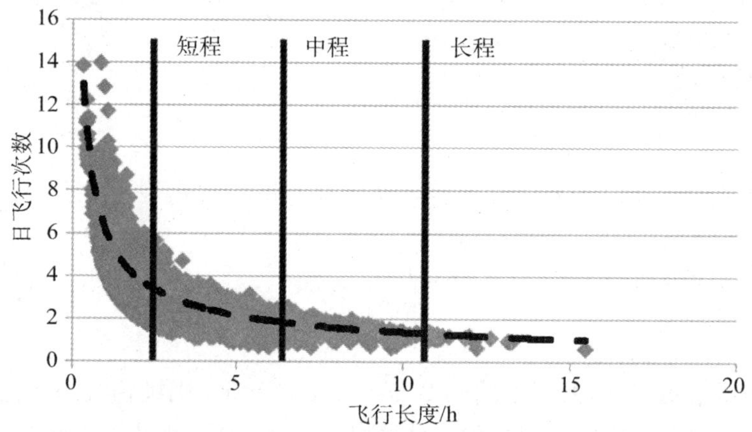


图 7－6　2000—2014 年全球典型航线覆盖（数据来源：航升）

通过对飞行长度与飞行次数的线性、多次函数、指数、幂、双曲线、二次曲线等拟合，其中拟合度较好的仍是飞行长度与飞行次数取以 10 为底的对数后的线性拟合，使用 EXCEL 拟合结果如图 7－6 和图 7－7 所示。

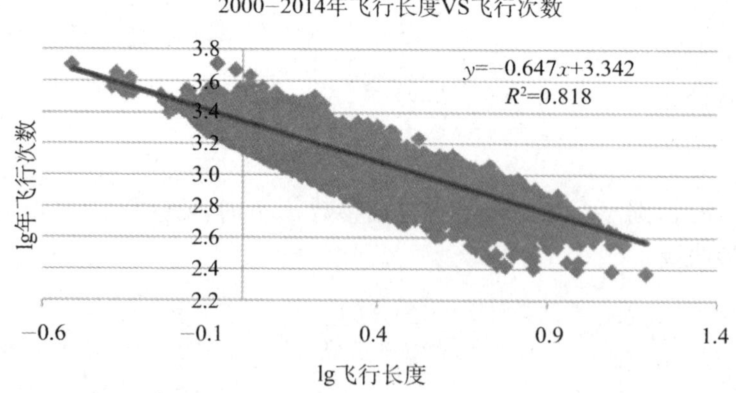

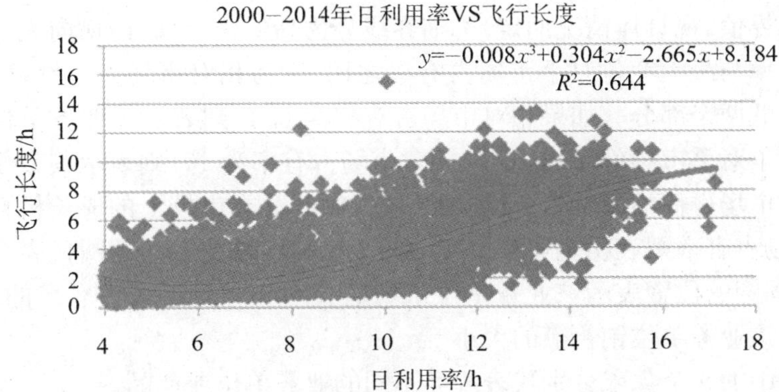


图 7-7 2000—2014 年飞行长度与飞行次数、日利用率与飞行长度关系(数据来源:航升)

## 7.7 波士顿矩阵

波士顿矩阵又称为波士顿足心集团法、四象限分析法、产品系列结构管理法等,是由美国大型商业咨询公司——波士顿咨询集团首创的一种规划企业产品组合的方法。该方法产生于 20 世纪 60 年代中后期,美国在经历了第二次世界大战后普遍的繁荣时期之后,进入一个低速、缓慢的增长阶段。多数企业面临的问题是:市场容量逐渐区域饱和,市场需求变化大,产品寿命周期缩短;劳务费用上升,资金流动性差,使企业面临的经营不确定性与不稳定性增强;竞争的加剧导致企业的平均收益下降。而其中对跨行业、多种经营类型的企业影响最为显著。为了寻找其中原因,波士顿咨询集团对美国 57 个公司的 620 种产品进行了历时 3 年的调查,从中发现一个普遍规律,即市场占有率高的公司质量好,研究开发及促销费用占销售额的比重高,资金利润率也高;反之,市场占有率低的公司,资金利润率也低。而在差别较大的行业中,可能存在市场占有率低而收益高,或者市场占有率高而收益低的企业类型。因此,可用该方法对企业的战略事业单位或产品进行分类和评估,如图 7-8 所示。

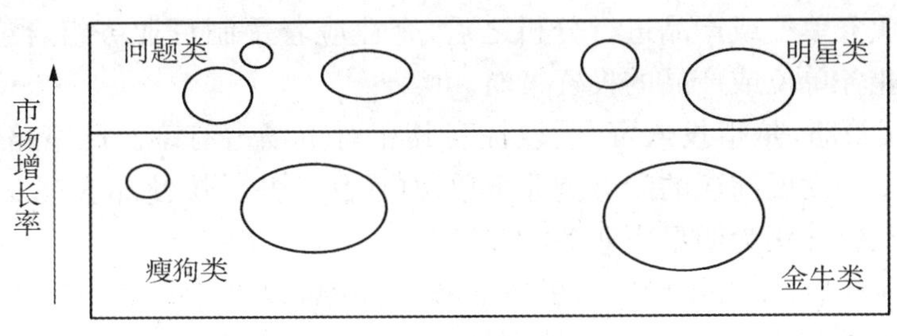


图 7-8 波士顿矩阵

在图 7－8 中，纵向表示市场增长率，即产品销售额的年增长率，以 10%（也可以设为其他临界值，视具体情况而定）为临界线分为高低两个部分；横向表示业务单位的产品占有率与最大竞争对手市场占有率之比，称为相对市场占有率，以 1.0 为分界线分为高低两个部分。如果相对市场占有率为 0.1，则表示该业务单位的市场份额为最大竞争对手市场份额的 10%；相对市场占有率为 10，则表示其市场份额为最大竞争对手市场份额的 10 倍。市场增长率反映产品在市场上的成长机会和发展前途；相对市场占有率则表明企业竞争实力的大小。区域图中的圆圈代表企业的各个业务单位，圆圈的位置表示该业务单位市场增长率和相对市场占有率的现状，圆圈的面积表示该业务单位销售额的大小。

区域图中的 4 个象限分别代表 4 类不同的业务单位或产品。

（1）问题类。市场增长率高但相对市场占有率低的业务单位或产品。大多数业务单位最初处于这一象限，这一类业务单位需要较多的资源投入，以赶上最大竞争者和适应迅速增长的市场。但是它们又前途未卜，难以确定远景，企业必须慎重考虑是对它们继续增加投入，还是维持现状，或进行精简乃至断然淘汰。

（2）明星类。问题类业务单位如果经营成功，就会成为明星类。该类业务单位或产品的市场增长率和相对市场占有率都较高，因其销售增长迅速，企业必须大量投入资源以支持其快速发展，待其市场增长率降低时，这类业务单位就由“现金使用者”变为“现金提供者”，即变为金牛类业务单位。

（3）金牛类。市场增长率低、相对市场占有率高的业务单位或产品。由于市场增长率降低，不再需要大量资源投入，又由于相对市场占有率较高，这些业务单位可以产生较高的收益，支援其他业务的生存与发展。金牛业务是企业的裁员，这类业务单位越多，企业的实力越强。

（4）瘦狗类。市场增长率和相对市场占有率都较低的业务单位或产品。它们多处于成熟后期或衰退期，只能获得微利、保本，甚至亏损。

如图 7－8 中所示 8 个业务单位或产品，其中问题类 3 个，明星类 2 个，金牛类 1 个，瘦狗类 2 个。这表明该企业的经营状况不容乐观，因为问题类和瘦狗类业务或产品偏多，企业发展后劲不足。

在对各业务单位或产品进行分析之后，企业应着手制订业务组合或产品计划，确定对各个业务单位或产品的投资策略。

（1）发展策略，是指投入资金，以提高其相对市场占有率。此策略特别适用于明星类及其某些发展前途的问题类业务单位（产品），并尽快使那些有发展潜力的问题类业务（产品）转化为明星类业务（产品）。

（2）维持策略，是指保持原有的资金投入规模，以维持相对市场占有率。该策略适用于金牛类业务单位（产品），特别是其中的大金牛类。

（3）缩减策略，是指减少投资、减少促销费用，以求短期内获取尽可能多的利润。此策略适用于弱小的金牛类，也适用于问题类和瘦狗类。

（4）放弃策略，是指清理、变卖现存产品，处理某些业务单位，使企业资源转移到那些盈利的业务单位或产品上。此策略适用于给企业造成负担而又没有发展前途的问题类和瘦狗类业务单位（产品）。

本书在产品竞争力评估、航线效益评估等方面应用了波士顿矩阵，航空运输管理往往是定性与定量的结合，因此对于波士顿矩阵的应用不仅限于本书的描述。

## 7.8　运输需求函数模型

1）定义

航空运输需求是绝大多数航空运输市场研究的基础，不论是宏观的机队规模预测还是中短期的机队规划，乃至短期的航线和航班规划等都必须进行航空运输需求。例如，一般认为GDP和人口是长期航空运输的驱动因素，常采用幂函数或指数函数模型进行拟合。另外，对于未航线的需求量预测所采用的引力模型也是对幂函数的一种变形。当然最常用的往往还是线性模型，例如时序机场吞吐量预测就是一种线性需求函数模型。

首先，根据所分析区域民航客运自身发展环境的影响，收集历年相关原始数据；其次通过统计检验的方法寻找最为重要的需求驱动因素，例如可采用Pearson相关系数等方法；再次将数学模型所需当年数据提取出来，并采用多元线性回归模型来拟合。

常用运输需求函数模型如下：

线性需求函数模型 $D = a_0 + a_1X_1 + a_2X_2 + a_3X_3$，其中 $X_1$ 的需求弹性为$\frac{a_1X_1}{D}$，$X_2$ 的需求弹性为$\frac{a_2X_2}{D}$，$X_3$ 的需求弹性为$\frac{a_3X_3}{D}$。

幂函数模型 $D = a_0X_1^{a_1}X_2^{a_2}X_3^{a_3}$，其中 $X_1$ 的需求弹性为 $a_1$，$X_2$ 的需求弹性为 $a_2$，$X_3$ 的需求弹性为 $a_3$。

指数函数模型 $D = \mathrm{e}^{a_0+a_1X_1+a_2X_2+a_3X_3}$，其中 $X_1$ 的需求弹性为 $a_1X_1$，$X_2$ 的需求弹性为 $a_2X_2$，$X_3$ 的需求弹性为 $a_3X_3$。

最后，采用统计检验分析对所建立模型进行验证。

使用 $R^2 = 1 - \frac{\sum_{i=1}^{n}(Y_i - \hat{Y}_i)^2}{\sum_{i=1}^{n}(Y_i - \overline{Y}_i)^2}$ 检验回归方程对样本观测值的拟合程度。其中，$\hat{Y}_i$ 为实际值，$Y_i$ 为预测值，$\overline{Y}_i$ 为平均值。当 $R^2 > 1 - \frac{n-1}{n-k-1+kF}$ 时，拟合程度高。

使用 $F = \frac{(n-k-1)\sum_{i=1}^{n}(Y_i - \hat{Y}_i)^2}{k\sum_{i=1}^{n}(Y_i - \overline{Y}_i)^2} \sim F(k,\ n-k-1)$ 检验，进行方程显著性检验，检验多元回归模型是否总体线性成立。其中，$n$ 为统计量，$k$ 为变量数。当 $F \geqslant F_\alpha(k,\ n-k-1)$ 时方程显著。

使用 $T_j=\dfrac{\hat{\beta}_j}{\sqrt{C_{jj}}\,\hat{\delta}^*}\sim t(n-k-1)$ 检验，进行变量显著性检验，检验每个影响因素对运输需求影响的重要性。其中，$C_{jj}$ 是 $\boldsymbol{C}=(\boldsymbol{X}^{\mathrm{T}}\boldsymbol{X})^{-1}$ 的主对角线上的第 $j+1$ 个元素，$\hat{\delta}^*=\sqrt{\dfrac{\sum_{i=1}^{n}(Y_i-\hat{Y}_i)^2}{n-k-1}}$。当 $|T_j|\geqslant t_{\alpha/2}(n-k-1)$ 时变量显著。

2）案例

这里给出一个基于幂函数模型的多元非线性回归进行案例说明。对 2009 年成都快线市场需求价格点弹性进行分析，其原始数据如表 7－5 所示。通过相关性分析，认为影响旅客运输量的因素包括票价、人均收入和铁路时间等。同时认为其满足幂分布，采用式(7－19)中的转换方式进行回归拟合，其自然对数转换后如表 7－6 所示。

**表 7－5　2009 年成都快线市场需求价格点弹性分析相关数据**

| 航线 | 旅客运输量/人 | 票价/元 | 人均收入/元 | 铁路时间/h |
|---|---|---|---|---|
| 北京—成都 | 2796734 | 930.3 | 22698.5 | 26.3 |
| 广州—成都 | 1700512 | 636.3 | 23134.5 | 30.4 |
| 上海—成都 | 1623704 | 879.7 | 23748.5 | 28.7 |
| 成都—深圳 | 1457598 | 731.8 | 23951.7 | 36.8 |
| 成都—昆明 | 1432338 | 592.0 | 17577.5 | 18.3 |
| 成都—九寨沟 | 1384493 | 684.7 | 16314 | 8.0 |
| 成都—西安 | 831520 | 410.4 | 18811 | 12.7 |
| 成都—拉萨 | 775214 | 1145.0 | 17240 | 43.7 |

**表 7－6　自然对数转换后数据**

| 航线 | 旅客运输量 | 票价 | 人均收入 | 铁路时间 |
|---|---|---|---|---|
| 北京—成都 | 14.84 | 6.84 | 10.03 | 3.27 |
| 广州—成都 | 14.35 | 6.46 | 10.05 | 3.41 |
| 上海—成都 | 14.30 | 6.78 | 10.08 | 3.36 |
| 成都—深圳 | 14.19 | 6.60 | 10.08 | 3.61 |
| 成都—昆明 | 14.17 | 6.38 | 9.77 | 2.91 |
| 成都—九寨沟 | 14.14 | 6.53 | 9.70 | 2.08 |
| 成都—西安 | 13.63 | 6.02 | 9.84 | 2.54 |
| 成都—拉萨 | 13.56 | 7.04 | 9.75 | 3.78 |

基于前面所提到的多元线性回归方法，应用梳理统计工具，例如 EXCEL 和 SPSS 等可以完成多元线性回归。主要结果如表 7－7 所示。

表 7-7　多元线性回归后数据

| 截距 | 票价变量斜率 | 人均收入变量斜率 | 铁路时间斜率 |
| --- | --- | --- | --- |
| −13.29 | 0.77 | 2.44 | −0.59 |

且主要参数检验如下：

$$F = 2.23 \geqslant F_{\alpha}(k, n-k-1) = 0.23$$

$$R^2 = 0.63 > 1 - \frac{n-1}{n-k-1+kF} = 0.35$$

得出结论成都快线市场需求价格弹性系数为 $0.77 > 0$，属于刚需市场。

# 8 客户价值

## 8.1 价值营销

获取商业成功需要做的 4 件事：发现客户价值、创造客户价值、传递客户价值和管理客户价值。市场和销售中发现、创造、传递、管理价值是一个完整的循环过程。发现客户价值解决怎么细分市场与客户的问题，创造、传递、管理客户价值解决怎么描述细分价值、客户细节价值的问题，并最终实现销售、客户规划和市场改变，其关系如图 8－1 所示，各阶段主要工作如图 8－2 所示。

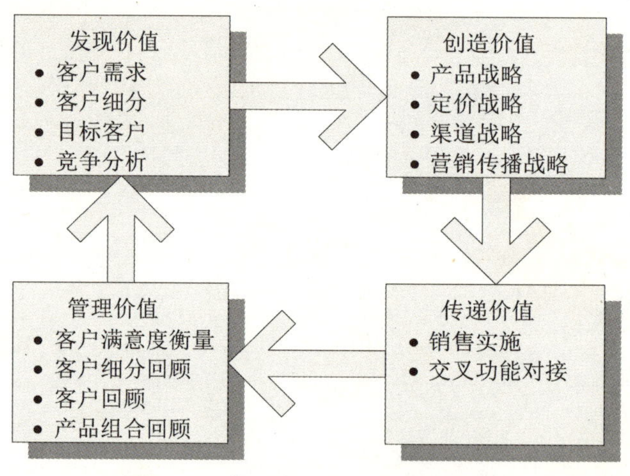


图 8－1　商业成功的市场-销售关系

1）发现客户价值

众所周知，没有准确地了解客户的需求是不可能制订合理的市场战略的。然而，通常情况下，客户的需求收集往往因工作量巨大，容易演变为营销活动而放弃实际的需求收集。其实销售团队也是一个非常重要的客户需求获取团队，而且通常也能在一定程度上代表客户的需求，且该需求可能是具有代表性和集中性的。因此，如图 8－2 所示，营销应该进行正式的市场调查研究，并参与销售拜访。同时，销售

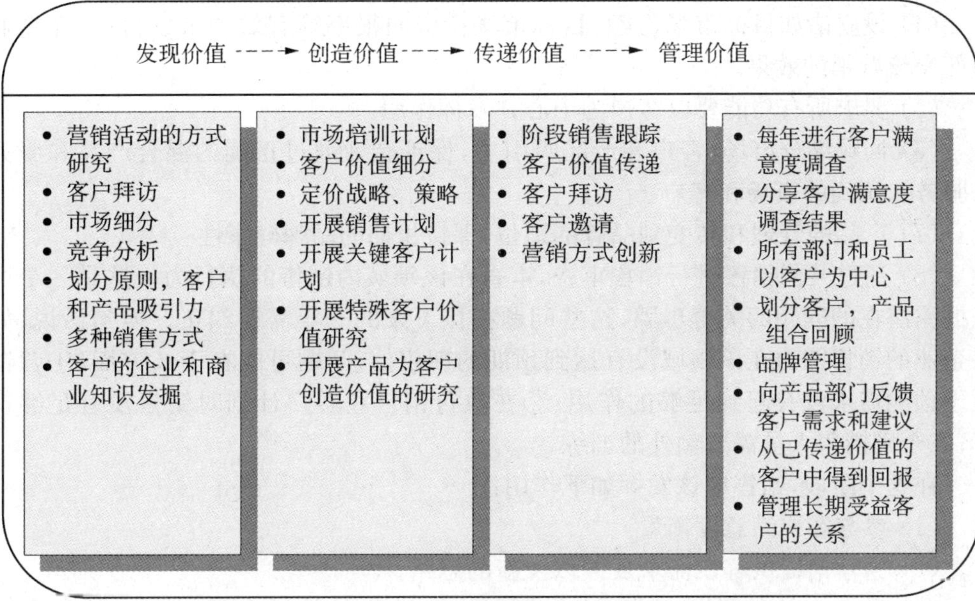


图 8-2 各价值阶段主要工作

需要去了解客户行业和企业的专业知识。

重点在于市场细分和发现客户需求。

2）创造客户价值

正如图 8-2 所示，在发现客户需求阶段是一种市场细分的矩阵形式，在创造客户价值阶段企业提供产品和服务来满足客户需求。营销和销售在这两个阶段都起到了重要的作用。营销是为特定的细分市场进行的价值方案，而销售是为特定的客户采取的价值方案。

重点在于制订营销计划并提供满足客户需求的解决方案。

3）传递客户价值

在这个阶段，基于已经建立的销售计划和关键客户计划，销售功能开始发挥作用，并为客户充分传递价值。而营销功能作为另一个主要的角色，通过定期跟随销售人员进行客户访问，可以获得客户对于企业产品或服务的第一手印象资料。

重点在于准确执行营销计划和向客户传递解决方案。

4）管理客户价值

如图 8-2 所示，管理客户价值的阶段类似于船上的舵，它能够使企业不断地修正战略和战术。

营销应该经历如下的阶段：

（1）每年测量客户满意度，了解客户对于企业产品和服务的满意程度。

（2）为主要的决策者提供客户满意度数据，进行战略或战术的修正。

(3) 超越客户满意度,并且深入钻研引起客户满意、不满意、背叛的因素。

(4) 设立诸如目标市场份额、目标市场投资回报率等有效的市场目标,在企业内部交流营销的效果。

(5) 要求所有功能要以客户为中心并发挥作用。

(6) 回顾细分市场、客户和产品吸引力,保证企业通过正确的混合产品和服务来服务于正确的市场和客户。

(7) 产品的管理和转变到品牌的地位,保持长期的品牌健康性。

(8) 通过共同销售进行销售审查,审查在该领域内销售的执行力。这是一个可以揭露潜在的问题的关键步骤,这些问题在接下来的一年需要纠正。换句话说,如果企业的销售能力在该领域没有达到预期的期望值,问题可能在于3方面:①营销对于预测需求没有起到足够的作用;②在执行销售和客户计划时销售没有足够执行;③个别销售人员需要额外的训练。

在这个阶段,销售应该发挥如下作用:

(1) 参与客户满意度衡量。

(2) 为营销提供客户需求反馈以及新的思路。

(3) 设立有效的销售目标,诸如目标客户销售的数量和目标客户的投资回报等。

(4) 同企业的其他人员交流有效的销售目标。

(5) 为了长期的利益管理客户关系。

(6) 和营销共同进行销售审查。

通过价值营销实现营销的十大任务,如表8-1所示。

**表8-1 营销的十大任务**

| 序号 | 任务 | 描述 |
|---|---|---|
| 1 | 识别机会 | 很多公司都设有正式的战略规划部门,负责鉴别应该进入哪些业务、退出哪些业务。但是这些部门如果没有营销部门的建议,其努力往往徒劳 |
| 2 | 细分和目标市场 | 在选定的市场内,至关重要的一项任务就是对客户群体进行细分,并推荐主要服务哪些目标客户群体 |
| 3 | 开发营销战略 | 在综合运用营销的各种因素,如产品、价值、渠道、传播等的过程中,营销的设计必须能够引起客户的共鸣,并且能够为公司提供一种差异化的市场定位。而营销计划则涵盖了公司的营销战略 |
| 4 | 实施营销战略 | 虽然营销部门负责实施营销计划的诸多方面,最终还是要靠全公司来落实公司整体的营销战略。因此,营销部门必须联合其他职能部门,帮助他们开发出职能计划 |
| 5 | 评估与革新 | 最优秀的营销者不会停滞不前,他们着眼于新产品的开发来评估自己的营销战略,做出改变和革新 |
| 6 | 为销售团队提供竞争优势 | 如果营销部门不能为销售团队提供竞争优势,它就是失败的。它通过市场细分、目标营销和品牌建设来提供竞争优势 |

（续表）

| 序号 | 任务 | 描述 |
|---|---|---|
| 7 | 在组织内担当客户需求的倡导者 | 营销部门是组织内唯一一个以客户为主要关注点的部门。因此，营销部的任务就是在组织内担当客户的“代言人” |
| 8 | 建设以客户为中心的业务 | 每一个职能部门，每一位职员都必须以客户为中心。没有这样的关注，业务就会失败 |
| 9 | 营销问责 | 营销不力的组织认为，建设强有力品牌的途径就是大把扔钱。这样的营销犹如江湖骗子，号称是战略，最终只是自己骗自己 |
| 10 | 在组织内担当变革因子 | 世界上最优秀的营销者的座右铭是“如果没有毁坏，就修好它。”这样，他们就成为自己组织内促进转化的因子。而最糟糕的营销者座右铭则是“好得差不多就不要动它” |

营销与销售在整个价值循环中都承担非常重要的角色，两者不可分割，同样也不能偏向一方。主要关系如下：

第一，营销主导前进方向因而更倾向于注重长远目标，销售主导订单落实因而更倾向于注重短期目标。

第二，营销负责前期工作是“松土”，销售负责后期工作是“栽树”。

第三，营销倾向于关注品牌构建，销售倾向于关于客户关系。

第四，营销考核以定性指标为主，例如品牌价值、客户满意度等，销售考核以定量指标为主，如订单，到款量等。

## 8.2 发现价值——客户及竞争

通过不断研究成功的和不成功的企业，发现它们之间的显著区别在于，成功的企业制订出色的市场战略并且能很好地执行它。市场战略的基础在于了解客户和客户需求，并比竞争对手更成功地应用营销规律。市场营销是解决商业问题的一个有规律的过程，这些商业问题包括加剧的竞争、商品和服务商品化、提升顾客价格敏感度。市场营销过程的 4 个步骤是发现、创造、传递和管理客户价值。第一个步骤的目的是细分并确定目标客户。通过市场营销组合因素，即产品、价格、渠道和营销传播战略，创造客户价值。营销战略通过各区域的营销人员，同时更重要的是通过销售人员和其他部门人员来共同执行。营销过程的最后一个步骤是评估市场战略进而评价顾客满意度，调整细分市场、目标客户和产品组合。

发现客户价值解决怎么细分市场与客户的问题，包括客户需求、客户细分、目标客户和竞争分析等。并主要通过：营销活动、客户拜访、市场划分矩阵、竞争分析、划分原则、客户和产品吸引力、多种营销方式等一系列工作来完成。

发现客户价值方面，如表 8－1 所示，主要完成的任务为：

（1）识别机会。很多公司都设有正式的战略规划部门，负责鉴别应该进入哪些业务、退出哪些业务。但是这些部门如果没有营销部门的建议，其努力往往徒劳。

(2) 细分和目标市场。在选定的市场内，至关重要的一项任务就是对客户群体进行细分，并推荐主要服务那些目标客户群体。

(3) 为销售团队提供竞争优势。如果营销部门不能为销售团队提供竞争优势，它就是失败了。它通过市场细分、目标营销和品牌建设来提供竞争优势。

避免由于不了解客户需求而造成的错误。不了解客户需求的公司往往会陷入一些可预知的困境之中。他们试图通过投入比竞争对手更多的费用到市场宣传渠道来吸引顾客，如广告，结果只是浪费资源而已。他们生产了顾客不想要的产品，只能通过降价来保住生意，或试图赢得那些不太有吸引力(价值)的顾客。要知道那些有头脑的公司不会仅仅满足于了解客户需求：他们创造客户需求。创造客户需求不应被看成是一项艰险的操作任务。顾客往往不知道他们自己需要什么，或只是用一些基本的喜好来描述自己的需求，或不能清楚地表达自己的需求，那些有头脑的公司只是恰好知道这些。这些有头脑的公司挖掘潜在需求，并将这些潜在需求具体化，然后反馈给市场。而客户的反应总是“为什么没有人早想到这个?”

运用可行的市场研究工具和方法来理解顾客需求。市场研究通常是从二手数据研究开始着手数据搜集的。这种研究一般是由免费或收费的第三方来完成。定性分析方法(或探索型分析方法)，如焦点小组、深度访谈和人口统计学等，有利于获得好的想法或观点。定量分析方法，如测量，有助于量化和验证观点或想法。掌握有头脑的公司的秘密——不是通过形式化的市场研究来获得成功的。聪明的公司不会总是依赖于市场研究，而是通过采用一系列战略来创造客户价值。他们引入一种新的概念，基于客户的反馈对这个概念进行精炼细化，他们与客户一起共同创造价值，将全球看作是他们的市场研究单位，并通过深入观察下游产业、消费链、顾客效益以及互补产品，来创造新的市场。

对于民机的发现价值重点在于明确客户状态。通过桌面研究和客户交流，对于现有客户或潜在客户进行针对性分析与评估，包括战略及运营管理、维护分析与评估、财务状况分析与评估、客户生命周期、航线网络、机队及订单、采购时机等研究与评估，全面了解客户现状及未来发展需求及其所产生的价值。根据客户特征进行分类，并分别建立竞争力和价值评估模型，全面系统评估客户自身优势和劣势，按价值进行客户分类，为制订个性化的客户解决方案提供依据。

发现民机客户价值的方法包括很多，如桌面研究、市场调研、客户交流、客户市场分析和战略研究、竞争分析。本书重点介绍销售支援常用的客户市场分析和民机产品竞争分析。采用的方法以桌面研究为主，辅以市场调研，并用客户交流来验证。

其中通过客户分析充分了解市场需求和客户需求，发掘市场机会。

通过竞争分析充分了解产品特征和竞争对手特征，发掘产品优势或差异化。

结合市场机会和产品优势或差异化，形成客户化卖点，引领后续的创造价值。

这种客户化卖点可以是以市场机会引领产品的，也可以是以产品优势或差异化引领客户需求的。

## 8.3 创造价值——市场适应性

创造客户价值从产品、定价、渠道和促销等 4 方面来实现，首先在于制订合适的营销计划。营销计划在任何商业成功中都扮演了关键角色。营销计划对企业发展有着深远的影响，如果没有营销计划，企业可能在面对日益增加的竞争、产品和服务的商业化、客户逐渐增加的价格敏感性、媒介交流等情况下无从着手。如果企业缺乏有效的营销计划，则企业可能不知道如何才能取得成功。结果是，企业一直持有观望态度，遵循机会主义，在失败后撤离这一领域然后试着寻找其他的机会。

可以按照如下的框架制订一个完善的营销计划。

(1) 概述。

(2) 目录。

(3) 市场分析。

(4) 竞争分析。

(5) 客户分析。

(6) 关键因素分析。

(7) 目标实现。

(8) 营销战略。

(9) 营销计划的执行。

(10) 营销-销售的关联性。

(11) 企业的主要输出。

(12) 营销计划预算。

(13) 营销计划控制。

如上 13 小项又可以划分为 7 大主要的类别：数据(第 3～5 项)、OTSW 分析(第 6 项)、战略(第 7～8 项)、行动项(第 9～10 项)、成果(第 11 项)、成本(第 12 项)和控制(第 13 项)。

营销计划初期关注于数据搜集；战略和行动项环节可使计划成功的执行；成果和成本决定了计划执行的程度；最后，控制环节控制并调节计划到企业的整体战略。

产品是顾客全部的体验。通常一个产品包含 4 个层级：核心产品、有形产品、附加产品和潜在产品。如果企业想要建立强大的品牌效应，则必须明白客户不仅仅是购买企业的核心产品(产品的特点和属性等)，客户更关注于企业所能提供的潜在产品(企业可以为客户提供什么)。因此，对于潜在产品的关注可以使企业更好地满足客户需求，从而更成功地建立产品品牌。

同时应针对客户需求，尽可能多地提供产品以外的服务，提升价值。对民机而言，这甚至包括机位、交付庆祝等细节。

创造客户价值方面，如表 8－1 所示，主要完成的任务为：

(1) 开发营销战略。在综合运用营销的各种因素，如产品、价值、渠道、传播等的过程中，营销必须能够引起客户的共鸣，并且能够为公司提供一种差异化的市场定位。而营销计划则涵盖了公司的营销战略。

(2) 在组织内担当客户需求的倡导者。营销部门是组织内唯一一个以客户为主要关注点的部门。因此，营销部的任务就是在组织内担当客户的"代言人"。

(3) 建设以客户为中心的业务。每一个职能部门，每一位职员都必须以客户为中心。没有这样的关注，业务就会失败。

对于民机的创造价值重点在于提出解决方案。针对每个客户的不同状态，提出包括产品方案、机队和航线网络规划、机场和航线适应性、飞行计划、融资方案、客服方案等全方位的客户化解决方案，实现同种核心产品满足客户不同种需求的市场营销目标。同时，参与公司市场营销方案的制订与具体实施，增强营销方案的可实施性。有些职责市场完成，有些职责市场牵头或搭桥。整体解决方案最终由市场提供，产品、融资、客服等方案则由设计、财务和客服体系分别主要完成。

创造客户价值通过培育市场计划、进行价值细分、定价战略和策略、开展营销计划、开展关键客户计划和开展特殊客户价值研究(在客户计划中)等来实现。创造的价值包括产品战略、定价战略、渠道战略，甚至营销传播战略。民机销售支援更关注于产品、服务等相关客户价值的创造。这里重点介绍民机机场和航线适应性、机队和航线网络规划等价值创造点。仍以桌面研究为主，辅以市场调研，并用客户交流来验证。

共同完成市场适应性的分析，其中机场和航线适应性用于阐述飞机"能不能飞"的问题，同时解决在不能飞的时候怎样才能飞的问题；机队和航线网络规划则用于阐述"需要多少架什么样的飞机"和"赚不赚钱"的问题，同时解决在不赚钱的时候怎样才能赚钱的问题。

对于额外服务，要根据不同机型和不同客户需求进行提供。不是每次都需要提供完整解决方案，而是要提供满意的解决方案。对于民机制造商而言要具备提供完整解决方案的能力，但更需要具备如何提供满意解决方案的能力。一般来说，市场适应性广泛的机型，如窄体机，只要介绍产品就可以了，可能不需要额外的服务。对于市场适应性较窄的机型，如支线机和宽体机，则需要提供额外服务，如规划、飞行计划等。

## 8.4 传递价值——营销组合

民机传递客户价值最有效和直接的渠道是市场和销售。营销渠道不仅仅局限于生产商提供产品和服务给消费者的通道，还在于设计良好的渠道提供并分享客户的需求及趋势的信息。这些信息有策略地使用以满足客户的需求。反过来，也有助于吸引和留住客户。

但当市场部门和销售部门不统筹协调时，有些特殊的场合会出现负面影响。当销售不顺时，市场部门会谴责销售部门使市场部门宏伟的目标不能实现。同样，销售部门反过来会责备市场部门没有真正接触到市场，并且因为定价太高导致失去了销售机会。市场部门认为自己拥有客户关系，而销售部门也认为自己拥有客户关系。所以市场部门并不会把市场计划的内容完全告知销售部门，同时，销售部门阻碍市场部门直接联系客户。专业的销售人员会为客户提供折扣和其他优惠从而赢得商业机会，而市场部门认为销售部门的行为会有损公司的品牌形象。

市场部门和销售部门不统筹协调的原因主要有3点。首先，市场部门和销售部门的思想不一致：市场部门关注品牌的长期健康发展，而销售部门更关注短期的收获。其次，思想不一致不一定是件坏事，但是如果市场计划对于销售的方法不具约束力，便可能产生负面的影响。最后，对于市场部门和销售部门的职责没有一个明确的定位，这样的话市场部门和销售部门做出的贡献就很难衡量。

很显然，为了使市场部门和销售部门统筹协调，首先要做的是明确各自的任务，以下这种做法可能很具吸引力：市场部门负责观察各种市场行为的客户和客户对品牌的认知度去建立品牌的偏好，销售部门负责各种实际购买行为或其他，但是，这种“传球”模式太具局限性。

更好的做法是：运用所有商业成功的发现—创造—传递—管理客户价值的架构去定义在哪些阶段哪些活动是必须执行的，这种做法使商业认识到市场和销售是一个硬币的两个面，而商业同时需要两个面才能成功。

明确角色任务是使两种角色统筹协调的第一步，下一步要做的是制订由市场计划到销售活动的转化实施程序。为了达到转化的目的，主要依赖于市场细分，像胶水一样把使市场和销售绑在一起。

第一步是勾勒客户，基于他们的需求和敏感度(购买意愿)。第二步是发现客户价值，即明确给销售哪些客户可以，哪些不可以提供服务。在第三步中，客户价值形成了从销售计划到制订销售战略的基础。

内部协调两件事情：①充分认知以客户为中心的理念，成为企业内部的咨询师。②充分整合与调动相关资源，用客户需求和客户价值形成企业资源的指挥棒。

企业不能以客户为中心的一个主要原因是每个人都认为这种观念是一种直观的、普遍的理解。每个人都要以客户为中心。这么显而易见的真理为什么这么难理解？原因是以客户为中心需要精神、时间和文化。有4个基本原则去建立以客户为中心的市场：成熟的经营、组织、管理、支持系统和方法，以及金融指标。

传递客户价值方面，主要完成的任务为：

**实施营销战略**。虽然营销部门负责实施营销计划的诸多方面，最终还是要靠全公司来落实公司整体的营销战略。因此，营销部门必须联合其他职能部门，帮助他们开发出职能计划。

市场营销人员如果不理解最新的营销传播的真谛注定将走向失败。传统的自上而下的、单向的营销传播已经失去生机，新的营销传播方式是自下而上（由客户创建）、双向传播的。客户不是营销传播的唯一目标，相反，其他利益相关者，如员工、社会、媒体和监管机构已成为重要的沟通对象。除了传统的电视，广播和出版物等广告资源，互联网成为当今通信的主要载体。最终，营销传播的目标是品牌的长期健康。

6 个经验教你在任何时间都能成功地将信息传递给任何人。首先，沟通必须是持续的活动。其次，消息已被正确解读。第三，使用正确的渠道传递信息。第四，考察目标客户在此之前的选择倾向。第五，通过在沟通中的努力能够帮你获得改变和提升。最后，去除混乱的信息，使信息简单，有重点及特性。

了解如何利用社会化媒体的优势，并成功地以最小的成本捕捉你的目标客户。社交媒体的发展使客户通过网络共享到任何类型的信息。社交媒体包括人与人交流的语言，YouTube，脸谱，MySpace，维基百科，博客，推特和微信。熟练应用某些关键的策略可以更好发挥社会化媒体的优势。企业在与客户交流过程中应更多谈论客户感兴趣的内容（如苹果公司推出智能平板电脑），鼓励沟通，积极听取客户的反馈意见，真诚坦率地与客户交谈。

重点在于准确执行营销计划和向客户传递解决方案。

对于民机的传递价值重点在于打造传递平台。协助建立与客户、公司内部人员的沟通机制，搭建双方交流的桥梁。通过与市场中心其他科室、设计部门、客服中心等交流，完善并实施解决方案；通过与客户交流，传递客户化解决方案，并获取客户反馈；同时将客户反馈传递给相关部门。

## 8.5 管理价值——满意度及信心

当企业每年关注 4 件事情时，企业会变得更有生产力：

（1）客户满意度（客户满意和不满意的等级和原因）。

（2）细分（企业服务的市场）。

（3）客户（服务的客户）。

（4）产品组合（企业提供的产品和服务）。

营销投资收益率是在营销研究，产品开发，营销沟通，培训和开发的活动上的投资的所有收益的证明。

通过作为年度营销计划努力的一部分的 4 点有规律的关注，证明营销的生产力，客户满意度，细分（市场）服务，这些市场服务的客户，为客户提供的产品和服务。当证明了营销的生产力，自然跟随的是企业的成功。

管理客户价值方面，如表 8－1 所示，主要完成的任务为：

（1）评估与革新。最优秀的营销者不会停滞不前，他们着眼于新产品的开发评估自己的营销战略，做出改变和革新。

（2）营销问责。营销不力的组织认为，建设强有力品牌的途径就是大把扔钱。

这样的营销犹如江湖骗子，号称是战略，最终只是自己骗自己。

(3) 在组织内担当变革因子。世界上最优秀的营销者的座右铭是"如果没有毁坏，就修好它。"这样，他们就成为自己组织内促进转化的因子。而最糟糕的营销者座右铭则是"好得差不多就不要动它。"

成功的营销机构每天都在应用这10个秘诀(见表8-1)。这些秘诀看起来显而易见，公司会犯错是因为不知道如何应用这些秘诀。然而，成功的市场营销人员知道，他们需要做的远超过市场战略规划和实施中所包含的那些基本工作，他们需要争取到客户、证明营销的价值，成为他们商业组织中的变革推动者。

管理客户价值的阶段类似于船上的舵，它能够使企业不断地修正战略和战术。

对于民机的管理价值重点在于长期持续跟踪。持续信息的收集、整理与分析，协助建立完善的客户数据库，从而为产品营销方案的制订等提供支持。通过客户信息反馈，明确每次价值传递的效果，从而为再次发现和创造价值提供依据。

本书从营销策略、营销工具、客户关注点、客户沟通、跨文化营销、商务谈判交流和客户满意度等多方面概要描述民机的传递价值、管理价值。旨在通过合理的营销工具和沟通方式，将所发现和创造的客户价值不失真的传递给客户，同时获得客户的反馈用于反补之前发现和创造的客户价值，是非常重要的一个环节。最后通过客户满意度及信心来管理客户价值，实现价值闭环。

## 8.6 民机价值营销

1) 指导思想

民机销售支援的指导思想是为客户提供满意的解决方案，基础能力是可以提供完整的解决方案。

市场营销管理的指导思想最初以"生产观念"和"产品观念"为指导思想，继而以"推销观念"为指导思想；第二次世界大战结束后，又逐渐演变为"市场营销观念"。到20世纪70年代，又提出了"社会市场营销观念"对"市场营销观念"进行了补充。

市场营销观念的核心是正确处理企业、客户和社会三者之间的利益关系，应同时考虑到客户的需求与愿望的满足、客户和社会的长远利益、企业的营销效益，做到以客户为中心，进行整体营销活动，实现客户满意和达成企业盈利率目标。市场营销的过程其实可以理解成企业为客户甚至社会进行价值创造和沟通的过程。

市场销售中的客户解决方案正是用于实现上述观念的实例。销售一般可分为对比式销售和咨询式销售两种，前者仍更多地站在企业角度实施销售，而后者则更多考虑客户和社会需求进而实施销售，对于大宗商品销售，尤其是民机双寡头垄断的市场更需要咨询式销售。市场销售中的客户解决方案就是一种咨询式销售的实际手段，通过咨询式销售进行价值沟通，为企业、客户和社会同时创造价值。同时，该方案也迎合了市场营销观念的新发展方向，通过客户解决方案的提出，不仅能帮助企业创造需求，而需求就是价值的前提，即"创造需求的营销观念"，也能帮助企业与客户建立更为紧密的关系，即“关系市场营销观念”。

客户价值的体现贯穿于民机制造各个环节，包括研发、生产、试验、试飞和客服等。散落在各个环节上的客户价值体现，需要一个专业来统筹规划，并将公司有限资源最大化利用起来。客户价值研究立足于回答我们的客户是谁、客户的状态怎样以及如何更好地满足客户需求这三方面的问题。

客户价值体现了航空公司的核心地位。航空运输业是航空产业发展所围绕的核心之一。制造商研究产品在客户中的价值，是民机发展必经之路。客户价值是求解民机市场激烈竞争问题的关键。虽然民机呈现寡头竞争，但新进入者和现有企业之间仍存在激烈的市场竞争。只有充分研究和理解客户价值，才能不断创造新的客户价值，增强竞争力。此外，客户价值研究必将对制造商优化及配置各项资源起到战略性的指引作用。例如，2/8 准则说明 20%的客户创造 80%的利益，企业应竭力发现 20%的客户所在。企业资源与客户需求的矛盾要求民机制造商充分地进行市场细分、目标市场选择和市场定位等价值研究。

空客公司组织体系中有专门提供机队解决方案、机队网络和盈利能力的部门，隶属市场部门。空客公司的市场部培训主管保罗·克拉克更是就相关理论整合成了《大飞机选购策略》一书，引导航空公司飞机采购决策，对国内航空公司也产生较大影响。

波音公司也充分借鉴麻省理工等研究成果，推广飞机航线规划理论和方法，协助完成飞机营销。例如航线市场需求的正态分布特性，$K$ 因子等。

巴航工业公司从专门提供机队和航线网络规划的解决方案供应商——Sabre 公司聘请专家，补充市场部门该方面能力。巴航工业曾在 Sabre 公司协助下，用其支线机产品完成荷兰航空公司 Fokker 飞机替换需求的机队和航线网络规划。

客户：航空公司在向飞机制造商发出信息征询书（request for information，RFI）和邀标书（request for proposal，RFP）时，也要求飞机制造商为其提供机队和航线网络规划。根据与航空公司的交流可知，他们需要该方面服务的主要原因是：①期望获得不同视角的规划观点；②没有足够的人力资源和技术储备完成该方面细化（多见于中小航空公司）。大型航空公司期望飞机制造商能在机队和航线网络规划方面与其平等对话，实现价值沟通。制造商的方案往往作为参考依据。中小型航空公司期望飞机制造商能在机队和航线网络规划方面对其进行指导，实现价值传递。制造商的方案往往会被直接使用。例如，波音公司为厦航提供，B787 飞机基于 O&D 市场运营厦门—洛杉矶等的航线规划。

2）定位

经济基础决定上层建筑，对于市场营销观念来说也是同样的道理，经济是基础，无论市场营销观念如何变化和发展，最终的目的仍然是经济。因此，提出客户解决方案的根本目的也仍旧是经济，对市场营销体系而言，非常通俗地说，就是“卖飞机”。

将“卖飞机”的根本目的通过价值创造和沟通的理念进行思考，从企业和客户的角度分别来看，主要有以下两个目的：

(1) 成为市场营销体系乃至公司战略决策的“智囊团”。深入了解客户，知己知彼，做到销售时心里有底。深入了解客户不但可以明确客户潜力，进而确认市场销售投入力度大小的区别。同时可以发掘销售卖点——为产品创造价值，和发掘销售成功的关键点——为价值沟通提供便利。

(2) 成为客户战略发展和运营的“咨询师”。实现对客户的咨询式销售，促进更成功的销售。更多地站在客户立场考虑，可以更好的发掘客户需求——为产品发掘新的价值增长点，更好地与客户建立长久“信任”的营销新关系——为长期价值沟通提供便利。

制造商提供增值服务的完整解决方案的优势在于：①由于对自身产品的熟悉使得完成相同工作所需成本低于航空公司，如航线网络规划、机场和航线适应性分析等；②从不同视角提供给航空公司更多的看法。对制造商的作用是通过增值服务的提供，可提高产品价值，进而达到卖飞机的目的，即可以让客户为制造商提供价值。

以客户为中心，连接市场、研制、财务和客服等公司内部资源，成为客户整体解决方案的提供者。

首先，市场部门是“客户价值评估，含安全运营和盈利能力评估”的责任主体，并以此支持市场部门决策是否向该客户营销飞机和如何营销等。

其次，市场部门是“客户整体解决方案”“客户机队和航线网络规划解决方案”和“客户产品需求解决方案中的优化运营”的实施主体。

最后，“客户产品需求解决方案中的产品优化”“客户融资解决方案”和“客户服务支持解决方案”方面，提供客户需求收集、分析和分类，为相关部门提供支持。

详细规划如图 8－3 所示，其中深色部分为市场体系主导完成，其余部分为市场支持，并参与完成。其中客户产品需求解决方案对口研制部门，客户机队和航线网络规划解决方案对口市场部门，客户融资解决方案对口财务部门，客户客服支持解决方案对口客服部门。

3) 规划

所谓价值研究，即发现价值、创造价值、传递价值和管理价值这一循环过程。客户价值研究以挖掘目标客户为基础，以客户价值为立足点，通过这 4 个步骤分析研究，为市场营销提供支持。

在产品设计或优化阶段，价值集中于提升产品价值和服务价值。在产品完成阶段，主要价值在于提供产品价值之外的附加值，即服务价值。

客户价值研究的前提是挖掘目标客户。结合已有的研究成果，对全球航空市场预测、市场竞争环境、机型发展、航空公司运营模式分类及发展趋势进行深入、全面的研究，锁定潜在目标市场，明确潜在客户。

借鉴空客和波音公司成熟的营销体系，对口航空公司的规划、市场、财务、运控和维护等部门职责和需求，客户价值研究主要以“客户线”的思维模式，针对具体航

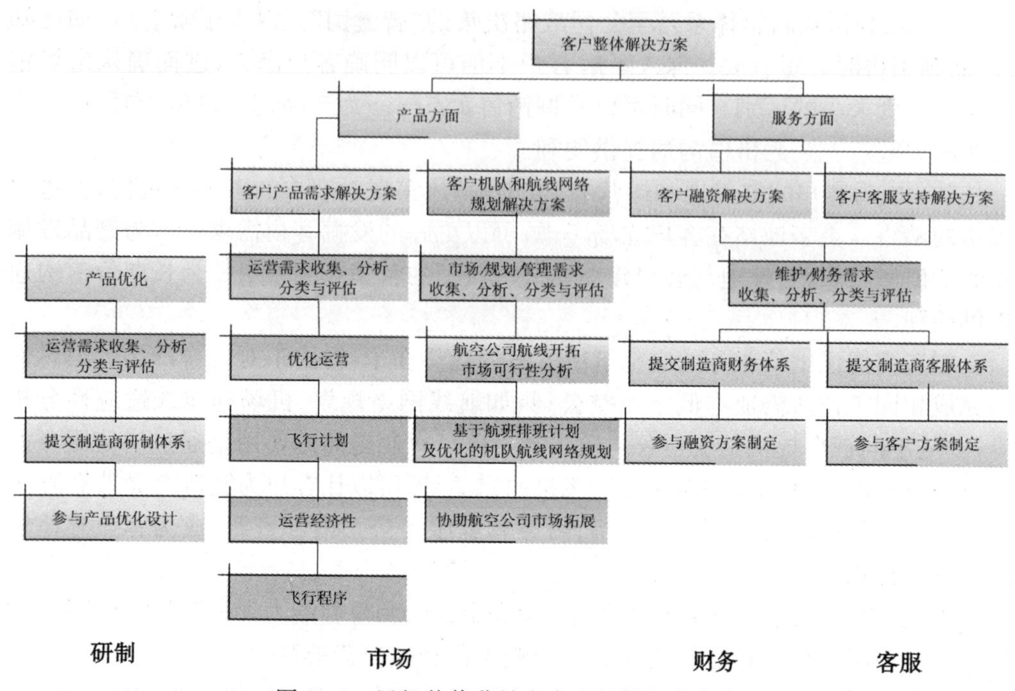

图 8-3 民机价值营销之客户整体解决方案

空公司,涉及如下领域:

(1) 客户战略研究及客户价值分类评估。

(2) 客户产品需求分析与评估。

(3) 客户市场分析与评估及机队和航线网络规划。

(4) 客户财务分析与评估及融资方案研究。

(5) 客户运营分析与评估及客服方案研究。

一般的流程为:客户价值信息收集、客户价值分析与评估和客户解决方案策划。主要方法论为:4P/4C 模型、STP(市场细分、目标市场及市场定位)、五力模型、SWOT、PEST、价值链模型、钻石模型、波士顿矩阵、德尔菲法(专家打分法)、马斯洛需要动机理论、焦点小组、深度访谈、头脑风暴会议、时序分析、回归分析、因果分析、对比分析、集中度分析、统计分析和运筹规划等。这些都已经在本书中给予提及,主要内容如图 8-4 所示。

最终针对不同客户,整合制造商各项资源,提供满意的客户解决方案。

客户价值研究
客户信息收集
客户分析与评估
策划解决方案
客户战略信息收集
客户市场信息收集
客户财务信息收集
客户运营和维护信息收集
客户运营和维护分析与评估
客户管理分析与评估
客户市场和战略分析与评估
客户财务分析与评估
客户整体解决方案
客户产品需求解决方案
客户机队和航线网络规划解决方案
客户融资解决方案
客户客服支持解决方案

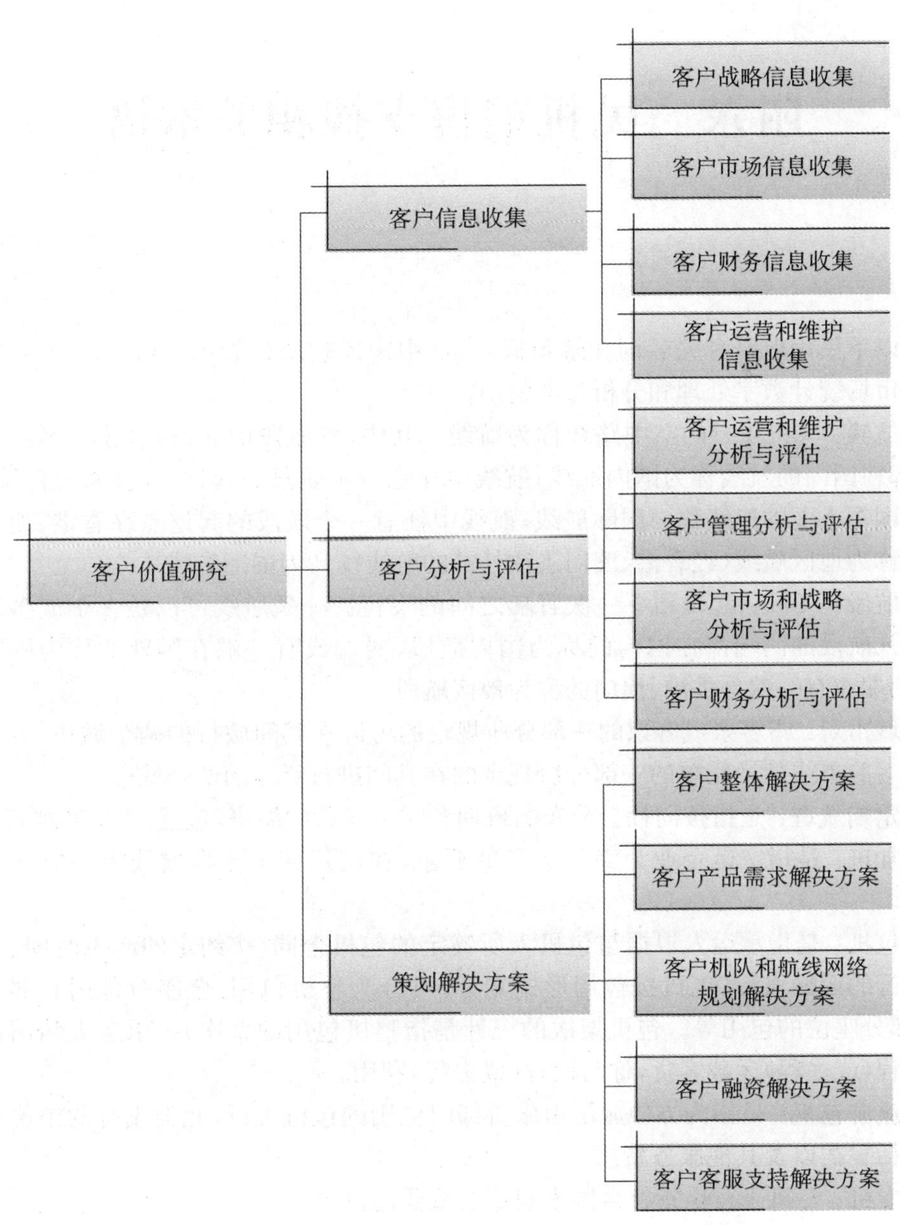

图 8-4　规划

# 附录　民机销售支援相关术语

以下民用航空有关名词和解释摘录自《中国民航统计管理办法》(2008 年),供航空市场统计数字处理和分析参考使用。

**航线**:飞机飞行的空中路线称为航线。其中,各航段的起讫点(技术经停点除外)都在国内的航线称为国内航线;航线中任意一个航段的起讫点(技术经停除外)在外国领土上的航线称为国际航线;航线中任意一个航段的起讫点在香港、澳门的航线称为地区航线(经香港、澳门飞往外国的航线统计为国际航线)。

**航段**:飞机从起飞到下一次着陆之间的飞行。一条航线可以是一个或多个航段。凡航段的两端都在国内的称为国内航段,两端或有一端在国外的称为国际航段,两端或有一端是香港、澳门的称为地区航段。

**城市对**:指客票或客票的一部分所规定的可以在其间旅行的两个城市,或者根据货运舱单或货运舱单的一部分所规定的在其间进行货运的两个城市。

**定期航班**:是指按向社会公布的班期和时刻运营的航班,包括:正班和加班。

**加班**:是指空运企业为满足运量的要求,在已运营的定期航线上临时增加的航班。

**包机**:是指承运人根据与包机人所签定的包机合同,按约定的起飞时间、航线所进行的运输飞行(包机按包用形式划分,可分为整机包用、全座舱包用和部分舱位、部分座位的包用等。包机架次的统计是指整机包用的架次)。承运人利用包机的回程(或去程)运载客货,称为回程(或去程)利用。

**旅游包机**:是指为方便旅游由旅游部门包用的包机飞行,此类飞行的票价有时还包括食宿以及其他服务费用。

**专机**:专机飞行是指符合国家规定的重要包机飞行。

**起飞架次**:指航空器(以下均简称飞机)在航空运输飞行过程中的起飞次数。其中,航空运输是指利用飞机从事民用商业航空运输。民用商业航空运输指为取酬而向社会公众提供的定期或不定期的运送旅客、货邮的飞行活动。起飞次数等于飞机的着陆次数或飞行的航段数。

**飞行(轮档)小时**:指从飞机滑动前撤除轮档起至飞机着陆停稳后安放轮档止

的全部时间，为方便操作，可以计为飞机靠自身动力开始滑动起至飞行航段结束滑至停机位置的全部时间，即飞机地面滑行时间和空中飞行时间之和。如某个航段的飞行时间，应等于飞机在该航段的空中飞行时间与在地面起飞、降落时的滑行时间相加。

**飞行里程**：指运输飞行的公里数。计算方法为航段距离与在该航段上完成的航班数的乘积之和，航段距离按收费距离计算。

**旅客运输量**：指运输飞行所载运的旅客人数。成人和儿童各按一人计算，婴儿因不占座位不计人数。一个航班的旅客运量表现为飞机沿途各机场旅客的始发运量之和。其中，机场旅客始发运量是指客票确定的以本机场为起点，始发乘机的旅客。统计时，每一特定航班（同一航班）的每一旅客只应计算一次，不能按航段重复计算。唯一例外的是，对同一航班上的既经过国内航段、又经过国际航段的旅客，应同时统计为一个国内旅客和一个国际旅客。不定期航班运送的旅客则每一特定航班只计算一次。

**货物运输量**：指运输飞行所载运的货物重量，货物包括外交信袋和快件。原始数据以公斤为计算单位。统计方法与旅客运输量一致，即每一特定航班（同一航班）的货物只应计算一次，不能按航段重复计算，但对既经过国内航段、又经过国际航段航班的货物，则同时统计为国内货物和国际货物。不定期航班运送的货物每一特定航班（同一航班）只计算一次。

**邮件运输量**：指运输飞行所载运的邮件重量。原始数据以公斤为计算单位。统计方法与货物运输量一致。

**旅客周转量**：反映旅客在空中实现位移的综合性生产指标，体现航空运输企业所完成的旅客运输工作量。计算单位为人公里（或称“客公里”）和吨公里。计算公式：

旅客周转量（人公里）$=\sum$（航段旅客运输量（人）× 航段距离（公里））

旅客周转量（吨公里）$=\sum$（（航段成人数＋航段儿童数 /2＋航段婴儿数 /10）× 旅客重量 /1000 × 航段距离）

旅客重量，成人按 90 kg 计算（含行李），儿童、婴儿分别按成人重量的 1/2 和 1/10 计算。

**货物周转量**：反映航空货物在空中实现位移的综合性生产指标，体现航空运输企业所完成的货物运输工作量。计算单位为吨公里。计算公式：

货物周转量（吨公里）$=\sum$［航段货物运输量（吨）× 航段距离（公里）］

**邮件周转量**：反映航空邮件在空中实现位移的综合性生产指标，体现航空运输企业所完成的邮件运输工作量。计算单位为吨公里。计算公式：

邮件周转量（吨公里）$=\sum$［航段邮件运输量（吨）× 航段距离（公里）］

**运输总周转量**：反映旅客、货物、邮件在空中实现位移的综合性生产指标，综合体现航空运输工作量。以吨公里为计算单位。计算公式：

$$运输总周转量 = 旅客周转量(吨公里) + 邮件周转量 + 货物周转量$$

$$或 = \sum[航段载量之和(吨) \times 航段距离]$$

**可提供座位**：指可以向旅客出售客票的最大商务座位数。

**可提供客公里**：指每一航段可提供座位与该航段距离的乘积之和，反映运输飞行运载能力。计算式：

$$可提供客公里 = \sum[航段可提供座位数 \times 航段距离(公里)]$$

**客座利用率**：指实际完成的旅客客公里与可提供客公里之比，反映运输飞行中的座位利用程度。计算式：

$$客座利用率(\%) = \frac{旅客周转量(万人公里)}{可提供客公里(万人公里)} \times 100\%$$

对某一具体的航段，可按以下式直接计算：

$$客座利用率(\%) = \frac{航班载客人数}{航班可提供座位} \times 100\%$$

**可提供业载**：指飞机每次运输飞行时，按照有关参数计算出的飞机在该航段上所允许装载的最大商务载量。

**可提供吨公里**：指可提供业载与航段距离的乘积，反映运输飞行中飞机的综合运载能力。计算公式：

$$可提供吨公里 = \sum[可提供业载 \times 航段距离(公里)]$$

**载运率**：指运输飞行所完成的运输总周转量与可提供吨公里之比，综合反映飞机运载能力的利用程度。计算式：

$$载运率(\%) = \frac{运输总周转量(万吨公里)}{可提供吨公里(万吨公里)} \times 100\%$$

对某一具体航段，可按以下公式直接计算：

$$载运率(\%) = \frac{航班实际业载(吨)}{航班可提供业载(吨)} \times 100\%$$

**飞行小时生产率**：指每一运输飞行小时平均所完成的吨公里数，以“吨公里/时”为计算单位。计算式：

$$飞行小时生产率(吨公里/时) = \frac{报告期运输总周转量(万吨公里)}{运输飞行小时} \times 10\,000$$

**平均运程**：指旅客、货物、邮件的平均运送里程，以公里为计算单位。计算公式：

$$平均运程(公里) = \frac{运输总周转量(万吨公里)}{运输量(吨)} \times 10\,000$$

其中，运输量等于旅客换算重量加货物、邮件重量。

对旅客、货物、邮件分别计算平均运程的计算公式是：

$$旅客平均运程 = \frac{旅客周转量(万人公里)}{旅客运输量(人)} \times 10\,000$$

$$货物平均运程 = \frac{货物周转量(万吨公里)}{货物运输量(吨)} \times 10\,000$$

$$邮件平均运程 = \frac{邮件周转量(万吨公里)}{邮件运输量(吨)} \times 10\,000$$

**航线条数**：指定期航班营运的航线条数。按国内航线（其中：港澳航线）、国际航线分类统计。

**营运里程**：指定期航班营运里程的总长度。航线里程的统计分为按重复距离计算和按不重复距离计算两种形式。“按重复距离计算”是指不同航线的相同航段距离可以重复累加；“按不重复距离计算”则指不同航线相同航段只统计一次。

**通航国家和地区**：指我国民航定期航班所通航的我国以外的其他国家和地区。

**通航城市**：指我国民航定期航班所通航的国内外城市。其中，国内航线通航城市，是指我国民航在国内通航的城市；国际航线通航城市，是指我国民航在国外的通航城市；内地通航香港、澳门城市，特指内地城市中与香港、澳门地区通航的城市。

**通用航空**：是指使用民用航空器从事公共航空运输以外的民用航空活动，包括从事工业、农业、林业、渔业和建筑业的作业飞行以及医疗卫生、抢险救灾、气象探测、海洋监测、科学实验、教育训练、文化体育等方面的飞行活动。

**期末航空器架数**：指报告期末实有的、持有有效适航证书的航空器数量。

**在册航空器平均架数**：指报告期内已到货并正式投入运营的航空器平均架数。计算公式：

$$在册航空器平均架数(架) = \frac{报告期在册航空器架日数}{报告期日历天数}$$

其中：$在册航空器架日数 = \sum(在册航空器架数 \times 日历天数)$

计算在册航空器平均日利用率时使用的架日数应扣除以下架日：

——航空器到货至投入正式营运飞行之前的架日；

——最后一次收费飞行后直至报废前的架日；

——由于事故或改装停飞架日；

——办理正式借调手续，借调其他经营者使用的架日；

——政府指令停场架日；

其他所有天数(包括维修和大修停场天数)架日均应计算在册。

**可用航空器平均架数**：指报告期内航空器技术状态处于完好的平均架数。计算公式：

$$可用航空器平均架数 = \frac{报告期可用航空器架日数}{报告期日历天数}$$

其中：$可用航空器架日数 = \sum(可用航空器架数 \times 日历天数)$

可用航空器架日分为飞行架日和备用架日，飞行架日指报告期内航空器的实际飞行架日；备用架日则是指报告期内航空器停留基地，随时可以提供飞行的架日。

**起飞架次**：指航空器的实际起飞次数。包括运输起飞架次以及其他各种飞行性质的起飞架次。航线运输飞行中的起飞架次等于飞机的着陆次数或飞行的航段数。

**平均每机飞行小时**：指报告期内的平均每架航空器的飞行小时，是反映航空器利用程度的指标。平均每机飞行小时按航空器在册和可用的平均架数分别计算。

计算公式：

$$平均每机飞行小时(在册) = \frac{报告期飞行小时合计}{报告期在册航空器平均架数}$$

$$平均每机飞行小时(可用) = \frac{报告期飞行小时合计}{报告期可用航空器平均架数}$$

**平均每机日生产飞行小时**：亦称航空器平均日利用率，是指报告期内在册或可用航空器平均每天实际执行的生产飞行小时数，是衡量航空器利用程度的主要指标。计算公式为

$$在册航空器日利用率 = 报告期生产飞行小时 / 在册航空器平均架数 / 报告期日历天数$$

$$可用航空器日利用率 = 报告期生产飞行小时 / 可用航空器平均架数 / 报告期日历天数$$

**航空器可用率**：指报告期内可用航空器架日与在册航空器架日的比例，用于表明航空器的完好程度。

**机场**：指供飞机起飞、降落、滑行、停放以及进行其他活动使用的划定区域，包括附属建筑物、装置和设施。

**运输机场**：指主要为定期航班运输服务的机场。按航线类别分为国内航线定期航班机场和国际航线定期航班机场。机场飞行区按照飞行区指标Ⅰ和指标Ⅱ进行分级。

**飞行区指标Ⅰ**：按拟使用机场跑道的各类飞机中最长的基准飞行场地长度，分

为1、2、3、4四个等级。

| 飞行区指标Ⅰ | 飞机基准飞行场地长度/m | 飞行区指标Ⅰ | 飞机基准飞行场地长度/m |
|---|---|---|---|
| 1 | ＜800 | 3 | 1200～＜1800 |
| 2 | 800～＜1200 | 4 | ≥1800 |

**飞行区指标Ⅱ**：按使用该机场飞行区的各类飞机中的最大翼展或最大主起落架外轮外侧边的间距，分为A、B、C、D、E、F六个等级，两者中取其较高等级。

| 飞行区指标Ⅱ | 翼展/m | 主起落架外轮外侧边间距/m |
|---|---|---|
| A | ＜15 | ＜4.5 |
| B | 15～＜24 | 4.5～＜6 |
| C | 24～＜36 | 6～＜9 |
| D | 36～＜52 | 9～＜14 |
| E | 52～＜65 | 9～＜14 |
| F | 65～＜80 | 14～＜16 |

**通用航空机场**：指专用于通用航空生产活动，即从事为工农业生产服务的作业飞行以及文化体育运动、教学、校验、游览等作业飞行的机场。

**直升机机场**：全部或部分用于直升机的起降和地面活动的机场，包括直升机使用的建筑物顶平面、海上船(平)台和陆地上的起降点。

**停航保管机场**：由于各方面的原因，暂停营运(使用)的机场。

**起降架次**：指报告期内在机场进出港飞机的全部起飞和降落次数，包括定期航班、非定期航班、通用航空和其他所有飞行的起飞、降落次数。起飞和降落各算一次。

**高峰日起降架次**：指一个机场报告期(按一年计算)内飞机起降最多一天的起降架次数。

**高峰小时起降架次**：指报告期内“典型高峰小时起降架次”。“典型高峰小时起降架次”是指将报告期(按一年计算)内机场每个小时的飞机进出港的起降架次按数值大小排列(以整点小时计算)，第30个高峰值的起降架次就称为典型高峰小时起降架次。

**运输起降架次**：指报告期内机场运输飞行起降的次数。起飞、降落各算一架次。

**旅客吞吐量**：指报告期内进港(机场)和出港的旅客人数，以人为计算单位。其中：成人和儿童按一人次计算，婴儿不计人次。

**进港旅客**：指旅程终止于本机场的旅客和联程旅客。

**出港旅客**：指由本机场始发的旅客和中转飞机的联程旅客。其中：始发旅客指客票确定的以本机场为起点，始发乘机的旅客。联运旅客指购买联程客票在本机场中转飞机的旅客。

**过站旅客**：指仍要乘坐到达本机场的航班(同一航班号)继续其航程的旅客。过站旅客单独统计，但计算吞吐量时只统计一次。

**货邮吞吐量**：指报告期内货物和邮件的进出港数量，以公斤和吨为计算单位。其中货物包括外交信袋和快件。汇总时，以吨为计算单位，保留一位小数。进港货邮和出港货邮的统计方法、范围与进港旅客和出港旅客相同。

**出港平均客座利用率**：指报告期内机场出港航班承运的旅客数与航班可提供的座位数之比。反映机场出港航班座位的利用程度。计算出港航班平均座位利用率时所使用的出港旅客数应同时包括出港航班上的始发旅客、联运旅客和过站旅客，出港航班座位数则应是该航班可提供的全部座位数，而非只是在本机场可提供的座位。计算公式：

$$\text{出港平均客座利用率}(\%)=\frac{\sum[\text{出港旅客(人)}+\text{过站旅客(人)}]}{\sum[\text{航班可提供座位数(个)}]}\times 100\%$$

**出港平均载运率**：指报告期内机场出港航班承运的旅客、货物、邮件重量(吨)与航班可提供业载之比(计算标准与出港平均客座利用率相同)。反映机场出港航班吨位的利用程度。用百分比表示。计算公式：

$$\text{出港平均载运率}(\%)=\frac{\sum[\text{出港载量(吨)}+\text{过站载量(吨)}]}{\sum[\text{商务可提供业载(吨)}]}\times 100\%$$

以上公式中的载量计算，货物和邮件按实际过磅重量计算，旅客重量按每个成人旅客 90 kg 计算，儿童和婴儿重量分别按成人重量的 1/2 和 1/10 计算。

**高峰日旅客吞吐量**：指报告期(按一年计算)内，日旅客吞吐量最多一天的进出港旅客数。

**高峰小时旅客吞吐量**：指“典型高峰小时旅客吞吐量”。所谓“典型高峰小时旅客吞吐量”是指将机场在报告期(按一年计算)内每个小时的旅客进出港人数按数值大小排列(以整点小时计算)，第 30 个高峰值的旅客进出港人数就称为典型高峰小时旅客吞吐量。

**飞行事故**：指自任何人登上飞机准备飞行直至这类人员下飞机为止的时间内，飞机在运行过程中发生人员伤亡，飞机损坏的事件为飞行事故。

(1) 特别重大事故：指凡属下列情况之一的，统计为特别重大事故：

a. 人员死亡，死亡人数在 40 人及其以上；

b. 飞机失踪，机上人员在 40 人及其以上。

(2) 重大飞行事故：指凡属下列情况之一的，统计为重大飞行事故：

a. 人员死亡，死亡人数在 39 人及其以下；

b. 航空器严重损坏或迫降在无法运出的地方（最大起飞全重在 5.7 t 及以下的航空器除外）；

c. 飞机失踪，机上人员在 39 人及其以下。

(3) 一般飞行事故：指凡属下列情况之一的，统计为一般飞行事故：

a. 人员重伤，重伤人数在 10 人及其以上；

b. 最大起飞重量 5.7 t（含）以下的飞机严重损坏，或被迫降落在无法运出的地方；

c. 最大起飞重量 5.7～50 t（含）的飞机一般损坏，其修复费用超过事故当时同型或同类可比新飞机价格的 10%（含）者；

d. 最大起飞重量 50 t 以上的飞机一般损坏，其修复费用超过事故当时同型或同类可比新飞机价格的 5%（含）者。

**飞行事故伤亡人数**：①死亡人数，指凡自飞机发生事故起 30 天内，由于本次事故导致的致命死亡人数。②重伤人数，指机上人员在飞行事故中受伤，经医师鉴定符合下列情况之一的。

a. 自受伤日起 7 天内需要住院 48 小时以上；

b. 造成任何骨折（手指、足趾或鼻部单纯折断除外）；

c. 引起严重出血的裂口，神经、肌肉或腱的损坏；

d. 涉及内脏器官受伤；

e. 有二度、三度或超过全身面积 5%以上的烧伤；

f. 已证实暴露于传染物质或有伤害性辐射；

g. 飞行事故伤亡人数分为：机组伤亡人数，乘务、保卫员伤亡人数，旅客伤亡人数。

**飞行事故率**：指报告期内重大以上飞行事故的发生频数。

(1) 每十万架次重大以上飞行事故率：指飞机平均每十万起飞、降落架次发生的重大以上飞行事故频数。计算公式：

$$\text{每十万架次重大以上飞行事故率} = \frac{\text{报告期内重大以上飞行事故发生次数}}{\text{报告期内起降架次}} \times 100\,000$$

(2) 每亿飞行公里重大以上飞行事故率：指飞机平均每亿飞行公里发生的重大以上飞行事故频数。计算公式：

$$\text{每亿飞行公里重大以上飞行事故率} = \frac{\text{报告期内重大以上飞行事故发生次数}}{\text{报告期内飞行公里}} \times 100\,000\,000$$

(3) 每十万飞行小时重大以上飞行事故率：指飞机平均每十万飞行小时发生的重大以上飞行事故频数。计算公式：

$$每十万飞行小时重大以上飞行事故率=\frac{报告期内重大以上飞行事故发生次数}{报告期内飞行小时}\times 100\,000$$

(4) 每亿客公里旅客死亡率：指平均每亿旅客客公里发生的旅客死亡人数。计算公式：

$$每亿客公里旅客死亡率=\frac{报告期内旅客死亡人数}{报告期内旅客客公里}\times 100\,000\,000$$

**飞行事故征候**：航空器飞行实施过程中发生的未构成飞行事故或航空地面事故但与航空器运行有关，影响或可能影响飞行安全的事件。

**严重飞行事故征候**：航空器飞行实施过程中几乎发生事故情况的飞行事故征候。

**训练飞行事故征候**：培养飞行学生的院校或被局方批准的训练机构，使用最大起飞重量 5700 kg 以下(含)的航空器和 2730 kg 以下(含)的直升机，从事训练飞行时发生的飞行事故征候。

**飞行事故征候率**：指报告期内飞行事故征候的发生频数。统计指标主要有：

(1) 每十万起降架次飞行事故征候率；

(2) 每十万飞行小时飞行事故征候率。

其计算方法与航综统 15 表《飞行事故统计表》中飞行事故率指标的计算方法相对应。

**航空地面事故**：指在机场特定区域内发生的飞机、车辆、设备、设施损坏和人员死亡事故。特定区域是指跑道、滑行道、客机坪、停机坪、维修坪和机库。

**事故等级**：事故等级分为特大、重大和一般。其中：

特大航空地面事故：死亡人数 10 人(含)以上或直接经济损失 500 万元(含)以上。

重大航空地面事故：死亡人数 4～9 人或直接经济损失 100 万元(含)～500 万元(不含)。

一般航空地面事故：死亡人数 1～3 人或直接经济损失 10 万元(含)～100 万元(不含)。

**航段班次**：指班期航班计划公布的定期航班的起降班次。航班的每一次起降为一个航段班次。航班正常统计以航段班次为统计单位。

**正常航班**：符合以下条件的航班为正常航班。

(1) 在班期航班计划公布的离站时间后 15 分钟(北京、上海/浦东、广州机场 25 分钟，上海/虹桥、深圳机场 20 分钟)内正常起飞的航班；

(2) 在班期航班计划公布的到达时间开客舱门的航班。

**不正常航班**：凡有下列情况之一的为不正常航班。

(1) 不符合正常航班全部条件的航班。

(2) 发生返航、改航和备降等不正常情况的航班。

(3) 未经民航总局或地区管理局主管部门批准，航空公司自行改变计划的航班。

**航班正常率**：指正常航段班次与计划航段班次之比，用百分比表示。计算公式：

$$航班正常率(\%)=\frac{正常航段班次}{计划航段班次}\times 100\%$$

**不正常航班原因分类**：

(1) 天气原因：天气条件低于机长最低飞行标准；天气条件低于飞机最低运行标准；天气条件低于机场运行标准；因天气临时增减燃油或装卸货物；因灾害性天气造成机场或航路通信导航设施损害；因降雨跑道积水或因降雪跑道积雪、积冰、为绕避影响安全的灾害性气象条件而改变航路；因高空逆风超过标准航段运行时间。

(2) 流量控制原因：等待飞行高度层许可；调整航路飞行间隔；航路、航路机场或目的地机场的飞行间隔限制；调整跑道、滑行道间隔；进近着陆排序、等待。

(3) 工程机务原因：飞机机械故障(不包括"最低放行清单"MEL允许的不工作项目)；例行的维修检查工作未按时完成；机务地面勤务工作未按时完成；等待地面支持设备(电源车、气源车)；因技术原因更换飞机；未按时将飞机拖至停机坪；加滑油、液压油等工作未按时完成。

(4) 运输服务：值机未按时办完乘机手续；值机手续出差错；值机文件有错误或未按时完成；处理超售旅客；售票部门出票错误；旅客上错飞机；等待转港旅客行李；未按时装卸完货物、行李和邮件；货物包装和装载不按规定；发布登机时间晚；航空公司代理的地面保障设备故障/临时调换等造成航班晚关机门或航班延误。

(5) 机场设施：机场跑道、滑行道等道面损坏或灯光故障；飞行场地有杂物，损坏飞机轮胎或打坏发动机；登机桥和运送行李传送带等设备故障；候机楼停电；离港系统电脑故障；停机位安排不当、登机口不足影响上客、加油等保障工作不能按时完成；机场负责的摆渡车和客梯车没有按时到位，影响旅客登机；飞机起降时，因鸟群损坏飞机、发动机或影响飞机起降；广播登机信息不及时或广播系统故障。

(6) 航行保障：因通信联络不畅(电报传递不及时，漏传、漏电报，电话不通等)原因造成关闭航路，降低航路流量；导航、雷达设备故障或未按时开机等原因而降低机场开放标准，降低空中交通流量和关闭航路；没有及时提供气象情报资料；航行情报传递、供应不及时或有错误。

(7) 空勤人员：因空勤人员晚到或空勤组人员不齐；空勤组要求对飞机机械做检查；空勤组要求加注或抽出燃油；空勤组要求证实机上人数；空勤组人员身体健康问题；空勤组违犯纪律；空勤组要求改变飞机起飞全重而延误货物装卸。

(8) 公司计划：航班计划中的过站时间少于最少过站时间；航班计划中的航段飞行时间少于规定的时间，造成航班晚到，影响下个航班的正常执行；航空公司基地站无飞机执行航班任务;临时调整航班计划;市场客货不足,航班临时合并;航班改变,但该机型的飞行时间和过站时间与原机型不同;未经民航总局批准,航空公司自行改变航班计划;航班比航班计划公布的到达时间早到 15 分钟以上。

(9) 场区秩序:人、畜、车辆进入跑道或滑行道;候机区秩序混乱,办理乘机手续和登机不能正常进行。

(10) 禁航:重要飞行;重大科学试验飞行;军事活动(军事演习、军事训练等);敌情情报;国家或军事领导机关指示。

(11) 飞机清洁:未按时完成飞机客舱清洁工作;飞机清洁设备故障。

(12) 食品供应:未按时提供预定的机上食品和饮料;未按预定的份数和要求提供机上食品和饮料;提供的食品和饮料不符卫生要求。

(13) 油料保障:未按计划供油;未按时加油;油品质量不符合规定要求;加油设备故障;加油时造成飞机损坏。

(14) 安全检查:安全检查设备故障;安全检查人员、设施不足;没有及时进行安全检查;扣留旅客未及时通报有关部门;漏盖安检章,漏查旅客。

(15) 联检:联检部门未按时放行机组、旅客;联检要求旅客下飞机;联检部门设施不足;联检机构人员不足、业务不熟而延长办理时间。

(16) 地面事故:地面车辆撞坏飞机或发动机;发动机尾流吹坏飞机。

(17) 飞行事故:在飞行过程中发生的飞行事故。

(18) 旅客:因重要客人;团体旅客晚到,人数较多,安排其他航班有困难,等旅客到齐;旅客购物、就餐、打电话、聊天、听不到或听不懂广播、睡觉等原因没有按时登机;证件不符合要求,携带危禁品,行李超大超重;旅客突然发病;旅客托运了行李,因证件等原因不能乘机而重新装卸行李;旅客未按规定托运行李,再补办托运;旅客帮不认识的人托运行李被发现而翻舱装卸行李;旅客丢失登记牌,重新办理乘机手续;走错登机口或休息室;过站旅客为领登机牌,或不是过站旅客领取登机牌,造成旅客人数不符;中转旅客时间不够,或转机旅客对航空公司的规定不理解,不下飞机或不上飞机;旅客登机后因急事要下飞机终止旅行,本次航班重新进行客舱或行李安全检查;旅客带小孩未买票,被查出后补票;旅客中的突发事件;登机后找失物;等待被驱逐出境的旅客上飞机。

(19) 空防:航班运行中遭劫持;进行有爆炸、劫机危险的特殊安全检查。

(20) 需说明的原因:上述原因中未能说明的原因。

**放行班次**:指班期航班计划公布的航班离港起飞班次。机场放行统计以放行班次为统计单位。

**正常放行**:符合以下条件的航班为正常放行。

(1) 在班期计划公布的离站时间前关好客货舱门(以下简称关机门)的航班。

(2) 在航班计划公布的过站时间内完成各项地面服务保障工作,在航班离站时间后 15 分钟(北京、上海/浦东、广州机场 25 分钟,上海/虹桥、深圳机场 20 分钟)内正常起飞的航班。

(3) 来程晚到航班按该航班在航班航班计划计划的过站时间关好机门并在关机门后15分钟(北京、上海/浦东、广州机场25分钟,上海/虹桥、深圳机场20分钟)内正常起飞的航班。

**不正常放行:**

不符合正常放行条件中第(2)(3)条款的航班。

**航班过站时间:**

(1) 过站时间:从航空器开机门至航空器关机门之间的时间。

(2) 最少过站时间:指通常情况下航班过站需要的最少时间。航空公司安排航班计划时,不得少于最少过站时间。

➢ 60座以下的航空器不少于35分钟,如DHC8、YN7、CRJ200、EMB145、DORNIER328和SAAB340等;

➢ 60～150座的航空器不少于45分钟,如B737、MD82、MD90和BAE146等;

➢ 150～250座的航空器不少于55分钟,如B767、A310、B757-200和B737-800等;

➢ 251～300座的航空器不少于65分钟,如A300、B747-SP、B747-200、B747-400、A340和A330-300等;

➢ 301座以上的航空器不少于75分钟,如B747-400P、MD11、B777、A330和IL86等。

**油库个数:** 指有储油能力的油库、卸油站和加油站的个数。

**油库等级:** 指根据油库总容积将油库划分的等级。

| 油库等级 | 总容积/$m^3$ | 油库等级 | 总容积/$m^3$ |
|---|---|---|---|
| 一级油库 | 总容积≥50 000 | 四级油库 | 500≤总容积<2 500 |
| 二级油库 | 10 000≤总容积<50 000 | 小油库 | 总容积<500 |
| 三级油库 | 2 500≤总容积<10 000 | | |

**油罐座数:** 指理论容积≥50立方米的油罐的座数。理论容积是指按油罐整个高度计算的容积。

**实际容积:** 油罐实际储油的最大容积。计算该指标时要考虑油罐种类以及安装在罐壁上部的设备。

**安全储油量:** 指考虑到油品最大可能的热膨胀,在正常和不正常的油温变化时,油罐储油允许的最大液面高度所对应的容量。

计算方法:航煤:实际容积×0.78

航汽:实际容积×0.75

航滑:实际容积×0.88

地汽：实际容积×0.75

地柴：实际容积×0.85

**加油量**：报告期内各型飞机在各机场的加油数量，包括在我国境内登记注册的航空运输企业、通用航空企业拥有的飞机在各机场的加油量，外国航空公司和私人拥有的飞机在各机场的加油量。统计时以吨为单位。

**加油架次**：报告期内各型飞机在各机场的加油次数，包括我国境内登记注册的航空运输企业、通用航空企业拥有的飞机在各机场的加油次数，外国航空公司和私人拥有的飞机在各机场的加油次数。统计时以次为单位。

**期末职工人数**：指报告期末最后一天在本单位工作并取得劳动报酬的全部人员，包括长期职工和临时职工。

长期职工：指根据国家有关规定招用的，用工期限在一年以上（含）的在岗职工。

临时职工：指根据国家有关规定招用的，签订一年以内的劳动合同或使用期限不超过一年的临时性、季节性用工。

**平均职工人数**：指报告期平均每天的职工人数。计算方法是以 12 个月的平均人数之和除以 12 求得，月平均人数的计算方法是月初数加月末数除 2 求得。

**空勤人员**：指在民航系统从事空中作业的人员，包括航线运输驾驶员执照持有人、取得副驾驶资格的商用驾驶员执照持有人、领航员、飞行机械员、飞行通信员（以上人员为机组必需成员称为飞行人员）、安全员、乘务员等。

（1）航线运输驾驶员执照持有人：指在飞行过程中，具有担任机长资格的，能按照飞行指令和工作程序，检查、操纵机上驾驶设备，并能指挥机组人员的飞行员。

（2）取得副驾驶资格的商用驾驶员执照持有人：指在飞行过程中，能协助机长按照飞行指令和工作程序，检查、操纵机上设备的飞行员。

（3）领航员：指在飞行过程中，按照工作程序检查、操纵机上航行设备的机组人员。

（4）飞行机械员：指在飞行过程中，按照工作程序检查、操纵机上机械设备的机组人员。

（5）飞行通信员：指在飞行过程中，按照工作程序检查、操纵机上通信设备的机组人员。

（6）安全员：指在飞行过程中，承担空中安全保卫的机组人员。

（7）乘务员：指在飞行过程中，承担旅客机上服务工作的人员。

**机务维护人员**：指从事民航飞机及机上设备维护、修理的人员。分为机务外场和内场人员，其中：

机务外场人员：指在外场进行飞机航前、航后及过站维护的人员。

机务内场人员：指在内场从事飞机、发动机定期检修和零附件修理的人员。

**空中交通管制人员**：指参与空中交通管制，从事空中交通管制运行服务的人员，包括航行情报、塔台指挥、区调、站调、航班信息、签派等人员。

**通信导航人员**：指在民航系统从事地面通信导航、雷达工作的人员。

**气象人员**：指在民航系统内从事为保证空中飞行及向地面有关部门提供各种气象资料等以及有关的工作人员。

**运输服务人员**：指在民航系统从事航空运输服务的人员。包括售票、值机、装卸、调度、货运以及其他人员。

**飞行教员**：指持有有效的飞行教员合格证的飞行员。运输航空飞行教员分为：航线飞行教员、模拟机飞行教员、本场飞行教员。

**机组配套数**：指按不同机型的机组配备要求配成的机组套数。分航空器型别统计。

**货运设施**：指机场、航空公司货运库及辅助设施。

**机务维修设施**：指航空公司飞机维修机库等设施。

**大型单台或成套设备**：指投资在3000万元以上大型单台或成套设备。

**定额耗油**：指报告期内各机型执行航空运输、通用航空生产飞行任务的航空燃油定额数，以吨为计算单位。一般按机型种类、航线长度、飞行高度等因素分别确定。

**实际耗油**：指报告期运输、通用航空生产飞行过程中，航空燃油的实际消耗量。以吨为计算单位。

**生产飞行小时耗油**：指平均每一运输、通用航空生产飞行小时的实际耗油量。以吨为计算单位。计算式：

$$\text{平均每飞行小时耗油(t/h)} = \frac{\text{报告期生产飞行实际耗油(t)}}{\text{运输小时} + \text{通用航空小时}}$$

**吨公里耗油**：指平均每一运输吨公里的实际耗油量，以公斤为计算单位。计算公式：

$$\text{吨公里耗油}(\text{kg/t} \cdot \text{km}) = \frac{\text{运输飞行实际耗油(t)}}{\text{运输吨公里}} \times 1000$$

或：

$$\text{吨公里耗油}(\text{kg/t} \cdot \text{km}) = \frac{\text{通用航空飞行实际耗油(t)}}{\text{通用航空小时换算吨公里}} \times 1000$$

**平均每换算吨公里耗油**：单位为(kg/t・km)。

$$\text{平均每换算吨公里耗油}(\text{kg/t} \cdot \text{km}) = \frac{\text{实际耗油(t)}}{\text{运输吨公里} + \text{通用航空小时换算吨公里}} \times 1000$$

**售票差错**：指旅客购票时，由于承运人或销售代理人的原因将旅客客票错开或漏开，使旅客不能在客票有效期内，完成客票上列明的航程。

**航班信息**：指为旅客提供的飞机起飞、预计到达、登机、办理乘机手续时间以及进出港航班和航班延误等情况。

**办理乘机手续**：指旅客登机前办理效验客票、出示有效证件、托运行李、领取登机牌等程序。

**航班延误**：指由于天气、机械故障、运力调配、商务、机组等原因使旅客所乘航班未在规定的时间到达指定的机场，造成航班延迟。

**航班取消**：指由于天气、机械故障、运力调配、商务、机组等原因，承运人决定该航班不再执行飞行任务。

**备降**：指飞行机组在执行某一航班任务时，由于天气、航路或机械故障等原因不能降落在指定机场而改降至备降机场。

**签转**：指旅客在旅行途中的某个经停站换乘另一个航班的过程。

**漏乘**：指旅客在航班始发站办理乘机手续后或在经停站过站时未搭乘上指定的航班；或指承运人在航班始发站或经停站过站办理值机手续后被遗漏的旅客。

**误机**：指旅客未按规定时间办妥乘机手续或因旅行证件不符合规定未搭乘上指定的航班；或由于承运人的原因使已定妥座位的旅客未在规定时间搭乘指定的航班。

**空中服务**：指航班飞机上为旅客提供的广播、餐饮、休息、娱乐等方面的服务。

**行李运输**：指将旅客的行李从出发地运送到目的地的运输过程。其中：行李错运指承运人未将旅客行李运至行李牌上所列明的目的地机场。行李延误指承运人未将旅客行李运送与旅客同机到达，而由后续航班将旅客行李运送至目的地机场。行李破损指行李在运输过程中造成破裂、伤损、变形或毁坏。行李丢失指行李在运输过程中造成丢失。

**货物运输**：指将货物从一地运送至另一地的过程。其中：货物错运指承运人未将货物运至目的地机场而运至其他机场。货物延误指承运人未将货物运送至目的地机场，而由后续航班运送。货物破损指货物在运输过程中造成破裂、伤损、变形或毁坏。货物丢失指货物在运输过程中造成丢失。

**投诉**：是指旅客、托运人或收货人为了维护自身的合法权益，以书面、电子或口头等形式向对损害其合法权益的航空运输企业或销售代理人提出处理要求的行为。投诉类型以件数进行统计。

**投诉率**：指旅客、托运人或收货人经查实责任的投诉件数与旅客运输总人数或货物运输总件数之比，一般以万分比表示。计算式为

$$(1)\ 投诉率 = \frac{投诉件数}{旅客运输总人数} \times 10\,000$$

$$(2)\ 投诉率 = \frac{投诉件数}{货物运输总件数} \times 10\,000$$

**特种货物运输**：指在运输过程中需要采取特殊措施、给予特殊照料和具备特定条件才能承运的货物的运输。

**行李运输差错率**：行李运输差错件数与行李运输总件数之比，一般以万分比表

示。计算公式为：

$$行李运输差错率=\frac{行李运输差错件数}{行李运输总件数}\times 10\,000$$

**货物运输差错率**：货物运输差错票数与货物运输总票数之比，一般以万分比表示。计算公式为

$$货物运输差错率=\frac{货物运输差错票数}{货物运输总票数}\times 10\,000$$

**飞行小时**：指从飞机滑动前撤除轮档起至飞机着陆停稳后安放轮档止的全部时间，即为飞机地面滑行时间和空中飞行时间之和。飞行小时填报时以小时为单位取整填报。

**运输生产小时**：指以取酬为目的，使用民用航空器向社会公众提供的定期或不定期的运送旅客、行李或者货邮的飞行小时。航空运输企业执行运送旅客、行李或货邮的正班、加班、包机、专机任务的飞行小时应归为“运输生产小时”。

**通用航空生产小时**：指以取酬为目的，使用民用航空器从事为工业、农业、林业、牧业、渔业生产的作业飞行，以及从事医疗卫生、抢险救灾、海洋环境监察、科学实验、教育训练、文化体育及游览等活动的飞行小时。

**训练及其他小时**：指不以取酬为目的的飞行小时。包括航空运输企业和通用航空企业的训练飞行小时和其他不收费的通用飞行小时。

**起飞架次**：是指使用民用航空器在机场的全部起飞次数，包括定期航班、非定期航班、通用航空、飞行院校和其他所有民用航空器的起飞次数。

# 参 考 文 献


[1] Ajay K Sirsi. Marketing: a roadmap to success [G]. Library and Archives Canada Cataloguing in Publication, 2010.

[2] Ajay K Sirsi. Marketing Led-Sales Driven [M]. U. K Trafford Publishing, 2005.

[3] 程不时,李云军,王智宇,等. 飞机设计手册,第 5 卷:民机总体设计[M]. 北京:航空工业出版社,2005.

[4] 保罗·克拉克. 大飞机选购策略—航空公司机队规划[M]. 邵龙,译. 北京:航空工业出版社,2009.

[5] 严善法,刘磊. 民机市场工作指南[M]. 北京:航空工业出版社,1992.

[6] 陈阳,梁青玉,王晓梅,等. 市场营销学[M]. 北京:北京大学出版社,2008.

[7] 迈克尔·波特. 竞争战略[M]. 陈小悦,译. 北京:华夏出版社,2005.

[8] 马苏德·巴扎尔甘. 航空公司运营规划与管理[M]. 邵龙,王美佳,译. 北京:中国民航出版社,2006.

[9] 菲利普·马拉沃,克里斯托夫·本那罗亚. 航空航天市场营销管理[M]. 北京:航空工业出版社,2009.

[10] 罗伯特·S·平狄克,丹尼尔·L·鲁宾费尔德. 微观经济学(第 7 版)[M]. 北京:中国人民大学出版社.

[11] 都业富. 航空运输管理预测[M]. 北京:中国民航出版社,2001.

[12] 赵选民,徐伟,师义民,等. 数理统计(第 2 版)[M]. 北京:科学出版社,2002.

[13] 许进,周志刚. 销售新人全能训练手册[M]. 北京:机械工业出版社,2008.

[14] 蓝伯雄,程佳惠,陈秉正. 管理数学(下)——运筹学[M]. 北京:清华大学出版社,1997.

[15] 谢金星,薛毅. 优化建模与 LINDO/LINGO 软件[M]. 北京:清华大学出版社,2005.

[16] 耿淑香. 航空公司运营管理方略[M]. 北京:中国民航出版社,2000.

[17] 孙宏,文军. 航空公司生产组织与计划[M]. 北京:中国民用航空飞行学院出版社,2006.

[18] 朱金福. 航空运输规划[M]. 西安:西北工业大学出版社,2009.

[19] 肖建中. 小团队赢得大客户——大客户销售新策略与方法[M]. 广东:广东经济出版社,2008.

[20] 苏朝晖. 客户关系管理——客户关系的建立与维护(第 2 版)[M]. 北京:清华大学出版社,2010.

[21] 丁兴国,陈国荣. 民航运输机飞行性能与计划[M]. 北京:清华大学出版社,2012.

[22] 丁松滨. 飞行性能与飞行计划[M]. 北京:科学出版社,2013.

[23] 江礼坤. 网络营销推广实战宝典[M]. 北京:电子工业出版社,2014.

[24] 中国商飞公司市场营销部,中国民航大学经济与管理学院联合研究组. 民机市场营销模式研究报告[G]. 2008.

[25] 中国商飞公司. 大型客机研制项目可行性研究报告——国内航空公司发展综合报告[R]. 2009.

[26] 中国民用航空飞行学院. 航空公司飞机引进决策及机队规划方法研究报告[R]. 2010.

[27] 张伟. 基于价值的民机市场细分和评估研究[J]. 上海市航空学会第十届综合性学术年会/第九届长三角科技论坛航空航天分论坛,2012:278-284.

[28] 张伟,张楠. 民机市场竞争分析初探[G]. 第四届中国航空学会青年科技论坛,2010.

[29] 张伟. 国内民航客运需求价格点弹性与弧弹性研究[J]. 航空科学技术,2013(2):29-32.

[30] 张伟. 基于波士顿矩阵的航线效益综合评价[G]. 首届中国航空科学技术大会,2013.

[31] 张伟. 基于战略匹配的航线网络规划方法研究[G]. 第五届民机先进制造技术及装备论坛,2013.

[32] 张伟,陈若玮. 中国航空市场环境下的机队规划[G]. 第八届上海航空学会,2010.

[33] 张伟. 民航旅客资源时间价值和行为时间价值研究[J]. 航空科学技术,2015,2(2):64-67.

[34] 张伟. 民机制造商如何寻找并把握营销良机[J]. 国际航空,2014(7):47-49.

[35] 张伟. 民用客机设计服役目标研究[J]. 航空科学技术,2015,10.

[36] 张伟. 客座率浅析[J]. 民用飞机设计与研究,2013(B11):141-146.

[37] 张伟. 客座率提升的机遇与挑战[G]. 第五届中国航空学会青年科技论坛,2012.

[38] 中国商飞公司. 2010—2029 中国商飞公司市场预测年报[G]. 2010.

[39] 柏明国,朱金福. 航空公司航线网络设计的一种三阶段方法[J]. 南京航空航天大学学报,2006,38(5):181-185.

[40] 朱星辉. 分阶段多航空公司竞争下航班频率研究[J]. 预测,2007,26(5):71-74.

[41] 孙宏,张培文,汪瑜. 基于航线网络运力优化分配的机队规划方法[J]. 西南交通大学学报,2010,45(1):111-115.

[42] 于晓晖. 蛛网式航线网络模式选择与构建方法研究[J]. 航空运输,2008,86(2):58-60.

[43] 周灵基. 航空公司机队规划的属性——适应性、灵活性、连续性[J]. 空运商务,2009,236(1):14-18.

[44] 孙少婕. 东航航线网络优化研究[J]. 空运商务,2012,324(17):12.

[45] 田静,李小群,黄为. 中国民航国内客运需求价格弹性研究[J]. 中国民航大学学报,2006.

[46] Martijin Brons, Eric Pels, Peter Nijkamp, et al. Price elasticities of demand for passenger air travel: a meta-analysis [J]. Journal of air Transport Management, 2002(8):165-175.

[47] David W Gillen, William G Morrision, Christopher Stewart. Air travel demand elasticities: concepts, issues and measurement[J]. Department of tinance Canada, 2002.

# 索　引